中传学者文库编委会

主　任： 廖祥忠　张树庭

副主任： 蔺海波　李　众　刘守训　李新军　王　晖
　　　　　杨　懿　柴剑平

成　员（按姓氏笔画排序）：

王廷信　王栋晗　王晓红　王　雷　文春英
龙小农　付　龙　叶　龙　刘东建　刘剑波
任孟山　李怀亮　李　舒　张绍华　张　晶
张根兴　张毓强　林卫国　郑　月　金　炜
金雪涛　周建新　庞　亮　赵新利　徐红梅
贾秀清　高晓虹　隋　岩　喻　梅　熊澄宇

中 传 学 者 文 库

主编／柴剑平

执行主编／龙小农　副主编／张毓强　周建新

应用传播疏论

冯丙奇自选集

冯丙奇　著

中国传媒大学出版社

·北京·

图书在版编目（CIP）数据

应用传播疏论：冯丙奇自选集 / 冯丙奇著 . -- 北京：中国传媒大学出版社，2024.8.

（中传学者文库 / 柴剑平主编）.

ISBN 978-7-5657-3736-7

Ⅰ . G206-53

中国国家版本馆 CIP 数据核字第 2024M5K226 号

应用传播疏论：冯丙奇自选集
YINGYONG CHUANBO SHULUN: FENG BINGQI ZIXUANJI

著　　者	冯丙奇
责任编辑	于水莲
特约编辑	郑　鸣
封面设计	锋尚设计
责任印制	李志鹏
出版发行	中国传媒大学出版社
社　　址	北京市朝阳区定福庄东街 1 号　　邮　编　100024
电　　话	86-10-65450528　65450532　　传　真　65779405
网　　址	http://cucp.cuc.edu.cn
经　　销	全国新华书店
印　　刷	北京中科印刷有限公司
开　　本	710mm×1000mm　1/16
印　　张	18.25
字　　数	280 千字
版　　次	2024 年 8 月第 1 版
印　　次	2024 年 8 月第 1 次印刷
书　　号	ISBN 978-7-5657-3736-7/G · 3736　　定　价　92.00 元

本社法律顾问：北京嘉润律师事务所　郭建平

总　序

媒介是人类社会交流和传播的基本工具。从口语时代到印刷时代，再经电子时代至今天的数智时代，媒介形态加速演变、融合程度深入发展，媒介已然成为现代社会运行的基础设施和操作系统。今天，人类已经迈入媒介社会，万物皆媒、人人皆媒，无媒介不社会、无传播不治理。今天，无论我们怎么用力于信息传播的研究、怎么重视信息传播人才的培养都不为过。

中国传媒大学（其前身为北京广播学院）作为新中国第一所信息传播类院校，自1954年创建伊始，即与媒介形态演变合律同拍、与国家发展同频共振，努力探索中国特色信息传播人才培养模式、构建中国信息传播类学科自主知识体系，执信息传播人才培养之牛耳、发信息传播研究之先声，被誉为"中国广播电视及传媒人才摇篮""信息传播领域知名学府"。

追溯中传肇始发轫之起源、瞩望中传砥砺跨越之未来，可谓创业维艰而其命维新。昔日中传因广播而起，因电视而兴，因网络而盛，今天和未来必乘风破浪、蓄势而上，因人工智能而强。在这期间，每一种媒介兴起，中传均吸引一批志于学、问于道、勤于术的

学者汇聚于此,切磋学术、传道授业,立时代之潮头,回应社会需求,成为学界翘楚、行业中坚,遂有今日中传学术研究之森然气象,已历七秩而弦歌不断,将传百世亦风华正茂。

自新时代以来,中传坚守为党育人、为国育才初心,励精图治、勠力前行,秉承"系统治理、创新图强、交叉融合、特色发展"的办学理念,牢牢把握高等教育发展大势、传媒业态发展趋势,瞄准"智能传媒"和"国际一流"两大主攻方向,以世界为坐标、以未来为向度,完成了全面布局和系统升级,正在蹄疾步稳、高质量推动学校从传统高等教育向未来高等教育跨越、从传统传媒教育向智能传媒教育跨越、从国内一流向世界一流跨越,全力建设中国特色、世界一流传媒大学。

中国特色、世界一流,在于有大先生扎根中国大地,汇聚古今、融通中外;在于有大先生执教黉门,学高为师、身正为范;在于有大先生躬耕杏坛,敦品积学、启智润心。习近平总书记更强调,高校教师要立志成为大先生,在教书育人和科研创新上不断创造新业绩。中传广大教师素来以做大先生为毕生职志,努力成为新时代"经师"与"人师"的统一者,做真学问、立高品行,践履"立德树人"使命。

2024岁在甲辰,欣逢中传建校70华诞,学校特邀约部分学者钩玄勒要、增删批阅,遴选已公开刊发的论文汇编成集,出版"中传学者文库",意在呈现学校在学科建设、科学研究、服务行业实践等方面的最新成果,赓续中传文脉,谱写时代新声。

文库汇聚老中青三代学者,资深学者渊渟岳峙、阐幽抉微;中年学者沉潜蓄势、厚积薄发;青年学者踌躇满志、未来可期。文库与五十周年校庆所出版的"北广学者文库"相承接,大致可勾勒中传知识生产薪火相传、三代辉映之概貌，反映中传在构建中国特色新闻传播类、传媒艺术类、传媒技术类学科体系、学术体系和话语体系方面的耕耘与收获，窥见中国特色信息传播类学科知识体系构建的发展脉络与轨迹。

这一构建过程，虽筚路蓝缕，却步履铿锵；虽垦荒拓野，亦四方辐辏。一批肇始于中传，交叉融合、具有中国特色的学科，如播音主持艺术学、广播电视艺术学、传媒艺术学、数字媒体艺术学、政治传播学等，从涓涓细流汇入滔滔江河，从中传走向全国，展现了中传学者构建中国自主知识体系的学术想象力和创新力。文库展示的虽然是历史，实则是呈现今天；看似是总结过去，实则是召唤未来。与其说这套文库的出版，是对既有学术成果的展示，毋宁说是对未来学术创新的邀约。

回首过往，七秩芳华。我们深知，唯有将马克思主义基本原理与中华优秀传统文化相结合，才能推动中华学术创造性转化和创新性发展，推动中国自主知识体系的构建。我们深知，唯有准确把握媒介形态演变的脉动、深刻认知媒介形态变革所产生的影响，才能推动中国信息传播类学科自主知识体系的构建与时俱进。

展望未来，星辰大海。我们深知，以人工智能为代表的产业和科技革命正迅疾而来，媒介生态正在加速重构，教育形态正在全面重塑，大学之使命与价值正在被重新定义；我们深知，唯有"胸怀国之大者"、面向世界科技前沿、面向经济主战场、面向国家重大需求，才能确保中传始终屹立于中国乃至世界传媒教育发展之潮头。

如何应对人工智能带来的深刻变革，对中传而言是一场要么"冲顶"、要么"灭顶"的"兴亡之战"。我们坚信，不管前方是雄关漫道，还是荆棘满途，唯有勇敢直面"教育强国，中传何为？"这一核心命题，奋力书写"智能传媒教育，中传师生有为！"的精彩答卷，才能化危为机，奋力开创人工智能时代中传智能传媒教育新纪元。

功不唐捐，芳华七秩；风帆正举，赓续创新。

是为序。

第十四届全国政协委员，中国传媒大学党委书记、教授、博士生导师

目　录

一、营销传播研究

病毒式传播类型的界定维度 …… 003
"我怎么才能吸引你？"
　　——病毒式营销传播活动的伦理表现情形探讨 …… 015
病毒式营销传播受众品牌认知情形
　　——品牌资产视野中的杜蕾斯"雨夜鞋套"微博传播案例研究 …… 031
国家品牌概念图谱
　　——从概念到应用 …… 047

二、视觉传播研究

视觉修辞理论的开创
　　——巴特与都兰德广告视觉修辞研究初探 …… 063
平面广告图文关系分析框架
　　——"锚定—接力连续轴"的概念 …… 076
平面广告图文修辞的内在结构体系分析 …… 086
社会符号学视野中的视觉文本信息价值分析框架 …… 095

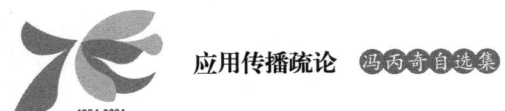

北京地区市民报纸房地产广告图片主导性文化价值的转变
　　——以《北京晚报》为例 ………………………………………… 112
博物馆展陈组合方式的视觉句法研究 ……………………………… 125

三、危机传播研究

《今日观察》的危机事件评论分析
　　——以框架分析与危机情境分析为视角 ……………………… 139
次生舆情是如何生成的 ……………………………………………… 150
跨国品牌危机回应策略分析
　　——形象修护的视角 …………………………………………… 156

四、媒体关系研究

双重守门人之间复杂的共生关系
　　——公共关系从业人员与媒体从业人员之间的关系分析 …… 173
论媒介导向事件的类型体系 ………………………………………… 188
城市媒体事件与城市形象传播
　　——媒体关系视野下的节事活动分析 ………………………… 198
论非正式媒体关系活动导致的媒体伦理失范现象 ………………… 209

五、社交媒体研究

社会性媒介内容传播过程基本特征分析 …………………………… 225
中国报纸对不同用户自行生产内容的使用情形 …………………… 236

YouTube 政治视频的生产情形 ································· 250

六、创新创意研究

属性依赖视野中的文化产品创意机制 ························· 263
广告创意课堂练习
　——由广告创意方式框架到换码测验方法 ··················· 271

后　　记 ··· 280

一、营销传播研究

病毒式传播类型的界定维度*

病毒式传播（Viral Communication）的核心特征即病毒式讯息（Viral Message）在短时间内以指数式（exponentially）速率向受众快速散布，为这种指数式速率提供前提条件的是社会化媒介（Social Media）的应用。[1] 病毒式传播现象已经获得广泛的社会关注，这是因为病毒式传播现象的广泛社会影响。比如，2010年6月14日，宝洁公司将时长30秒钟的名为《闻香识男人》(The Man Your Man Could Smell Like)的视频上传到YouTube，推广其"老香料"（Old Spice）男士香水。该视频在36小时内获得的浏览量高达2300万，意味着每天获得1500万次的点击观看。[2] 虽然病毒式传播的称呼借鉴了流行病毒的传染现象，不过上述病毒式传播的速率却远远高于流行病毒的传染。比如，美国疾病控制和预防中心2010年发布报告称，2009年4月到2010年4月整一年的时间内，共有约6000万美国人感染甲型H1N1流感病毒，每天感染者达150,000人。[3] 如果甲型H1N1流感病毒也以《闻香识男人》

---

* 文章原载于《时尚与传播评论（2015）》，湖北人民出版社2015年版，与李沛儒、陈欢欢合作，收入本书时有改动。

[1] ABEDNIYA A, MAHMOUEI S S. The impact of social networking websites to facilitate the effectiveness of viral marketing [J]. International journal of advanced computer science and applications, 2010, 1 (6): 139-146; KAPLAN A M, HAENLEIN M. Two hearts in three-quarter time: how to waltz the social media/viral marketing dance [J]. Business horizons, 2011, 54 (3): 253-263.

[2] KAPLAN A M, HAENLEIN M. Two hearts in three-quarter time: how to waltz the social media/viral marketing dance [J]. Business horizons, 2011, 54 (3): 253-263.

[3] U.S. Center for disease control and prevention. CDC estimates of 2009 H1N1 influenza cases, hospitalizations and deaths in the United States [EB/OL]. (2010-02-12) [2015-06-14]. http://www.cdc.gov/h1n1flu/estimates_2009_h1n1.htm.

的速率传播的话，那么6000万美国公众感染这一病毒的时间远非一年，而是仅仅一周。这一对比足以显示病毒式传播的火爆程度。

不过可惜的是，至今仍没有出现能够获得普遍认可的病毒式传播类型划分，这是因为病毒式传播现象十分复杂。这种情形也显示出病毒式传播类型研究的价值。

本文试图基于文献研究，通过对已有的三种已经得到详尽说明的病毒式传播类型体系进行总结分析，大致总结已有的病毒式传播类型的界定维度，为进一步的病毒式传播类型研究提供一种参照框架与思考方向，也能为病毒式传播活动的策划者提供一种观念启示。

一、一般病毒式传播四分体系

巴黎欧洲商学院的教授安德里亚斯·卡普兰（Andreas Kaplan）与迈克尔·汉莱因（Michael Haenlein）基于病毒式传播活动的发起者（企业或顾客）以及病毒式传播活动的结果（成功与否）两项指标，将病毒式传播活动分为四类："梦魇型"（nightmares）、"幸运型"（strokes of luck）、"自制难题型"（homemade issues）与"成功型"（triumphs）（见表1）。[①] 两位研究者为每一类型提供了详尽的案例说明。

表 1 病毒式传播类型

		发起者	
		顾客	企业
结果	积极	幸运型	成功型
	消极	梦魇型	自找难题型

---

① KAPLAN A M，HAENLEIN M. Two hearts in three-quarter time：how to waltz the social media/viral marketing dance [J]. Business horizons，2011，54（3）：253-263.

（一）幸运型

美国小型娱乐公司"爱皮鸟"（EepyBird/http://www.eepybird.com/）主攻各种使用日常物品进行的创意表演，创立者是史蒂芬·沃尔特兹（Stephen Voltz）与弗里茨·戈洛布（Fritz Grobe）。史蒂芬·沃尔特兹是一名律师，弗里茨·戈洛布是专业杂耍者。二人 2006 年 5 月 1 日在 YouTube 开通频道（https://www.youtube.com/user/EepyBird），至 2015 年 6 月 14 日，该频道共有 9352 位订阅者，共获得 12,303,122 次观看。

两人于 2005 年 11 月开始琢磨，将曼妥思糖果（Mentos）放入健怡可乐之中会发生什么——因为曼妥思糖果中包含的胶类物质会与健怡可乐之中包含的咖啡因、苯甲酸钾、天冬甜素、二氧化碳发生化学反应，应该会产生一种喷泉效应。为了验证，二人开展了一系列试验。结果显示，最理想情形是在曼妥思糖块上打小孔，并将六颗糖块用曲别针穿起，在健怡可乐瓶盖上打孔，将曼妥思糖块串放入可乐之际拧紧瓶盖。这一操作会产生高达 20 英尺（6 米多）的喷泉。

2006 年 4 月 29 日，二人将一则名为《137 号试验》（*Experiment #137*）的视频上传到 YouTube。该试验共使用 500 颗曼妥思与 100 瓶健怡可乐。该视频仅在 24 小时内就获得 4000 次点击浏览，最终获得浏览数超过 1250 万。正是因为这一视频的广泛关注，二人得以受邀到电视直播节目《大卫深夜秀》（*David Letterman Show*）中现场进行喷泉表演。

曼妥思的母公司布凡帝·范梅勒（Perfetti Van Melle）立即对二人的行为作出积极回应，承诺免费赠送上千块糖果用于试验。同时该公司还请奥运会单板滑雪运动员赖安·汤普森（Ryan Thompson）亲自在科罗拉多州的滑雪胜地进行同样的喷泉试验。布凡帝·范梅勒公司还开设名为"曼妥思喷泉"的网站（www.mentosgeyser.com），邀请曼妥思消费者将自己进行的类似试验的视频上传到网站。2006 年夏季，曼妥思的销售量提升 20%。

可口可乐公司的回应与曼妥思公司明显不同。2006 年 6 月 12 日，可口可乐公司发言人苏珊·麦克德莫特（Susan McDermott）发布声明，声称希望人们饮用健怡可乐，而不是用于试验，因为这种狂热情形不符合健怡可乐的

品牌内涵。① 随后可口可乐公司向沃尔特兹与戈洛布赠送了两件T恤与两顶棒球帽，祝二人好运。但是到了2006年7月9日，可口可乐公司开始改造自己的官方网站（www.coke.com/www.cocacola.com），增加了名为"可乐秀"（Coke Show）的区域，鼓励消费者上传自己生产的喷泉视频。2006年夏季快要结束的时候，可口可乐公司与谷歌公司联系沃尔特兹与戈洛布，商谈一项交易，具体细节并未公开。不过之后的事情大致可以显示商谈的内容：之后不久，二人进行了新的更大规模的试验，使用250瓶可乐实现喷泉多米诺连锁反应；2006年11月，谷歌公司宣布将该视频确定为谷歌公司的"赞助视频项目"（Sponsored Video Program）的开幕之作。谷歌公司从二人的活动获得启发与动力，开始资助病毒式视频的生产者。② 2010年5月19日，二人将该视频上传到YouTube。

二人因为上述喷泉视频的广泛影响，被称为"可乐曼妥思家伙"（Coke & Mentos Guys）。

这一案例的要点在于：病毒式讯息的发出者并不是曼妥思与可口可乐公司，而是公司之外的组织，同时也获得了明显的成功。

（二）成功型

2009年1月8日，汉堡王（Burger King）正式开始名为"巨无霸牺牲品"（Whopper Sacrifice）的社会化媒介活动。实际汉堡王设计了一款Facebook应用，试图彰显消费者的品牌忠诚度。具体过程是：消费者访问whoppersacrifice.com，会受到鼓动登录这一应用，之后在自己的Facebook好友中选择十名加以删除，便可以免费获得一份巨无霸汉堡三明治。汉堡王的说明如下：

---

① VRANICA S，TERHUNE C. Mixing diet coke and mentos makes a gusher of publicity [N/OL]. The wall street journal，2006-06-12 [2015-06-14]. http://online.wsj.com/articles/SB115007602216777497.

② SYDELL L. Google raises the stakes for amateur video [N/OL]. Weekend edition saturday，2006-11-04 [2015-06-14]. http://www.npr.org/templates/story/story.php?storyId=6433980.

"为了免费获得一份巨无霸,你宁愿做什么?你会羞辱民选官员吗?你会做一个裸体徒手倒立吗?你会甚至背弃你的友谊吗?在你的 Facebook 安装'巨无霸牺牲品',只要你牺牲掉自己的 10 名朋友,我们就回报你一份免费的火烤巨无霸汉堡三明治。"

10 天后,Facebook 废除了这一活动,因为这一活动受到一些批评。不过它获得了巨大的成功——使用该应用软件的 Facebook 用户超过 82,000 人,共"牺牲"掉 233,906 名好友,共发出 20,000 份巨无霸赠券。同时,汉堡王在当时一段时期内,成为公众议论的焦点之一。这才是病毒式传播的真正效应所在。

这一案例的要点在于:病毒式传播是由企业自己策划并实施的,同时也获得了明显成功。

(三)梦魇型

美国捷蓝航空公司(JetBlue Airways)于 1998 年由戴维·尼尔曼(David Neeleman)创立。2007 年的情人节之际,该公司由纽约飞往坎昆市的航班由于冰雹不得不一直停在停机坪上。该公司没有能迅速解决,足足花了将近 9 个小时试图为飞机除霜解冻。

这一事件几乎导致该公司的正常运作全部瘫痪——上千次的航班被取消,上百次的航班不得不延误,同时该公司内部 IT 系统出现问题,导致公司难以重新安排飞行员工。毫不意外,顾客在愤怒之下持续几天通过博客、微博、社交网站等途径疯狂发泄怒气。顾客的这些发泄,迅速成为当时讨论的热点。

在该事件之前的几个月中,捷蓝航空公司正在奋力建构积极形象与优良声誉,甚至《商业周刊》(*Business Week*)正准备将捷蓝航空公司评为四家最佳客户服务企业之一,并准备将这一评选结果显著刊登在封面上。该事件的结果是,在决策的最后几分钟内,《商业周刊》改变选择,用零售商诺德斯特姆公司(Nordstrom)替代了捷蓝航空公司。

2007 年 2 月 19 日,尼尔曼发表了公开致歉,并向公司客户发出公开信。尼尔曼并没有寻找借口或遮遮掩掩,而是承认,自己因为公司内部的问题而

感到羞愧难当,并向受到牵连的顾客表示深切的歉意。同时尼尔曼公布了捷蓝的《权利法案》(*Bill of Rights*),详细规定了将来当公司取消航班之时,顾客将会获得的具体赔偿赔付情形。

这一案例的要点在于:获得病毒式传播的讯息发出者是企业之外的顾客,同时病毒式传播获得成功。当然,这一传播越成功,对于企业而言就越是噩梦。

(四)自找难题型

2006年圣诞节前,索尼公司开设博客,名为"圣诞节只需PSP"(All I Want for Christmas Is a PSP)。该博客名义上的管理者为查理(Charlie),是一名独立的设计师、艺术家,也是索尼PSP使用者。该博客的内容,表现为查理劝说其朋友杰里米(Jeremy)的父母,为其儿子购买索尼PSP,作为圣诞节礼物。该博客同时也试图为所有希望拥有PSP但仍需要劝服父母为自己购买的年轻人提供一个自由的交流平台。这一活动试图借势圣诞节获得广泛关注。

索尼努力促使该博客显得十分真实自然。比如,语言上努力模仿目标消费者的风格。同时,该博客在查理与杰里米之外,还引入其他的角色,比如皮特表哥(Cousin Pete)。皮特与查理和杰里米都没有关系,是一名嘻哈音乐爱好者,将自己的嘻哈视频上传到该博客。

不幸的是,索尼公司忽略了可信性相关的几个基本因素。比如,该博客由一家名为Zipatoni的公司注册,而这家公司当时正是索尼的广告服务商之一。更甚者,皮特的嘻哈视频带有明显的照本宣科的色彩,带有明显的专业人员策划并导演的色彩。总之,索尼的这一博客违反了社会化媒介应用过程中的一项原则——非专业性(unprofessional)。[1]

所有这些直接导致该博客成为当时一段时间内的热点话题,只是违背了

---

[1] KAPLAN A M, HAENLEIN M. Users of the world, unite! the challenges and opportunities of social media [J]. Business horizons, 2010, 53 (1): 59-68; KAPLAN A M, HAENLEIN M. Two hearts in three-quarter time: how to waltz the social media/viral marketing dance [J]. Business horizons, 2011, 54 (3): 253-263.

索尼的最初意愿。仅仅几周之后，索尼关闭该博客。索尼的品牌形象受到损害，皮特表哥的视频也成为 YouTube 上公众持续调侃的对象。

这一案例的要点是：病毒式讯息的发出者是企业自身，但是结果却适得其反。

二、一般病毒式传播三分体系

德国信息传播调研咨询公司 empirica 的研究员玛利亚·沃恩黛尔（Maria Woerndl）等依据活动的内在动机（underlying motive）、产品（服务或组织）的可见度、最初意图以及传播基本因素（communication basis），将病毒式传播分为三类（见表2），并通过案例进行了详尽说明。第一类是"社会互动型"（Social Interaction），讯息聚焦于某一有关注价值的社会性话题。第二种是"无意图型"（Unintentional），病毒式讯息涉及具体的产品、服务或组织，不过讯息的目的并不是推广这些产品、服务或组织。第三种是"商业型"（Commercial），意在推广特定的产品、服务或组织。①

表 2 病毒式讯息传播类型

类型	社会互动型	无意图型	商业型
内在动机	传播	传播	利益生产
产品可见度	不可见	可识别	特定意图驱动
最初意图	非病毒式	非病毒式或隐藏的病毒式	公开的病毒式＋隐藏的病毒式
传播基本因素	社会性	社会性与（或）商业性	商业性

（一）社会互动型

2006年国际足联世界杯决赛于2006年7月9日在德国柏林举行，中欧夏

---

① WOERNDL M. Internet-induced marketing techniques: critical factors in viral marketing campaigns [J]. International journal of business science and applied management, 2008, 3（1）: 33-45.

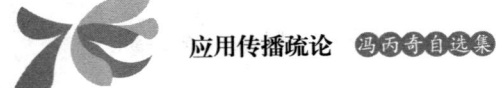

令时晚 8 点开始。在大约晚上 10 点左右的加时赛时段，当着全世界狂热的球迷的面，法国队队长齐内丁·齐达内（Zinedine Zidane）以头顶撞对方队员马尔科·马特拉齐（Marco Materazzi）胸口，导致马特拉齐倒地，裁判直接将其红牌罚下。最终，经过点球大战，意大利队获得冠军。

比赛结束后的几个小时内，互联网就风行了一项名为"齐内丁·齐达内赛"（Zinedine Zidane Game）的游戏热潮。该游戏由来自米兰的意大利美术设计师阿尔贝托·扎诺特（Alberto Zanot）花费不到一个小时设计而成。该游戏允许用户通过鼠标点击动作来操控游戏中的"齐达内"用头撞击意大利球员。最开始，扎诺特只是将该游戏通过电子邮件发送给自己的朋友。但是大大出乎他的意料，到 7 月 11 日，大约只用了一天的时间，该游戏已经获得 150 万次的浏览。该游戏以指数式速率在全球范围内扩散。

这一事例中，讯息传送者可以使用的渠道是电子邮件与网络社区：扎诺特首先将这一游戏发送给朋友，其朋友又将其发送给各自的朋友，并将其上传到网络社区。

即使到了三个月之后的 2006 年 10 月，谷歌搜索引擎中还能搜索到有关这一游戏的众多资料。

这一事例中得到传送的讯息内容是一种互动网络游戏。该游戏自身设计十分简单。从网络游戏的角度来看，该游戏的目的有两项：提供娱乐，对新闻事件作出评论。站在与新闻事件相关联的角度上，这一游戏可以被称为"新闻游戏"（news game）。这一事例显示，病毒式讯息如果与特定时段内的媒体报道焦点关联在一起的话，将会获得得天独厚的优势。

这一案例的要点是：病毒式讯息发出者并没有直接的商业意图，只是出于对特定社会话题的关注意愿，但却获得了明显的成功。

（二）无意图型

2006 年 8 月 13 日，英国阿伯丁大学计算机科学专业一年级 23 岁的大学生詹姆斯·普罗万（James Provan）将自己摊薄饼的单格拍制（stop-motion）视频《薄饼》（*Pancakes!*）上传到 YouTube（普罗万的用户名是 GiR2007），并配有自己完成的一首名为《薄饼》的歌曲（至 2015 年 6 月 14 日共获得 3,829,877 次浏览）。普罗万用一周时间制作该视频。

只用了三天时间，该视频就成为 YouTube 网站的最热视频；又用了九天时间，该视频的点击量就超过 70 万次，同时登上英国广播公司的新闻网站。两周后，其热度有些下降，不过仍在持续。到 2007 年 1 月，该视频观看次数已经超过 140 万。

该视频也获得传统大众媒体的广泛关注。比如，ABC 的《早安美国》（Good Morning America）对该视频进行了报道，获得将近 600 万观众的收看，同时也得到美国福克斯新闻、天空新闻（Sky News）、英国 5 新闻（Five News）、英国广播公司（BBC）、《泰晤士报》、《每日邮报》、澳大利亚的澳大利亚广播公司（Australian Broadcasting Company）的报道。

普罗万于是在 2008 年 1 月 28 日发布续集《薄饼 2：面部薄饼》（Pancakes 2: Pancakes for Your Face）（至 2015 年 6 月 14 日共获得 4,171,212 次浏览）。该视频中，普罗万身着印有"薄饼男"（PANCAKE MAN）的 T 恤，同样配有普罗万自制音乐。

"薄饼"视频虽然直接关注薄饼制作，但提及一些产品，比如能多益（Nutella）巧克力酱等。一定程度上，两条视频提升了关注者对这些提及品牌的知晓与关注。不过，两条视频并未显现直接的商业意图，而只是个人的一种纯粹娱乐。

这一案例的要点是：病毒式讯息的发出者没有直接的商业意图，但却获得了明显的成功。

（三）商业型

"肥钱包"（Fat Wallet Inc.）是一家位于威斯康星州的美国公司，主要为网络消费者提供折扣与价格信息。当普罗万的《薄饼》视频获得火爆关注之后，该公司聘请普罗万为其生产推广视频。该视频突出公司的口号"赚取差价"（Pocket the difference），向网络公众推广公司的服务。该视频与《薄饼》视频的形式类似，也搭配了独特的音乐。2006 年 10 月 19 日，"肥钱包"网站上设立了指向该视频的链接。到 2007 年 1 月初，该视频的浏览量超过 25,000 次。这也得益于之前《薄饼》视频的成功。虽然这一视频的传播速率并没有《薄饼》那么快，不过作为商业广告，它的散播速度快，传播广度大，已经算是相当成功了。

这一案例的要点是：病毒式讯息发出者带有明显的商业意图，同时也获得了成功。

三、移动病毒式传播四分体系

德国奥格斯堡大学的研究员迪特马尔·维德曼（Dietmar Wiedemann）基于讯息转发者的角色（role of communicator in persuasion）以及讯息转发者与讯息接收者之间的关联紧密程度（level of network），将移动病毒式传播分为四类："激情传道型"（Motivated Evangelism），"群体影响型"（Signaling Use，Group Membership），"定向推荐型"（Targeted Recommendation）与"群体知晓型"（Awareness Creation and Benefits Signaling）（见表 3）。[①] 不过，维德曼并没有为每一类型提供明确的案例说明。即使如此，这一体系也提出了明确的类型划分，也实属难得。

表 3　移动病毒式传播类型

		转发者的角色	
		主动	被动
转发者与接收者关联紧密程度	高	激情传道型	群体影响型
	低	定向推荐型	群体知晓型

激情传道型传播过程中，讯息转发者积极主动去影响身边的人，同时讯

---

① WIEDEMANN D G. Exploring the concept of mobile viral marketing through case study research [C]//KONI B, LEHNER F, MALAKA R, et al. Proceedings of the 2nd conference on mobility and mobile information systems, 6 March 2007, Aachen, Germany. Bonn: Gesellschaft für Informatik, 2007: 49–60.

息转发者与讯息接收者之间的关联紧密。群体影响型传播过程中，讯息转发者并不积极主动转发讯息，但是转发者与讯息接收者之间的关联紧密。定向推荐型传播过程中，讯息转发者主动积极散布讯息，不过转发者与接收者之间的关联并不紧密。群体知晓型传播过程中，讯息转发者并不积极主动转发散布讯息，同时转发者与接收者之间也不存在紧密关联。

四、结语

上述对已有病毒式传播类型体系进行的总结显示，对病毒式传播的类型界定可以大致遵循如下三项主要的维度：

（一）传播意图

这一维度指病毒式传播者是否有明显意图；如果有明显意图，有什么样的意图（意图的种类不只包括社会性与商业性两种，还有可能仅仅为了娱乐等）。

（二）传播过程参与者

这一指标指病毒式讯息在传播过程中，讯息转发者担负什么样的角色，以及讯息转发者与接收者之间的关联情形。

（三）传播结果

这一指标主要关注病毒式传播活动是否实现了最初的传播意图。

上述三项维度实际上代表着所有病毒式传播活动的三个方面的属性，因此这三项维度可以被用于对病毒式传播活动进行描述，进而更加明确地进行类型界定。比如上述的汉堡王案例与薄饼视频案例，对其描述与界定见表4与表5。在汉堡王案例中，关键在于Facebook用户与其好友之间的讯息传递，因此传播过程参与者之间的关联是主动的，且紧密程度高。在薄饼视频案例中，视频的观众与转发者之间没有严密的关联，不过视频的观看与转发都是主动的，普罗万并没有提供任何形式的激励。

表 4　汉堡王案例描述与界定

维度	描述	界定
传播意图	商业性	主动紧密商业性成功型病毒式传播
传播过程参与者	主动紧密性	
传播结果	成功	

表 5　薄饼视频案例描述与界定

维度	描述	界定
传播意图	娱乐性	主动松散娱乐性成功型病毒式传播
传播过程参与者	主动松散性	
传播结果	成功	

当然，这一描述与界定比较复杂，简洁性明显不足。不过，本文仅试图强调两项主张：第一，病毒式传播现象十分复杂，不宜进行简洁的类型界定；第二，上述三项维度的描述与界定，目前只能提供一种关注病毒式传播活动类型的思考方向，不过仍能够促进研究者更加快捷全面地认知所有的病毒式传播活动。

"我怎么才能吸引你？" *
——病毒式营销传播活动的伦理表现情形探讨

病毒式营销传播已经获得研究者与从业人员的热衷。这是因为与传统营销相比，病毒式营销传播的优点比较明显[①]：（1）病毒式营销传播需要的费用更低，因为转发品牌讯息（brand message）的成本都由转送个体承担了。（2）与传统付费广告相比，对病毒讯息的转发行为都是自愿的，因此病毒讯息接收者的讯息态度会更加积极。（3）病毒讯息转发者对自己所转发对象更加了解，这会导致病毒讯息接收者的讯息阅读率会更高，因此病毒讯息的目标受众指向情形会更有效。病毒式营销传播虽然有诸多优点，但病毒式营销传播活动也存在几项风险，其中一项风险即缺乏伦理标准。[②]比如，比较常见的一种认知是，这种视频试图混淆广告的边界："那些像视频新闻一样播放的病毒式视频，正在模糊人们的道德界限。"[③]

---

* 文章原载于《企业社会责任与中国发展（2014）》，中国传媒大学出版社2016年版，与李沛儒、王罡、马可合作，收入本书时有改动。

① DOBEKE A, TOLEMAN D, BEVERLAND M. Controlled infection! spreading the brand message through viral marketing [J]. Business horizons, 2005, 48（2）: 143-149.

② WOERNDL M. Internet-induced marketing techniques: critical factors in viral marketing campaigns [J]. International journal of business science and applied management, 2008, 3（1）: 33-45.

③ ATKINSON C. Viral video ads under scrutiny by watchdogs [J]. Advertising age, 2006, 77（37）: 44.

能获得病毒式传播的讯息需要具备五项要素：① 能捕捉公众想象力（吸引公众注意力，病毒式传播过程的启动方式）；所服务的产品或服务需要易于使用或高度易见；对所服务产品或服务的指向明确；借助可信度高的信息来源；整合应用不同的传播形式。五项要素中，最易于产生伦理偏颇的是第一项要素。这是因为，与其他四项要素相比，营销者为了获取公众的关注，为了提升营销活动的吸引力，更可能突破或者不顾一些规则的限制，从而在伦理层面导致偏颇。因此，本文主要从这一视角出发，探讨病毒式营销传播活动的伦理表现情形。本质上本文探讨的是病毒式营销传播活动启动方式的伦理维度——本文主要试图通过商业性病毒式营销传播案例研究，以病毒式营销传播活动的启动方式为出发点，探讨病毒式营销传播活动对伦理维度的遵守情形。

本文所谓的伦理表现情形，指病毒式营销传播活动对各方面利益关系人的利益与价值观念的尊重情形。这里的利益关系人采取最泛义的界定。在这一含义上，所谓违背伦理规则的情形，即病毒式营销传播活动与某一方面利益关系人的价值观念或利益产生冲突。

依据有关研究者的观念，营销活动的最高境界即"伦理式营销"（ethical marketing）。所谓"伦理式营销"，即强调对社会责任需求的重视与满足。② 依据这一视角，营销活动的伦理维度是与社会责任维度一致的。

一、病毒式营销传播活动的伦理表现情形

这一部分试图通过六项商业性案例，尝试总结病毒式营销传播活动的三项伦理表现情形。

---

① DOBEKE A, TOLEMAN D, BEVERLAND M. Controlled infection! spreading the brand message through viral marketing [J]. Business horizons, 2005, 48（2）: 143-149.
② TSALIKIS J, FRITZSCHE D J. Business ethics: a literature review with a focus on marketing ethics [J]. Journal of business ethics, 1989, 8（9）: 695-743.

（一）完全伦理式

1. 本田雅阁汽车《齿轮》广告[①]

2001年，英国本田公司请韦柯广告（Wieden & Kenney）将本田汽车组成部分的复杂与卓越传播给消费者，强调"汽车并不是简单的汽车"的观念。在此之前，本田在英国市场的份额仅为3%左右。本田公司试图借助恰当的传播活动有效拓展市场。

该公司为本田制作了一则名为《齿轮》（*The Cog*）的视频广告，通过多米诺形式展示本田雅阁汽车各部件之间的精密关联。该广告试图凸显雅阁汽车组成部件之间的颇有艺术色彩的精密组织。该广告最初在2003年4月6日巴西一级方程式大奖赛开始之际在英国电视播放。同时，英国本田公司网站也提供该视频广告的下载。

在美国，本田公司的网站每周点击量翻了四倍，升至55,000人次，宣传册索取数翻了三倍。访问丰田经销店的人数由平均每月3500人次升至3700人次。在英国投放三个月之后，该广告在澳大利亚电视播放，引发新一轮广泛传播。

《齿轮》广告的传播得以成功的要素包括五项：（1）该活动将乐趣与惊奇因素纳入病毒讯息，为消费者提供参与品牌并与其他人讨论品牌的兴趣点。（2）本田在恰当的时间投放该广告，针对恰当的目标消费者群体，获得了最广泛的影响。（3）本田使用多样化的媒体渠道（电视广告，网络讯息）传递讯息，促使讯息有效跨越口碑传播与传统媒介（电视谈话节目经常讨论该广告）。（4）该广告有效激发了自愿型的口碑传播，提升了讯息的传播效果与接收到该讯息的受众数量（潜在培育了一批到处搜寻该广告或到互联网搜索相关信息的受众群体）。（5）该广告所指涉的品牌是受众易见的，在品牌讯息与有形易见产品之间的关联是现实的。

上述五项要素中，第一项要素有效吸引了公众，有效启动了病毒讯息的

[①] DOBEKE A，TOLEMAN D，BEVERLAND M. Controlled infection! spreading the brand message through viral marketing [J]. Business horizons，2005，48（2）：143-149.

传播（即，通过娱乐与意外因素进行传播启动）。这一启动方式没有明显违背相关方面的价值观念或利益。

2.《哈利·波特》第七部"主要角色死亡"①

2006年6月底，《哈利·波特》系列小说作者罗琳（J. K. Rowling）在英国第四台（Channel 4）的一个电视访谈节目中提到，在其第七部中，两位大家都很熟悉的角色的生命将会走向终结，其中可能就包括年轻的波特。不过，她小心翼翼，并没有具体表明这两个角色是谁："我从未想过在第七部之前将哈利杀掉，因为我一直的计划就是七部系列，这将是我的目标。不过，我充分理解一名作者的心态：'好吧，我将杀死他们，因为这就预示着将不可能有作者之外的人续写续集……因此，还是我来结束它，等我死去并消失在人们视野中的时候，其他人不可能重新书写这些角色。'"②不过，罗琳曾向媒体透露，她是号啕大哭着完成了第七部写作的，这无疑强化了公众们的期待，其生死谜团已引得全球"哈迷"竞相猜测。③如下报道恰当对此进行了描述："两年来，第七部《哈利·波特》的最大悬念，便是主人公哈利会不会真的死去。其作者、苏格兰女作家J. K. 罗琳对此一直模棱两可。"④

2007年7月21日《哈利·波特》第七部全球同步发售，上海"哈迷"彻夜排队等候，而拿到小说的读者大多第一时间翻到最后，迫切想知道主人公哈利·波特的最后结局。⑤这一现象足以显示罗琳的这些"表述"的影响力。

罗琳的"表述"，自然也引发了雪崩般的媒体报道。所有的主要电视网及其网站都对此加以报道。《纽约时报》及其网站给予显著报道。即使一向比较

---

① 小吉安尼尼. 营销公关与实践[M]. 冯丙奇, 译. 北京：清华大学出版社，2013：1-2.

② KERWIN A M. Harry Potter must die：what everyone is talking about[J]. Advertising age，2006（6）：67-68.

GELDER L V. Rowling plans two more 'Harry Potter' deaths[N]. New York Times，2006-06-27.

③ 郭珊，邓碧波. 哈里·波特生死谜团将揭晓《哈7》英文版明日全球同步发行[N]. 南方日报，2007-07-20（A15）.

④ 康慨. 再过30天，哈七上市，全球狂欢 而哈利真的只剩下一个月可活了吗[N]. 中华读书报，2007-06-20（A8）.

⑤ 魏英杰. 一天七百万，一本书的全球化魔法[N]. 东方早报，2007-07-23（B6）.

严肃的《华尔街日报》也进行了报道。借助像美联社、路透社之类的通讯社，全球的主要报纸都有所报道。最后，行业杂志《广告时代》（Advertising Age）对此给予报道，并对这一声明产生如此巨大影响的原因进行了解读。①

这一现象在中国同样获得高度关注。比如，2007年5月，正当中国读者苦候"哈7"推出之际，一名热情"哈利·波特"迷写成25万字的帖子被上传到多个"哈利·波特"的网站上，声称是"哈7"的结局内容。在该结局中，主角哈利没有死去，而是与另一主角金妮结婚。金妮一直暗恋哈利，这个大团圆结局或多或少道出部分"哈迷"的心声。不过，很快便令书迷感到失望，因为那个只是他自己写出来的结局篇，因为"哈利·波特"系列英国出版商布鲁姆斯强调，网上版本全是弄虚作假。布鲁姆斯发言人表示，该公司已有严密保安措施看守着那份真正的结局，除罗琳外只有3个人看过，他们全是出版社的高层。在运送新书往书店时，会用货柜装着并锁上铁链。② 无论这一现象背后隐藏着什么，至少显示中国公众对罗琳有关"主要角色会死去"言论的高度关注。

试图将这一话题保持在公众视野中的不仅仅是罗琳女士，也包括系列小说的出版商、系列电影的制片与发行者，还有无数生产与销售相关衍生产品的企业。由于几乎所有地区的少年儿童甚至成年人都对"哈利·波特"品牌十分狂热，因此电视节目生产者、报纸编辑人员、杂志出版商也比较热衷于报道罗琳的这一说法。对这一男孩名字的简单提及，就会博得观众与读者的立即关注，为进行报道的媒体以及投放广告的广告主带来利益。

这一案例吸引公众的主要要点是第七部中会有主要角色死去。即：这一传播启动要素是基于既有流量的强大悬念。这种启动方式需要前提条件（已经积累起来的强大的关注度），不适用所有传播的启动过程。这种启动方式是人们所说的"饥饿营销"的必备条件；如果缺乏这一条件，"饥饿营销"将根本无法开展。

---

① KERWIN A M. Harry Potter must die：what everyone is talking about［J］. Advertising age，2006（6）：67-68.
② 瑛子. "哈7"假结局网上流传 英出版商严守罗琳原稿［N］.中国新闻出版报,2007-05-11（4）.

这一诉求不存在欺诈，因为在第七部中，的确有在电影中占据主要位置的角色死去，即：伏地魔（始终的反派角色）、西弗勒斯·斯内普（哈利·波特妈妈的追求者）、乔治·韦斯莱（哈利·波特好友罗恩的哥哥，许多人钟爱的学长）、疯眼汉（哈利·波特的守护人之一）。因此，这一病毒式传播过程的启动方式并不存在明显的伦理问题。

（二）准伦理式

1.《人工智能》"情感机械治疗师"①

微软公司为斯皮尔伯格的电影《人工智能》（A.I.）（2001年6月29日正式公映）的推广设计了虚拟现实游戏（alternate reality game，ARG）"野兽"（The Beast），该游戏情境设在2142年，持续12周，至电影首映结束。这一游戏成为早期最有影响的虚拟现实游戏。

该游戏的启动始于2001年3月中旬。当时电影制作者们发布了第一则海报，在其底部用小字列出演员珍妮·萨拉（Jeanine Salla）的剧中角色："情感机械治疗师"（sentient machine therapist）。什么是情感机械治疗师？好奇的影迷们通过谷歌查询"Jeanine Salla"，于是病毒式信息开始散播。影迷们最初搜索到的网站将他们指引到另外的网站，并搜索到众多的混乱的线索。科幻电影的影迷们被置入迷雾之中。这个时候电影推广者并没有提供更加明确的线索，因为他们需要消费者自己的一些想法，并希望他们将自己的有关想法分享出去。这一过程中，推广者会进一步提供新的线索，比如电影角色扮演者的电子邮件以及与之相关的一些预先录制好的语音信息等。

到电影正式公映的日子，已经有30—40个不同的网站在关注这一线索。这一游戏的相关公众还在雅虎开通名为"云作者"（Cloudmakers）的讨论组，并于2001年4月21日开通博客。

该活动的基本认知是：科幻电影的影迷们都是比较好奇的，都试图了解

---

① DOBEKE A，TOLEMAN D，BEVERLAND M. Controlled infection! spreading the brand message through viral marketing [J]. Business horizons，2005，48（2）：143-149.

将来的世界会是什么样子。因此该活动就需要为潜在的影迷们提供足以诱惑他们、足以激发他们好奇心、足以激励他们搜寻信息并分享信息的东西。

这一电影发出的讯息有效启动了病毒式传播过程;其启动过程的基础是基于既有关注度的悬念要素,这与前述的《哈利波特》传播相同。

不过,电影营销者在这一过程中,有意对目标公众的讯息搜索过程进行扰乱。这种行为对目标公众有所不尊重,有愚弄目标公众的嫌疑,在伦理维度足以引发争论。①

2. 杜蕾斯"雨夜鞋套"

2011年6月23日17时20分,北京下起特大暴雨,造成严重后果。17时58分,杜蕾斯营销团队的员工"地空捣蛋"在其新浪微博发帖,内容仅有三张图片,直接展示用杜蕾斯套在鞋上用于防水。②18时30分,该帖转发超过1万条,20时转发超过3万条,24时转发超过5万8千条。该帖当晚稳居新浪微博转发排行榜第一位,远超暴雨话题,并有史以来第一次凭借非明星、非天灾人祸类事件位居新浪微博当周转发热门榜第一名。③至2014年6月30日,该帖共获转发73,039次,评论17,519条。当晚18时整,杜蕾斯新浪官方微博将"地空捣蛋"假托为匿名粉丝,对该帖进行了转发。④这种先由表面显示为匿名个人的微博发帖再由官方微博转发的做法,意在削减官方微博首发所产生的广告色彩,但结果远不如人意:至2014年6月30日,官方微博的转发帖仅获966次转发及427条评论。

该活动具备三项特征:搭载具备显著新闻价值的事件;以出人意料的方式直接展示产品及其核心实用功能;借助表面为匿名状态的个人信息来源并从中明显获益。第一项特征是事件营销常见的借势方式之一,也是启动病毒

---

① DUMENCO S. Here's what else is wrong with native advertising [J]. Advertising age,2014,85(18):35.
② 地空捣蛋. 北京今日暴雨,幸亏包里还有两只杜蕾斯 [EB/OL].(2011-06-23)[2014-06-30]. http://weibo.com/1651618343/eCFm1H9coQB.
③ 杜蕾斯雨夜鞋套事件 [J]. 广告大观(综合版),2011(11):101-102.
④ 杜蕾斯官方微博."粉丝油菜花啊!大家赶紧学起来!!有杜蕾斯回家不湿鞋~[EB/OL].(2011-06-23)[2014-06-30]. http://weibo.com/1942473263/eCFmeEICBa5?mod=weibotime.

式营销传播过程的一种典型方式①；后两项特征比较独特，至今仍没有获得系统关注。

出人意料的讯息展示方式的基础来自杜蕾斯自身的敏感色彩。这契合了病毒式营销传播的内在机制——具备独特性质（如敏感色彩）的产品或服务本身就易于引发公众关注，同时讯息的独特展示方式（富有想象力甚至惊奇等）也易于激发公众讨论。②

这一传播的启动过程基于拥有巨大新闻价值的新闻事件（本质上属于"借流"）和显著的意外性。这些特征可以通过简短案例比较来显示。2012年7月21日，北京再次特大暴雨。其间，众多企业（如家、国美、良子等）通过微博发布信息，声称可以为市民提供便利服务。比如，良子健身总裁朱国凡当日深夜发出的微博在一夜之间被转发1万多次。③这些企业同样也借助大雨的新闻价值通过微博获得广泛传播。但是，这些企业没有或难以有效直接展示产品或服务的核心实用属性，也没有使用表面为匿名状态的个人信息来源以及出人意料的展示方式。

上述比较显示，杜蕾斯"雨夜鞋套"微博传播主要在如下两方面存在偏颇：(1) 假托"地空捣蛋"为匿名的个人粉丝，隐瞒其杜蕾斯营销者的身份，对关注者存在欺诈现象。(2) 杜蕾斯之类的产品对于部分中国消费者而言，仍具有比较明显的敏感性。将具备比较明显的敏感性的产品直接进行如此方式的使用，与部分中国消费者的文化价值体系有一定冲突。

对于上述第二项因素应当进行恰当认知。这是因为，杜蕾斯"雨夜鞋套"活动对中国文化价值体系的冲突并没有过分。贝纳通广告对特定文化价值体系的冲突力度可以显示这一特色。贝纳通的一些广告（如让教父与修女接

---

① HINZ O, SKIERA B, BARROT C, et al. Seeding strategies for viral marketing: an empirical comparison [J]. Journal of marketing, 2011, 75 (6): 55-71.

② DOBEKE A, TOLEMAN D, BEVERLAND M. Controlled infection! spreading the brand message through viral marketing [J]. Business horizons, 2005, 48 (2): 143-149; HINZ O, SKIERA B, BARROT C, et al. Seeding strategies for viral marketing: an empirical comparison [J]. Journal of marketing, 2011, 75 (6): 55-71.

③ 龚轩. 一条雨夜微博释放的财富善意 [N]. 中华工商时报, 2012-07-31 (1).

吻），对特定文化价值体系进行了直接的冲突甚至挑战。当然，这种冲突或挑战有效引发了相关国家或地区公众与媒体的广泛关注，不过这种吸引关注的方式是值得商榷的。

（三）明显非伦理式

1. 布兰德"搅得烂吗？"

美国搅拌机制造商布兰德（Blendtec）生产的家用搅拌机的产品价格比竞争对手贵至少 3—5 倍。但是其销量常年都是亚马逊同类产品中的冠军，其中 YouTube 是它最主要的也几乎是唯一的推广渠道。布兰德于 2006 年 10 月开始生产其第一则"搅得烂吗？"（Will it blend?）视频，之后形成"搅得烂吗"系列视频，用于展示搅拌机搅碎不同对象：高尔夫球棒手柄、高尔夫球、棒球、磁石、人造钻石、玩具车，甚至还有摄影机、iPhone、iPod、iPad 等。每段视频的开头，叫作"汤姆"的白发中年人都会戴着防护眼镜来上一句："搅得烂吗？这是一个问题。"（Will it blend? That is a question.）

"汤姆"的全名是汤姆·迪克森（Tom Dickson），他是布兰德公司的 CEO。他在公司里总是用各种各样奇怪的东西去测试自己公司生产的搅拌机。于是，市场总监乔治·赖特（George Wright）突发奇想，决定把这些古怪的测试过程录下来，再加上一些诸如大理石和高尔夫球杆之类匪夷所思的实验品，统统贴到网上去。他们总共制作了将近 30 段此类视频，而且根据网友的反应不断推波助澜。市场总监赖特在接受美国《商业周刊》采访时说："我们的目标就是加深品牌和市场认知度，很多人家里的搅拌机可能连冰块都没法弄碎，他们会牢牢记住这个可以搅拌大理石的机器。"[①]

由于这种实验在正常家庭中的不现实性，更由于它的荒唐性吸引了无数受众的关注，因此"搅得烂吗"在 YouTube 上一直是网民关注的焦点之一：2006 年的高尔夫球一集获得了超过 1,500 万次点击，而后的每一集新视频都

[①] 林嘉澍. 网络视频营销怎样吸引"眼球"[J]. 中国电子商务，2007（3）：66-69.

会获得百万左右的浏览量。① 这一视频还吸引《华尔街日报》《商业周刊》和《福布斯》等著名媒体竞相报道。②

这一传播的启动过程基于强大的意外性；这种启动方式富有明显的自主性，但仅适用于产品或产品相关对象自身拥有极其明显的独特特征的情况。

这一视频真正让人们见识到病毒视频营销魔力：它的视频主页有3亿的累计观看次数，每年为布兰德带来500%—700%的订单增长，网站流量增加650%，转换率提高70%，销量在4年时间里翻了10倍。③

表1　布兰德搅拌视频观看情形

搅拌对象	观看次数
iPad	17,227,836
iPod	6,278,792
iPhone 6 Plus	2,341,635
iPhone 5s and 5c	3,553,515
Samsung S4 Active	353,654
Nokia 3310	2,371,672
iPad Mini vs Kindle Fire HD vs Nexus 7	1,191,764
荧光棒	10,789,616
iPhone 5 vs Galaxy S3	8,533,918
钻石	6,823,043

这一活动明显的不足在于，为了凸显自己产品的功能，直接显示其他产品的不足。同时，还对不同产品在搅拌机中的粉碎情形进行直接比较，可能显示不同产品在"坚固"属性方面的差异。同时，这一活动直接展示的现象包含暴力倾向，对部分观众群体而言也是不恰当的。也就是说，这一病毒式

---

① 周锋. 国内外热门病毒视频赏析［J］. 中国广告，2011（1）：46-52.
② 婷婷. 创新互动模式，引领病毒营销新趋势：近年全球病毒视频实战创意榜［J］. 中国广告，2011（1）：44-45.
③ 徐海涛. YouTube营销让外贸"动"起来［J］. 进出口经理人，2014（1）：74-75.

营销传播活动，比较明显地影响到其他产品的形象，同时也与部分观众的利益产生冲突。

2. 韩后"张太"广告

2013年8月20日，年轻的化妆品品牌韩后在《南方都市报》上刊登整版广告：

> 前任张太：你放手吧，输赢已定。好男人只属于懂得搞好自己的女人，祝你早日醒悟，搞好自己，愿天下无三。
>
> ——张太

"张太"广告利用当今社会热门话题"小三"制造舆论。但是，"张太"广告在引起广泛传播的同时，也引发公众关于传播道德的质疑。8月20日下午，广告主被广东省工商局约谈。广东省工商局经过调查并发出通报，该广告为某品牌的商业炒作，并责令其立即停止发布此类广告并要求积极采取相关措施消除不良社会影响。

8月22日，韩后在《南方都市报》发布了四个整版的"张太广告"续集。

第一则：

是因为

在中国

70%女性参与就业，比例位列全球NO.1

51%女性被时间压力击垮

44%女性超负荷工作

62%女性承担大部分家务

一个女人的24小时

10小时工作

4小时照顾家庭

2小时上下班

6小时睡觉

0 搞好自己的时间

中国女人，为什么不能拥有自己的时间和空间？去追逐心中的梦想，实现自我价值。你活好了自己，就能跟周围的人分享更多快乐、幸福和成功。

女人，#搞好自己#

才能搞好家庭，搞好工作，搞好生活。

第二则：

但 抱歉！

我前天没有说清楚

其实，前任张太，现任张太

都是同一个"我"

前天的登报

只为告别以前的"我"

"我"是想以我为例子

证明美丽

属于#搞好自己#的女人

拥有这样的正能量

才能有机会更美

第三则：

#搞好自己#

是对另外一个自己说

别偷懒

女人要爱自己更多

才可以关爱更多人

919

韩后疯狂爱购节

让女人更爱自己

9.19 见！

第四则：
#搞好自己#

是听从自己内心的声音

让自己

有机会更美！

919

韩后疯狂爱购节

让女人更爱自己

9.19 见！

这四则广告用于"澄清"真相——原来前任张太、现任张太都是一个人。张太立志改变，"搞好自己"，和以前黄脸婆的自己说拜拜。这四则广告一次性发布，再次抢夺眼球。

同日，韩后同步在其新浪官方微博发表声明：

我司韩后品牌于8月20日在《南方都市报》上发布了一则广告，对于广告引发的社会舆论，我司致以诚挚的歉意。

我司刊登的广告属于韩后919促销项目策划的一部分，广告的初衷和构思是通过幽默和悬念的方式传达一个诉求：倡导现代女性搞好自己，对自己关爱更多，让自己生活更快乐。以上的信息已经在今天《南方都市报》上通过四版广告深度阐述。

韩后会一如既往地关爱女性消费者，希望大家继续支持韩后。谢谢！

广州十长生化妆品有限公司

2013年8月22日

这一声明表达了企业刊登该广告的初衷和构思：由于现代女性家庭工作多重压力在身，广告希望通过幽默和悬念的方式传递一个诉求——倡导现代女性搞好自己，对自己关爱更多，让自己生活更快乐。

至此，"张太"广告的意图已经十分明确：推广"9.19韩后疯狂爱购节"。

《IT时代周刊》曾经刊登一些评论者的评论，其中指向广告自身伦理维度的评论都持批评态度[①]："从策划和创意角度讲，我给这个广告90分，但从炒作的话题恶俗程度讲，我给它10分，所以一平均：50分，不及格。"《广告法》规定，广告内容应'遵守社会公德和职业道德'，不得'妨碍社会公共秩序和违背社会良好风尚'。'小三广告'虽赚足了眼球，却违背法律精神，背离社会公德，再次拷问了商业营销的底线。在"眼球经济"时代，无论是广告商还是媒体，都要有底线，不能为达目的就不择手段。"[②]

《青年记者》曾经就此设计了一个简要的调查在问卷星网站发布，截至8月28日，共收到有效答卷63份。6成多的人认为这则"小三战言"广告的社会影响是负面的，对所发布媒体的影响是负面的，且对所宣传产品品牌的影响也是负面的。8成多的人不赞成不择手段地进行此类广告创意。[③]

上述说明足以显示，韩后通过广告投放，有效启动了病毒式传播，但至少与部分中国消费者的价值观念产生冲突。因此，这一传播的启动过程基于两项要素：第一，搭载具备显著新闻价值的新闻事件（借流）；第二，与大部分公众的价值观念明显不符（显著的意外性）。

二、结语

本文试图以病毒式营销传播活动的启动方式（如何获取公众关注，如何激发公众想象力）的方式为出发点，大致总结病毒式营销活动在遵守伦理规则方面的大致情形。依据上述案例分析，本文总结出三种情形：完全伦理式

---

① 评论者的焦点有两个：广告（广告投放者）与《南方都市报》。
② "小三广告"拷问媒体道德底线[J].IT时代周刊，2013（17）：74-75.
③ 王立纲.你怎么看"小三战言"广告[J].青年记者，2013（25）：24.

病毒式营销传播；准伦理式病毒式营销传播；明显非伦理式病毒式营销。由于本文尚属于探索性质，因此本文暂时难以有效明确提出三种情形的划分标准，仅能为三种情形提供初步的界定标准：完全伦理式病毒式营销传播活动不违背各个方面的价值观念与利益，准伦理式病毒式营销传播活动在某一维度在一定程度上违背某一或某几方面的价值观念或利益，明显非伦理式病毒式营销传播活动在某一维度明显违背某一或某几方面的价值观念或利益。上述六项案例的具体伦理表现情形见表2。

表2 六项案例伦理表现情形

类型	案例	伦理表现情形
完全伦理式	本田雅阁汽车《齿轮》广告	无明显冲突
	《哈利·波特》第七部"主要角色死亡"	无明显冲突
准伦理式	《人工智能》"情感机械治疗师"	一定程度上与影迷的利益冲突
	杜蕾斯"雨夜鞋套"	一定程度上与部分中国消费者的价值观念冲突
明显非伦理式	布兰德"搅得烂吗？"	明显与其他品牌产品的利益冲突，明显与部分消费者的利益冲突
	韩后"张太"广告	明显与部分中国消费者的价值观念冲突

上述三种情形，仅通过六项商业性病毒式营销传播案例加以展示，其普适性可能存在不足。这需要下一步持续地研究。不过，上述三种情形，值得营销者给予足够关注，以便更加有效并恰当地开展病毒式营销传播活动。

另外，商业性病毒式营销传播活动之外还有社会性病毒式传播（social viral communication）活动，其伦理现象也可能表现为上述三种情形，只是需要单独关注。这里仅以"齐内丁·齐达内赛"（Zinedine Zidane Game）网络游戏为例加以说明。

2006年7月9日中欧夏令时晚8点，国际足联世界杯决赛在德国柏林开始。在加时赛时段，约晚10点，法国队队长齐内丁·齐达内（Zinedine Zidane）以头顶撞对方队员马尔科·马特拉齐（Marco Materazzi）胸口，导致马特拉齐倒地，裁判直接将齐达内红牌罚下。最终，经过点球大战，意大利队获得冠军。

来自米兰的意大利美术设计师阿尔贝托·扎诺特（Alberto Zanot）花费不到一个小时设计完成"齐内丁·齐达内赛"。该游戏允许用户通过鼠标活动来用头撞击意大利球员。扎诺特最初只将该游戏通过电子邮件发送给其朋友。到7月11日，该游戏已经获得150万次的浏览。之后该游戏以指数速率在全球范围内扩散。即使三个月之后，即2006年10月，谷歌搜索引擎中还能搜索到有关这一游戏的众多资料。

这一事例中得到传送的讯息内容是一种互动网络游戏。从网络游戏的角度来看，该游戏的目的有两项：提供娱乐，对新闻事件作出评论。站在与新闻事件相关联的角度上，这一游戏可以被称为"新闻游戏"（news game）。

这一游戏没有直接冒犯法规。潜在的风险在于它使用了两名球员的形象。另外一项潜在的问题是，国际足球联盟有关世界杯的版权是否允许这一游戏的行为。伦理方面，这一游戏最大的潜在风险在于它展示的是一种暴力行为，可能令接收者以及支持被顶撞者的群体感到烦扰。①

---

① WOERNDL M. Internet-induced marketing techniques: critical factors in viral marketing campaigns [J]. International journal of business science and applied management, 2008, 3 (1): 33-45.

病毒式营销传播受众品牌认知情形*
——品牌资产视野中的杜蕾斯"雨夜鞋套"微博传播案例研究

2011年6月23日17时20分,北京特大暴雨引发广泛关注。17时58分,杜蕾斯营销人员以"地空捣蛋"为名在其新浪个人微博以个人名义发帖,仅用三张图片展示将杜蕾斯套在鞋上用于防水。① 该帖当晚稳居新浪微博转发榜第一位,有史以来第一次以非明星、非天灾人祸类事件居新浪微博当周转发榜第一位。② 至2014年6月30日(作者材料收集时间),该帖获转发73,039次,评论17,519条。当晚18时,杜蕾斯新浪官方微博假托"地空捣蛋"为匿名粉丝转发该帖,③ 意在削减官方微博首发产生的广告色彩。不过至2014年6月30日,该转发帖仅获966次转发与427条评论。这次传播在互联网被通俗称为"雨夜鞋套"传播。

"雨夜鞋套"的传播是一种典型的病毒式营销传播(viral marketing communication,VMC)现象,甚至被形象地称为"核爆式营销",④ 其经典界

---

* 文章原载于《现代传播》(中国传媒大学学报)2015年第4期,与王罡、杨婷婷、莎木央金、王艳萍合作,收入本书时有改动。

① 地空捣蛋. 北京今日暴雨,幸亏包里还有两只杜蕾斯[EB/OL].(2011-06-23)[2014-06-30]. http://weibo.com/1651618343/eCFm1H9coQB.

② 杜蕾斯雨夜鞋套事件[J]. 广告大观(综合版),2011(11):101-102.

③ 杜蕾斯官方微博. 粉丝油菜花啊!大家赶紧学起来!!有杜蕾斯回家不湿鞋~[EB/OL].(2011-06-23)[2014-06-30]. http://weibo.com/1942473263/eCFmeEICBa5?mod=weibotime.

④ 何怀嵩. 宣传片的媒体结构特征变化[J]. 现代传播(中国传媒大学学报),2012(12):83-87.

定是：营销者发出病毒讯息（viral message），公众之间自动进行讯息传播，致讯息得以指数速度广泛扩散。①

"雨夜鞋套"的传播具备三项特征：搭载具备显著新闻价值的事件；以出人意料的方式直接展示产品及其核心实用功能；借助表面为匿名状态的个人信息来源并从中明显获益。第一项特征是事件营销常见的借势方式之一，也是启动病毒式营销传播过程的一种典型方式；②后两项特征比较独特，至今仍没有获得系统关注。这显示出这次传播的典型价值。本文即试图为这一类活动提供一次案例研究，以便促进对这一类活动进行的更加系统的研究。

本文尝试以"品牌资产"（brand equity）为视角，借助内容分析方法，总结"雨夜鞋套"微博评论对杜蕾斯品牌的指向情形，以此显示评论者对杜蕾斯品牌讯息的接收情形，试图在受众品牌认知层面上大致显示这次传播的效果。作为一种表述话语（discourse），微博评论能有效展示品牌资产，③满足本文的分析要求。

本文的具体研究问题包括两项：微博评论在多大程度上指向杜蕾斯品牌？微博评论具体指向杜蕾斯品牌资产的哪些维度？前者试图初步显示评论者对杜蕾斯品牌的认知偏离情形，后者试图显示评论者对杜蕾斯品牌内在因素的具体关注情形。本文属于定类分析，不关注品牌资产各维度的具体属性。

一、品牌资产维度体系

虽然品牌资产的相关讨论已经比较广泛，但至今仍没有获得普遍认可的内涵界定，同时术语使用方面也存在混乱。造成这一情形的主要原因之一是相关研究者对品牌资产的界定有不同的视角。依据出发点的不同，对品牌资

---

① CARIDA A，COLURCIO M. Viral marketing communication：just sales or more ［J］. Business systems review，2013，2（1）：99-110.

② HINZ O，SKIERA B，BARROT C，et al. Seeding strategies for viral marketing：an empirical comparison ［J］. Journal of marketing，2011，75（6）：55-71.

③ KELLER K L. Conceptualizing measuring and managing customer-based brand equity ［J］. Journal of marketing，1993，57（1）：1-22.

产的关注包括三种视角：基于顾客（customer-based，认为品牌资产是额外附加给某产品或服务的或自某产品或服务自身抽去的总体价值）、基于企业（company-based，认为品牌资产是品牌为企业积累起来的额外价值，往往体现于现金流的变化）与基于财务（financial-based，认为品牌资产是可以买卖的财产）。[1]

本文关注来自顾客或潜在顾客（对杜蕾斯密切关注者）的评论，属于基于顾客的视角。对基于顾客的品牌资产的关注又可分为两种视角："总体品牌资产"（overall brand equity）与"多维品牌资产"（multidimensional brand equity）。[2] 前者试图关注品牌资产的总体价值，其典型界定是将品牌资产视为顾客对品牌的总体认知（即本文所表述的"品牌认知"）。[3] 后者试图具体解析品牌资产的内在因素。本文以前者为总体观念基础，对品牌资产进行多维关注。基于多维视角并得到广泛采用的两项品牌资产维度体系分别来自艾克（David A. Aaker）与凯勒（Kevin L. Keller）。艾克将品牌资产界定为外在于产品或服务自身的与某品牌（名称或标识等）关联在一起的"财产"（assets）与"负债"（liabilities）的集合。[4] 凯勒将品牌资产界定为"品牌知识"（brand knowledge）对顾客的品牌营销回应（response to the marketing）的复杂不同的影响（differential effect）。[5] 凯勒认为品牌资产是赋予产品或服务的附加价值（added value），体现于顾客的观念、表述、行为之中。[6] 这一说明再次显示微

---

[1] KELLER K L, LEHMANN D R. Brands and branding: research findings and future priorities [J]. Marketing science, 2006, 25（6）: 740–759.

[2] YOO B, DONTHU N. Developing and validating a multidimensional consumer-based brand equity scale [J]. Journal of business research, 2001, 52（1）: 1–14.

[3] LASSAR W, MITTAL B, SHARMA A. Measuring customer-based brand equity [J]. Journal of consumer marketing, 1995, 12（4）: 11–19.

[4] AAKER D A. Managing brand equity: capitalizing on the value of a brand name [M]. New York: Free Press, 1991.

[5] KELLER K L. Conceptualizing measuring and managing customer-based brand equity [J]. Journal of marketing, 1993, 57（1）: 1–22.

[6] KELLER K L. Measuring brand equity [G] // GROVER R, VRIENS M. The handbook of marketing research: uses, misuses, and future advances. Thousand Oaks, California: Sage Publications, 2006.

博评论能有效体现品牌资产。

凯勒将品牌资产分为"品牌知晓"(brand awareness)与"品牌联想"(brand association)。其中品牌知晓包括"品牌识别"(brand recognition)与"品牌回忆"(brand recall)。品牌联想包括四个层面：联想的类型、强度、倾向与独特性。① 艾克将品牌资产分为五个方面："品牌忠诚"(brand loyalty)、"品牌知晓"、"感知质量"(perceived quality)、"感知质量之外的品牌联想"、"品牌资产其他属性"(包括商标、渠道关系、专利等，实际上指的是顾客对这些因素的认知或者说这些因素对顾客认知的影响)。② 艾克将感知质量单独列出，同时在详细说明时将"感知质量之外的品牌联想"简称"品牌联想"。本文沿用这种做法。

相比之下，艾克的体系更加简洁明确，仅简单指明品牌资产包含的各个维度。但艾克对某些维度的说明不够全面清晰。凯勒不仅关注了品牌联想的类型，还关注了品牌联想的其他属性，这些属性已经超出本文的视野。因此本文将主要遵循艾克的体系与术语对品牌资产各维度进行说明，在艾克的说明不够全面清晰时，参考其他相关论述。

品牌忠诚指顾客对特定品牌的依恋，③ 具体分为两个方面：品牌忠诚分为"行为忠诚"(behavioural loyalty)与"认知忠诚"(cognitive loyalty)。④ 前者指顾客在市场中的行为，由顾客的重复购买数量或承诺在重复消费时将特定品牌作为首选的承诺来标示。后者指在作出购买决策时特定品牌首先出现于顾客脑海中的情形。微博评论只能显示顾客的购买意愿、承诺等指标，因为这些内容更易于在自主评论中流露。

---

① KELLER K L. Conceptualizing measuring and managing customer-based brand equity[J]. Journal of marketing，1993，57（1）：1-22.

② AAKER D A. Managing brand equity：capitalizing on the value of a brand name [M]. New York：Free Press，1991.

③ AAKER D A. Managing brand equity：capitalizing on the value of a brand name [M]. New York：Free Press，1991.

④ GREMLER D，BROWN S W. The loyalty ripple effect：appreciating the full value of customers [J]. International journal of service industry management，1996，10（3）：271-293.

品牌知晓指潜在顾客识别或回忆起某一品牌属于某一产品类别的现象，其关键在于该品牌与其所属产品类别之间的关联。① 其中，品牌识别指潜在顾客能恰当意识到以前曾经接收过某品牌相关信息的现象；品牌回忆指当提及某产品类别、该类产品所实现的功能或其他一些相关提示时，潜在顾客能想起某品牌的能力。依据艾克的观念，对品牌识别进行评估时，可以提供几个属于同一产品类别的品牌，让受访者识别出之前曾经听说过的品牌；对品牌回忆进行评估时，可以在不提品牌名称的情况下，让受访者列出某产品类别中的一些品牌名称。② 在"雨夜鞋套"微博传播活动中，杜蕾斯的名称是被明确提及的，公众对杜蕾斯也比较熟知，因此不符合上述评估观念，所以品牌知晓将不作为本文的分析维度。

感知质量基于某一产品或服务与其他类似产品或服务的比较，指顾客对某产品或服务的总体质量的感知。感知质量不是产品或服务的实际或客观质量，也不一定建立在顾客对产品或服务的详尽了解基础上。③ 虽然如此，感知质量仍基于产品相关属性（内在固有的完成其功能所必需的要素）；与之对应的是非产品相关属性（外在因素，主要包括价格、包装或产品外表、使用者形象、使用情形）。④

品牌联想是顾客记忆中与某品牌关联在一起的任何东西。⑤ 品牌联想包括产品联想（指向产品相关属性与非产品相关属性）与组织联想（指向企业及

---

① AAKER D A. Managing brand equity: capitalizing on the value of a brand name [M]. New York: Free Press, 1991.
② AAKER D A. Managing brand equity: capitalizing on the value of a brand name [M]. New York: Free Press, 1991.
③ AAKER D A. Managing brand equity: capitalizing on the value of a brand name [M]. New York: Free Press, 1991.
④ KELLER K L. Conceptualizing measuring and managing customer-based brand equity[J]. Journal of marketing, 1993, 57 (1): 1-22.
⑤ AAKER D A. Managing brand equity: capitalizing on the value of a brand name [M]. New York: Free Press, 1991.

其人员的专业能力情形与社会责任开展情形）。①

总之，以艾克的品牌资产维度体系为基础，整合其他相关论述，本文总结出符合本文研究问题的品牌资产维度体系（见表1）。

表1 品牌资产维度体系

维度	内涵	具体表现	
品牌忠诚	顾客对品牌的依恋	行为忠诚	顾客进行重复购买
			顾客承诺重复消费时将某品牌作为首选
		认知忠诚	顾客作出购买决策时某品牌首先出现于脑海中的情形
品牌知晓	顾客在不同情形中识别或回忆起某一品牌的能力	品牌识别	潜在顾客能恰当意识到以前曾经接收过关于某品牌的信息
		品牌回忆	当提及某产品类别、该类产品所实现的功能或其他一些相关提示时，潜在顾客能想起某品牌的情形
感知质量	顾客对某产品或服务的总体质量的总体认知，其基础是对同一类别中不同产品或服务的产品相关属性进行的比较		
品牌联想	顾客记忆中与某品牌关联在一起的任何东西（对质量的认知除外）	产品联想	顾客对某产品或服务除质量之外的所有属性的认知
		组织联想	顾客对为某品牌服务的所有人员、观念与活动等的认知
品牌资产其他属性	上述维度之外的属性，包括商标、渠道、专利等		

目前同样也缺乏已经获得普遍认可的品牌资产评测指标体系。研究者们已经从不同角度出发提出不同的评测指标。不过，几乎所有的品牌资产评测

---

① CHEN A C H. Using free association to examine the relationship between the characteristics of brand associations and brand equity [J]. Journal of product and brand management, 2001, 10（6）: 439–451.

方法都可以归入凯勒划分出的两大类方法：直接评测与间接评测。[①]

直接评测通过诸如调查或实验等方法对受访者进行直接询问。比如，通过实验方法直接比较受访者对不同品牌讯息的回应，或比较受访者对同一品牌不同表述的回应（显示受试者对品牌资产不同维度的认知情形）。[②] 不过受访者可能不情愿（如涉及隐私等）或不能（如的确不清楚等）表达自己对特定品牌的认知，这是直接评测方法的不足。

间接评测方法聚焦于顾客的品牌知识，通过讨论一些间接对象（如产品使用体验、使用者形象等），试图绕过上述不利或束缚因素，试图让受访者更加自由地表述。[①] 比如，可以在几乎不提供任何具体提示的前提下，让顾客说明能想到的有关某品牌的任何东西。这正是间接评测方法的优点所在。

依据上述划分，本文对微博评论进行的内容分析属于间接评测，同时也具备了间接评估的优点——公众对匿名个人微博的评论会更加自由自然，这种更加自由自然的表述可以更加有效地体现评论者对杜蕾斯品牌的认知情形。

二、研究方法

（一）微博评论的获取与内容分析过程

本文对原帖发出至 2014 年 6 月 30 日获得的所有评论（17,519 条）进行普查。最后一条评论出现于 2014 年 6 月 16 日。仅选取原帖的原因包括两项：第一，原帖获得的关注度远超过官方微博的转发帖；第二，对所有转发帖进行的内容分析是难以有效完成的，同时本文也仅试图将原帖评论作为"雨夜鞋套"活动所获评论的典型部分进行详尽内容分析。

本文内容分析由五名作者集体进行，并强化编码者之间的协作讨论。采

---

① KELLER K L. Conceptualizing measuring and managing customer-based brand equity[J]. Journal of marketing，1993，57（1）：1-22.
② YOO B，DONTHU N. Developing and validating a multidimensional consumer-based brand equity scale [J]. Journal of business research，2001，52（1）：1-14.
① AAKER D A. Managing brand equity：capitalizing on the value of a brand name [M]. New York：Free Press，1991.

取这一方法主要基于三项因素。第一，已有文献并没有提供品牌资产各维度易于操作的明确界定；第二，面对复杂多样的微博评论，一些方法（如语言信息处理等领域中的关键词提取方法）可能导致简单化或片面化的弊端，难以对每一评论进行更具体准确的关注；第三，本文分析对象的规模尚允许进行具体细致的内容分析。本文的内容分析过程包括三个具体步骤：第一，参照已有文献，所有编码者分工浏览微博评论并集中讨论，总结微博评论体现出的品牌资产各维度的初步界定；第二，依据这一初步界定，所有编码者对随机选出的 100 条评论进行预编码，对界定不一致的情形进行讨论，调整初步界定，形成最终的基于微博评论的品牌资产各维度界定，统一并强化编码者的认知；第三，编码者各自对分配的评论进行正式编码，遇到不确定情形时由编码者集体讨论确定。本文使用 SPSS 软件对编码结果进行分析。

本文在一名编码者已经完成的编码对象中随机选取 100 条评论，由另外四名编码者各自进行编码，最终编码者间同意率为 72%。基于 Ir 信度系数公式，① 本文发现编码者间信度系数为 0.82，属于可接受范围。② 对这一信度的认知，应充分考虑微博评论的复杂多样性。

（二）编码说明（已尽量删减时间、用户名等信息）

1. 本文仅关注评论的内容指向，不关注调侃成分。比如："公司更衣室里有 30 来包，原来是干这个用的……"这条评论虽然表面语言比较调侃，但指向"雨夜鞋套"的防雨使用情形。

2. "评论串"的编码方法。

本文仅对"评论串"左端内容进行编码，右侧部分会在其他地方得到

---

① PERREAULT W D, LEIGH L E. Reliability of nominal data based on qualitative judgments [J]. Journal of marketing research，1989，26（2）：135-148. 公式为：

$$Ir = \sqrt{\left(Pa - \frac{1}{k}\right)\left(\frac{k}{k-1}\right)}$$

其中，Pa 为编码者对相同对象编码的同意率，k 为变量的选项数。

② KASSARJIAN H. Content analysis in consumer research [J]. Journal of consumer research，1977，4（1）：8-18.

编码。

（1）明确指向杜蕾斯的左端内容为有效对象。如："甲：以后下雨天随身带二个啊～～// 乙：// 丙：真是盲了兄弟。杜蕾斯套套测试的时候，需要装上四升水，而不装个鞋子，小菜的。你太小看它了，它是户外很有用的应急水袋！"

（2）有时左端内容不明确指向杜蕾斯，但明确指向右侧的内容，右侧内容明确指向杜蕾斯。这一类左端内容为有效对象。如："甲：这招挺狠 // 乙：这 WOM 做的 // 丙：杜蕾斯 social media 反应真快。""这招"指向右侧"WOM"（口碑传播）。

3. 评论内容之间的关联是编码的重要基础。如："佩服，杜蕾斯微博反应相当快啊，可是，遇到大望路的怎么办呢？"后半部分指向不明确，但前半部分对杜蕾斯的明确指向能够表明后半部分的指向。

4. 显示出一种以上明确内涵的评论将得到多次编码。与之相应，后文在"品牌资产维度"含义上使用"评论"，而不指评论条数。如："杜蕾斯一走就破！杜蕾斯的植入广告做得太明显了。"其前半部分指向杜蕾斯质量，后半部分指向这次微博传播活动，因此进行两次编码。当一条评论同时指向同一维度的不同侧面时，该评论仅进行一次编码。

5. 有的评论内容本身没有明确指向杜蕾斯，但 @ 了杜蕾斯官方微博。这些是有效评论。

（三）品牌资产各维度编码细则

依据研究问题，本文将微博评论分为两大类："明确指向杜蕾斯品牌"（简称"明确指向品牌"）与"不明确指向杜蕾斯品牌"（简称"不明确指向品牌"）。依据上述文献综述，明确指向品牌的评论所显示的品牌资产维度包括："感知质量""品牌忠诚""组织联想""产品联想""品牌资产其他属性"。不明确指向品牌的评论包括两种情形："品牌无关"与"无效"。基于杜蕾斯微博评论实际情形的各维度具体表现见表 2（各维度的典型评论情形，见研究结果部分；同时上文已经说明，品牌知晓将不作为本文的分析维度）。

表 2　基于杜蕾斯微博评论的品牌资产维度具体表现

维度	表现
品牌忠诚	明确提及购买意愿
	明确表示将来使用的意愿或使用行为的转变
感知质量	直接或间接提及杜蕾斯产品相关属性
	明确对杜蕾斯产品相关属性进行评价
产品联想	明确提及杜蕾斯的非正常使用情形（预期使用情形之外）
	对杜蕾斯非正常使用情形进行评价
	直接或间接提及杜蕾斯的价格因素
	明确提及杜蕾斯的颜色
	明确提及型号，但不凸显弹性
	在杜蕾斯与其他品牌之间进行比较，基于除质量之外的属性
	简单提及杜蕾斯的竞争者，但不明确提及具体属性
组织联想	对确定与杜蕾斯有关的人员、观念、活动等进行评论。"杠子"是"地空捣蛋"的绰号，提及该称呼的评论者应当对此了解，因此提及这一绰号的评论也属于这一类
	明确表明这次微博传播的推广性质，但不明确表明微博传播者与杜蕾斯无关
品牌资产其他属性	提及杜蕾斯，但不明确指向上述任何维度
品牌无关	有明确含义，但确定指向非杜蕾斯对象
	有明确含义，暂时不能有效确定与杜蕾斯的关联
无效	仅简单转发或@某一用户，不能确定其明确含义
	仅使用超简短的表述或符号（如"噢""……"等），不能确定其明确含义

三、研究结果

（一）总体结果

内容分析的结果见图1与图2（精确到小数点后一位）。

图1显示，明确指向杜蕾斯品牌的微博评论占46.5%，不明确指向杜蕾斯品牌的评论占53.4%。仅从两项指标的直接比较来看，微博评论对杜蕾斯品牌有比较明显的偏离。单就此结果而言，评论者并没有有效聚焦于杜蕾斯品牌。

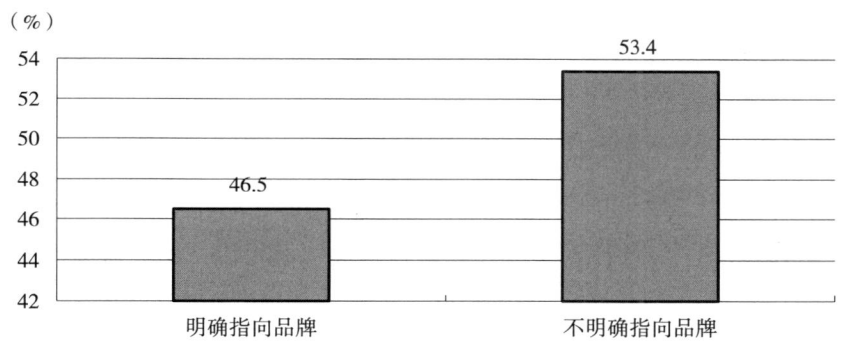

图1　微博评论的杜蕾斯品牌指向情形

图2显示，明确指向杜蕾斯品牌的评论主要显示出三项品牌资产维度："产品联想"（19.2%）、"感知质量"（16.2）与"组织联想"（6.5%）。"品牌资产其他属性"（2.7%）与"品牌忠诚"（1.9%）所占比例很小。在不明确指向杜蕾斯品牌的评论中，有40.5%有明确含义但不能确定指向杜蕾斯品牌，另有12.9%的评论难以确定明确含义。由此可见，评论者对杜蕾斯产品自身的因素（产品相关属性与非产品相关属性）以及杜蕾斯营销传播人员及其营销传播给予了更多关注。

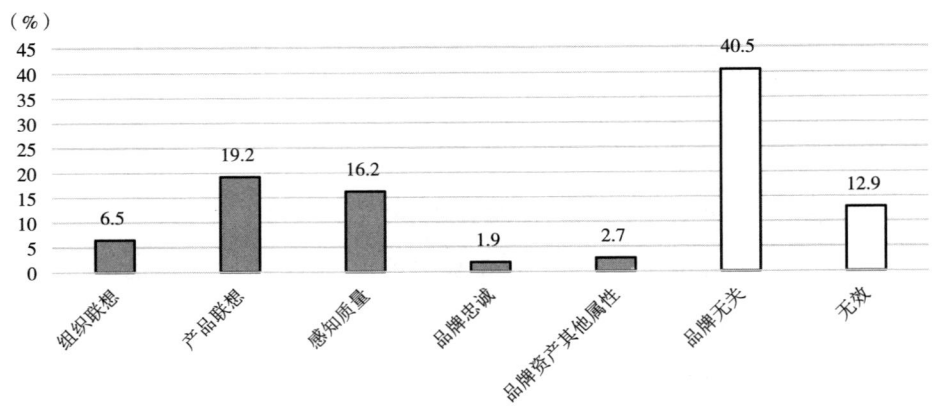

图 2　微博评论具体指向情形

(二) 各维度具体情形

1. "产品联想"

这一类评论明确指向杜蕾斯非内在固有属性。具体包括七种情形：

（1）提及杜蕾斯的某一具体非正常使用情形（防雨鞋套、户外套手机等）。虽然有的评论没有直接提及杜蕾斯，但明确指向"雨夜鞋套"这一活动。如："当年很多人参加漂流的时候拿来装相机。"/"以后下雨天随身带二个啊～～"

（2）对杜蕾斯的非正常使用情形进行评价（使用"新颖""多样"等表述）。如："妙用之处啊～"/"套套的新用法。"/"这东西，用处真广！"

（3）直接或间接提及杜蕾斯的价格因素。比如："哟，二三十块钱就买俩鞋套，高档货啊。"/"奢侈啊……"

（4）提及杜蕾斯的颜色。比如："我听说杜蕾斯都是粉色，黄色的是假冒的吧。"

（5）在不同产品或品牌之间进行比较。这种比较往往基于除质量之外的其他属性（价格等）。比如："太奢侈了吧，用杰士邦比较省钱。"

（6）提及型号，但不显示产品的弹性。比如："最大号的。"（显示弹性的评论："好大的尺码！鞋都能穿进去！"）

（7）简单提及竞争者，但不明确指向其他品牌维度。比如："杜蕾斯、冈本、杰士邦……考验你们的时候到了。"（明确指向质量的评论："冈本做不到吧，嘿嘿，这么厚，而且不破！"）

2．"感知质量"

这一类评论具体包括两种情形：

（1）直接或间接提及杜蕾斯的具体实用功能属性（即使不在正常使用情形中），包括弹性、凸点、润滑、防水（防漏）、厚度、长度、材质等。这些属性都是杜蕾斯发挥核心实用功能所需的要素。

其中直接提及的情形比如："难道走路的时候不会磨破吗？杜蕾斯钢制的？"

间接提及的情形比如："不失身，吼吼。"／"咋不搞个超大号，全身都套上呢，小学课文里那个套套里的人。"／"这人的脚是该有多小啊？……"

（2）没有提及杜蕾斯的上述实用功能属性，但明确对杜蕾斯的功用给予评价，通过"安全""实用""管用""功能""质量"等表述。如："杜蕾斯真管用。"

3．"组织联想"

这一类评论具体包括两种情形：

（1）对能确定归属或服务于杜蕾斯方面的人员、观念、活动等进行评论。比如："公关广告公司反应太快啦！微博营销无处不在，更重要的是利用好时间点，公众关注度和兴趣点。杜蕾丝最近几次做得都不错呀。"／"有创意，杜蕾斯弹性真好，用的是真材实料啊！"

第二条评论同时体现出"感知质量"与"组织联想"两项维度。其后半部分明确提及杜蕾斯，因此前半部分的"有创意"对杜蕾斯的指向就得以确定。

（2）有的评论虽没有明确提及杜蕾斯，但将这次微博传播明确界定为广告、软文、公关、水军、炒作、WOM（口碑）等，同时又没有明确地显示微博传播者不属于或不服务于杜蕾斯。如："王婆卖瓜！油菜！"

与之形成对比的是一些明确表明微博传播者不属于或不服务于杜蕾斯的

评论。如："又给杜蕾斯做了一次广告，呵呵！"/"给人家做广告嘛！"

4. "品牌资产其他属性"

这一类评论明确显示与杜蕾斯的关联，但没有明确指向上述任何一项维度。如："杜蕾斯是什么？塑料袋？"/"杜蕾斯要火。"

5. "品牌忠诚"

这一类评论包括两种情形：

（1）明确提及"购买"意愿。如："太有才了～考虑买两只。"

（2）明确表示将来使用杜蕾斯的意愿或该类产品使用行为方面的转变。如："这个，不说了，下次改用杜蕾斯。"/"质量不是一般的好，以后就用它了。"

6. "品牌无关"

这一类评论有明确含义，但不能有效确定与杜蕾斯的关联。如："哇，开眼界了！"

本文难以有效确定这一类评论是指向杜蕾斯还是指向这次微博传播中出现的其他成分（比如图片中不确定是否属于杜蕾斯的人、鞋等）。实际这一类评论可以分为两种情形：明确与杜蕾斯无关；暂时不能有效确定是否与杜蕾斯有关。

四、结语

本文仅试图通过对"雨夜鞋套"微博评论进行的内容分析，初步展示这一类 VMC 活动中的受众品牌认知情形。基于这一立场，本文得出如下结论与启示。

（一）评论者对杜蕾斯品牌有一定程度的偏离

仅就分析结果而言，评论显示出比较明显的品牌偏离倾向：有超过一半的评论没有明确指向杜蕾斯品牌。但上文已经说明，"品牌无关"类评论包括两种情形："明确与杜蕾斯无关"与"暂时不能有效确定是否与杜蕾斯有关"。编码过程显示"暂时不能有效确定"类是"品牌无关"情形中的主体。"无效"类评论也是不能有效确定明确含义的情形。因此，评论对杜蕾斯品牌的偏离程度应当没有那么明显；或者说，评论者对杜蕾斯品牌的认知偏离程度并没有那么明显。

"明确与杜蕾斯无关"类更加值得关注，因为这一类评论对与杜蕾斯无关的对象给予了关注，如原帖作者个人的才华、图片中出现的鞋、大雨等。原帖的匿名个人情形是出现上述现象的重要原因——导致部分评论者将原帖作者误认为与杜蕾斯无关，并对与之相关的一些对象进行了关注。这种情形也验证了 VMC 自身的不足之处——与传统营销传播活动相比，营销者对 VMC 过程的掌控度会明显削弱，更易于受到营销者难以有效控制的因素的影响。①

（二）原帖讯息策略对评论者的品牌认知发挥了明显的引导作用

微博评论体现出的三项品牌资产维度（"产品联想""感知质量"与"组织联想"）都与原帖的讯息定位与展示方式密切相关。

原帖不仅直接展示产品，更以出人意料的方式凸显了其核心实用属性。原帖的这种讯息策略对评论者发挥了明显的引导作用：评论者将注意力更多投到产品自身的属性（产品相关与非产品相关），发出的评论更多指向"产品联想"与"感知质量"两项维度。"组织联想"直接指向杜蕾斯营销团队"发明"的杜蕾斯出人意料的使用方式。

出人意料的展示方式的基础来自杜蕾斯自身的敏感色彩。这契合了 VMC 的内在机制——具备独特性质（如敏感色彩）的产品或服务本身就易于引发公众关注，同时讯息的独特展示方式（富有想象力甚至惊奇等）也易于激发公众的讨论。②

---

① AGHDAIE S F A, SANAYEI A, ETEBARI M. Evaluation of the consumers' trust effect on viral marketing acceptance based on the technology acceptance model [J]. International journal of marketing studies, 2012, 4（6）: 79-94.

② DOBEKE A, TOLEMAN D, BEVERLAND M. Controlled infection! spreading the brand message through viral marketing [J]. Business horizons, 2005, 48（2）: 143-149; HINZ O, SKIERA B, BARROT C, et al. Seeding strategies for viral marketing: an empirical comparison [J]. Journal of marketing, 2011, 75（6）: 55-71.

这一讯息策略的特色可以通过简明的案例对比进行初步展示。2012年7月21日，北京再次特大暴雨，众多企业通过微博发布信息，声称可以为市民提供便利服务。① 这些企业同样也借助大雨的新闻价值通过微博获得广泛传播，但这些企业没有或难以有效直接展示其产品或服务的核心实用属性，也没有使用表面为匿名状态的个人信息来源以及出人意料的展示方式。

（三）启示

1. 在受众品牌认知层面上，VMC 内含某种程度的不可控性。这一点既需要营销者给予恰当足够的关注，也需要研究者继续通过其他方法（如问卷或实验方法）进行类似分析，以解决内容分析方法无法有效解决的问题。

2. 相关因素的整合应用能更有效启动 VMC 过程。在本文案例中的具体表现是：搭载具备显著新闻价值的事件，且该事件比较适合于以出人意料的方式直接展示产品或服务的某种属性。如果相关研究者就这些因素的内在整合进行更深入研究的话，将会为营销者带来更全面系统的操作启示。

3. 对受众的品牌讯息接收发挥更明显引导作用的是病毒讯息策略。在本文案例中，该策略包括讯息来源与展示方式。这两项都属于营销者可控的因素，因此更值得营销者给予更多的关注，比如：慎重使用匿名消息来源，争取避免匿名状态导致的品牌偏离情形；争取在病毒讯息中直接展示产品或服务的核心实用属性，这可能导致受众对产品或服务自身的属性给予更多关注；争取采取更加出人意料的方式，以便更有效地启动讯息的病毒式传播，并促使受众对营销传播人员与活动自身给予更多关注。相关研究者也可以站在受众品牌讯息接收的立场上对如下不同方式加以比较：信息来源的匿名状态与实名情形，对产品相关属性的展示与对非产品相关属性的凸显，出人意料的方式与日常普通的方法等。

---

① 龚轩. 一条雨夜微博释放的财富善意 [N]. 中华工商时报，2012-07-31（1）.

国家品牌概念图谱*
——从概念到应用

公众对特定国家的感知,就如同对特定产品或企业的感知一样,对国家而言十分重要。国家品牌(nation brand)即是公众对特定国家感知的总和。[①] 国家品牌将特定国家视为一个整体,聚焦于特定国家在总体层面上拥有的无形资产;或者说,国家品牌本质上就是从品牌视角来关注国家总体形象。

目前这一类研究尚比较缺乏。本文尝试借鉴品牌概念图谱(brand concept map)的视角,说明国家品牌图谱的基本观念,并通过简明案例来显示这一方式的可行性。本文仅试图将品牌概念图谱延伸至国家品牌分析领域,并没有试图对特定国家的品牌进行详尽完整的研究。

一、品牌概念图谱

(一)品牌概念图谱

概念图谱(concept map)方法在20世纪90年代开始被应用于营销领

---

* 文章原载于《国家形象:"一带一路"与品牌中国》,清华大学出版社2018年版,与李雪菲、阿茹晗合作,收入本书时有改动。

① ANHOLT S. Beyond the nation brand: the role of image and identity in international relations [J]. Exchange: the journal of public diplomacy, 2013, 2 (1): 6–12.

域。① 品牌概念图谱是概念图谱方法在品牌领域的应用之一，也是目前为止最易于使用且最标准化的品牌图谱方法。

消费者往往将特定的属性或特征、使用情境、产品代言人或标识等关联到特定品牌。这些品牌联想（brand associations）在个体的感知中会形成特定形式的网络（network），即品牌联想网络（association network）。被展示出来的品牌联想网络就是该品牌的品牌图谱（brand map）。比如 1996 年艾克提供的麦当劳品牌联想网络（见图 1）。② 这是品牌概念图谱的观念基础。

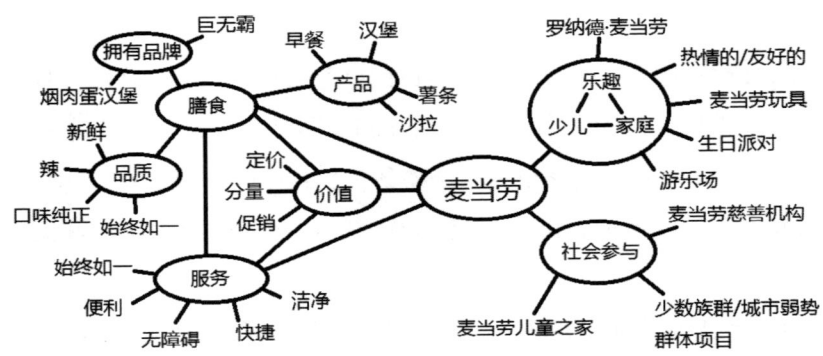

图 1　艾克提供的麦当劳品牌联想网络

2006 年，以来自美国明尼苏达大学的黛博拉·勒德·约翰（Deborah Roedder John）和芭芭拉·洛肯（Barbara Loken）为首的四位研究者明确总结出品牌概念图谱方法。③ 简明而言，品牌概念图谱即对相关公众对特定品牌的联想网络的图示化展示。

---

① CAEBONARA N, SCOZZI B. Cognitive maps to analyze new product development processes: a case study [J]. Technovation, 2005, 26 (11): 1233-1243; JOINER C. Concept mapping marketing: a research tool for uncovering consumers' knowledge structure associations [J]. Advances in consumer research, 1998 (25): 311-322; MACKEY D B, EASLEY R F. International differences in product perception: a product map analysis [J]. International marketing review, 1996, 13 (2): 54-62.
② AAKER D A. Building strong brands [M]. New York: The Free Press, 1996.
③ JOHN D R, LOKEN B, KIM K, et al. Brand concept maps: a methodology for identifying brand association networks [J]. Journal of marketing research, 2006, 43 (4): 549-563.

（二）品牌概念图谱的三个阶段

1. 联想获取阶段

让受访者提供在提及特定品牌时联想到的任何项目。这一过程可以采取开放方式（即自由联想），也可以采取引导启发方式（为受访者提供一定数量的联想项目，以便启发受访者）。

50%及以上受访者提及的联想项目将作为有效联想项目进入下一阶段。

2. 绘图阶段

为受访者提供品牌概念图谱样例（见图2），促使受访者使用第一阶段获取的联想项目为目标品牌画出品牌概念图谱，得到各自不同的个体图谱。受访者可以添加自己认为应该加入的联想项目。

两个存在联结的项目组成一对"联想项目对"（association pair）。比如图2中"牵引力强"与"优质冬季汽车"就是一对联想项目对。如果有其他众多个体图谱，那么"牵引力强"与"优质冬季汽车"之间存在

图2　大众甲壳虫品牌概念图谱样例

关联的所有个体图谱的数量叫作两者之间的"互联数量"（interconnection）。这里是在总体上关注个体图谱，而不是仅关注某一个体图谱。另外，在所有个体图谱中，会有其他联想项目对拥有与"牵引力强"与"优质冬季汽车"之间相同互联数量，这就是"联想项目对数"，即拥有相同互联数量的联想项目对的数量。互联数量与联想项目对数量之间存在一一对应的关系（见图3）。其中曲线急剧转折点（拐点）对应的互联数量是"4"。这一数字叫"基准数量"（target number）。这一数字显示出所有个体图谱中，互联数量最多的一批联想项目对的数量情形。

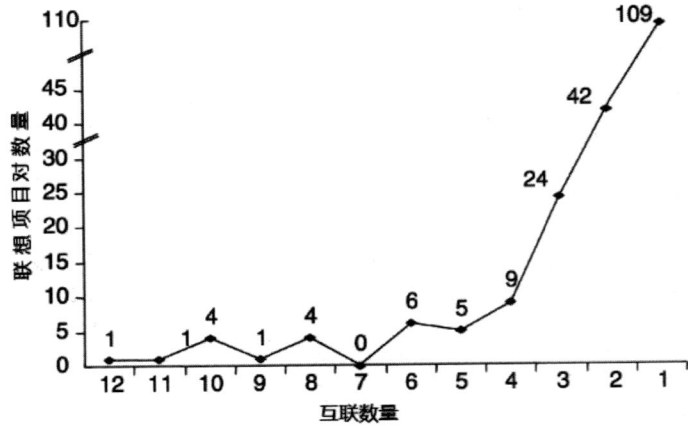

图 3 互联数量与联想项目对数量之间的对应关系图

受访者应当使用不同线条数量（一条、两条、三条）表明两项联想项目之间的联结程度。一条线条表明联结程度最低，三条线条表明联结程度最高。

直接与目标品牌联结的联想项目叫第一层级联想，与第一层级联想联结的联想项目叫第二层级联想，以此类推。

3. 聚合阶段

聚合阶段的任务是基于个体图谱完成最终的共识图谱（consensus map），共分五个具体步骤（见表1）。

表 1 聚合阶段的五个步骤

步骤	内容	标准	具体联想（或具体做法）
1	确定所有的核心品牌联想项目	提及比例；互联数量	（1）被50%及以上的个体图谱提及的联想项目；（2）被45%—49%的个体图谱提及同时与其他联想项目互相联结（互联）数量等于或超过上面一类联想项目的互联数量的联想项目
2	确定进入共识图谱中的第一层级品牌联想项目	第一层级提及比例；上下位联结数量	（1）在50%及以上的个体图谱中与目标品牌直接联系的联想项目；（2）与上一层级联想项目的联结（上位联结）数量超过与同一层级或下一层级联想项目的联结（下位联结）数量

续表

步骤	内容	标准	具体联想（或具体做法）
3	确定进入共识图谱的核心联想项目	互联数量拐点	互联数量等于和超过基准数量的联想项目（在核心联想项目数量太多时，意图减少进入共识图谱中的联想项目数量）
4	确定进入共识图谱的非核心联想项目	核心联想联结；目标品牌联结	与任一核心联想项目联结，或与目标品牌联结
5	确定共识图谱中联想项目之间的联结程度	联结线条的平均数量	个体图谱中两项联想项目之间联结线合计数量除以个体图谱数量，四舍五入

（三）品牌概念图谱方法的应用与拓展

自 2006 年之后，品牌概念图谱方法获得少数的应用与拓展。这些研究大致包括四类。

第一类属于重复 2006 年原始研究的思路。这样的研究有两项：2011 年，美国佐治亚大学一位硕士研究生在其毕业论文中，将品牌概念图谱方法应用到对时尚服装品牌的研究中[①]；2015 年，浙江理工大学的两位研究者对加多宝的品牌概念图谱进行了总结。[②]

第二类对原始研究中的具体操作方法进行了适度拓展与改进。目前这一类研究有两项：2012 年，德国比勒费尔德大学的三位研究者通过研究认为，计算机辅助的访谈方法同样可以有效完成品牌概念图谱的研究；[③]2017 年，来自德国比勒费尔德大学等三所大学的四位研究者对原始研究提出的聚合阶段

---

① SHIN S. Application of brand concept maps to GAP INC [D]. Athens：University of Georgia，2011.
② 温瑶，宋永高. 基于品牌概念图的加多宝品牌联想研究及其改进建议 [J]. 经营与管理，2015（11）：133-137.
③ MEIßNER M，KOTTENANN P，DECKER R. Measuring brand concept maps in computer-aided interviews [C/OL]. Proceedings of the Australian New Zealand Marketing Conference, 2012 [2014-04-19].http://anzmac.org/conference/2012/papers/202ANZMACFINAL.

的方法进行了适度改进。①

第三类将品牌概念图谱作为应用工具，也显示出品牌概念图谱方法蕴含着的广泛的应用前景。这样的研究有三项：2010 年，以来自比利时列日大学两位研究者为首的四位研究人员将品牌概念图谱作为进行市场细分的工具；②同一年，来自英国拉夫堡大学的两位研究者同样使用品牌概念图谱方式对麦当劳进行市场细分；③2016 年，天津大学的两位研究者借助品牌概念图谱的方法来考察品牌延伸的边界。④

第四类研究试图将品牌概念图谱的应用对象进行拓展。目前这样的研究有两项。2011 年，比利时列日大学的三位研究者试图将品牌概念图谱方式应用到城市品牌分析过程中，试图验证品牌概念图谱方法在城市品牌领域的应用可行性。其研究结果显示，受访者对列日市的核心联想是"夜生活""年轻市民""历史遗产"。① 这一拓展有效启发了本文对国家品牌的关注。2014 年，厦门大学两位研究生将品牌概念图谱方式应用到人民网的品牌研究之中。②

二、国家品牌图谱

上述拓展研究显示品牌概念图谱方式具有比较广泛的适用性。基于上述

---

① BOGER D，KOTTEMANN P，MEIßNER M，et al. A mechanism for aggregating association network data: An application to brand concept maps [J]. Journal of business research，2017（79）：90–106.
② BRANDT C，MORTANGES C P，BLUNEMELHUBER C，et al. Associative networks: a new approach to market segmentation [J]. International journal of market research，2010，53（2）：187–207.
③ SMITH G，FRENCH A. Segmenting McDonald's: a brand mapping approach [EB/OL].（2010-09-07）[2017-10-09］. http://www.anzam.org/wp-content/uploads/pdf-manager/845_ANZAM2010-345.
④ 郑春东，马珂，王寒.消费者特征对品牌延伸边界的影响研究：基于品牌联想的视角［J］.管理评论，2016（7）：130–142.
① BRANDT C，MORTANGES C P，PAHUD C. City branding: a brand concept map analysis of a university town [J]. Place branding and public diplomacy，2011，7（1）：50–63.
② 王丹柠，廖炜霞.基于品牌概念地图的人民网品牌形象研究［EB/OL］.（2014-03-24）[2017-10-01］. http://media.people.com.cn/n/2014/0324/c224604-24721829.

品牌概念图谱的界定，本文将国家品牌图谱界定为：对特定公众对特定国家品牌的联想网络的图示化展示，这一图示化展示能够直观显示这些公众感知到的该国家总体的品牌形象。

本文选取韩国作为目标国家，仅选取四人作为便利受访者，试图通过完成韩国国家品牌图谱来显示对国家绘制品牌概念图谱的可行性。四人中，一人为某大学教师（男性），其他三人都是该大学硕士研究生（女性）。

（一）联想项目获取阶段

本文采取自由联想的方式，仅为四人提及"韩国"，不提供任何启发，促使每人列出十项想到的项目。四人想到的项目见表2。

表 2　韩国国家品牌联想项目

受访者	联想项目
A	电视剧、化妆品、韩流、萨德、朴槿惠、鸟叔、文在寅、首尔、朝鲜大学
B	韩剧、整容、韩料、青瓦台、三星、釜山、韩妆、萨德、韩星、韩服
C	萨德问题、朴槿惠、韩食、整容、雪花秀、三星、LG、韩国综艺、权志龙、朝韩关系
D	宋慧乔、来自星星的你、Big Bang、泡菜、石锅拌饭、跑男、整容、济州岛、朴槿惠

基于表2显示，提及数量在50%及以上的联想项目都是有效联想项目。这些有效联想项目包括："萨德"（3次）、"朴槿惠"（3次）、"整容"（3次）、"韩剧"（2次）、"韩妆"（2次）、"三星"（2次）。

这一过程中出现部分本质相同但说法不同的联想项目，比如"萨德"与"萨德问题"、"电视剧"与"韩剧"，本文将其合并。

（二）绘图阶段

促使四人使用上述有效联想项目，参考前述品牌概念图谱样例，绘制出个体图谱（见图4、图5、图6、图7）。这一过程中，每人都可以添加自己认为特别应当加入的项目。这一过程显示，之前虽提供了有效联想项目，不过因为允许在图谱绘制过程中添加项目，第一阶段被排除在外的一些项目重新回到个体图谱之中。最终4幅个体图谱合计提及21项联想项目："韩剧""整容""韩妆""萨德""三星""韩星""韩综""朴槿惠""韩流""商业品牌""LG""朝韩关系""乐天""文在寅""宋慧乔""来自星星的你""跑男""韩食""赴韩活动""娱乐产业""政治局势"。

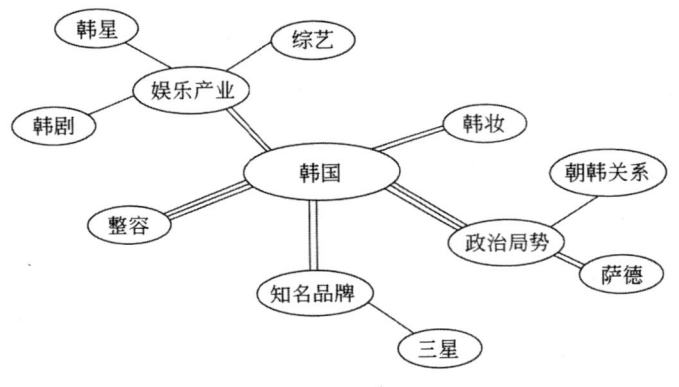

图4　A个体图谱

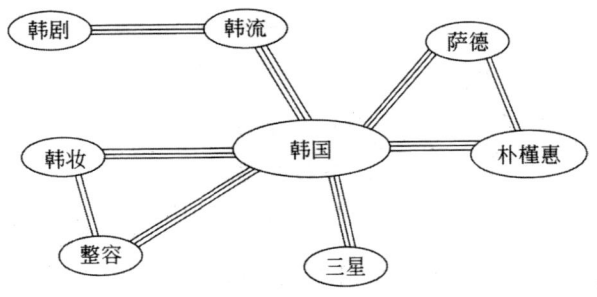

图5　B个体图谱

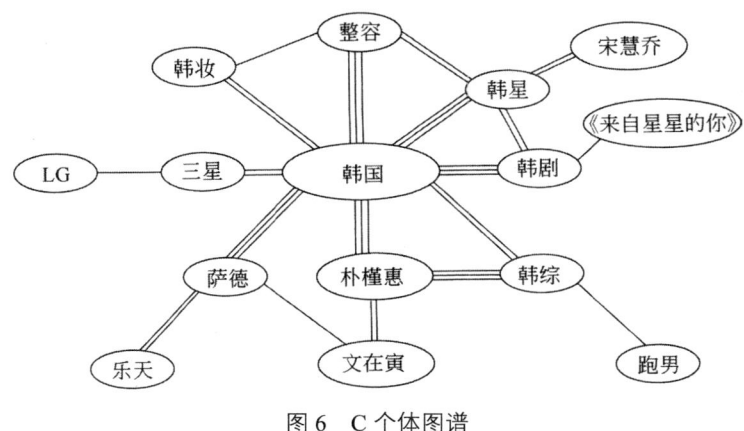

图 6　C 个体图谱

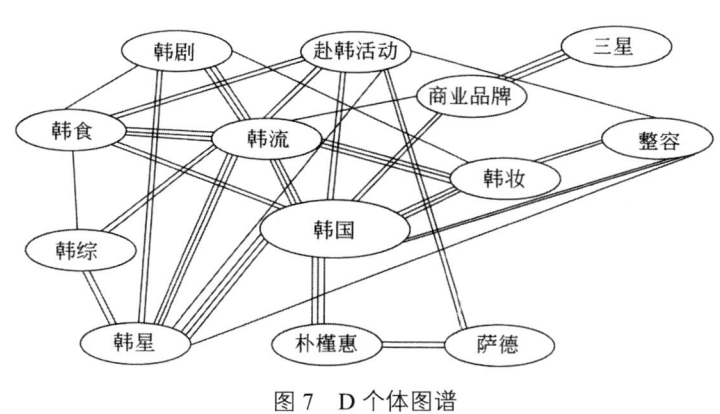

图 7　D 个体图谱

(三) 聚合阶段

因为本文仅基于四副个体图谱进行总结,表 1 中的第三个步骤将略过,仅在聚合阶段进行四个步骤。

这四个步骤中提及的所有项目,都是最终进入共识图谱的联想项目。

1. 确定核心品牌联想项目

本文仅包含 4 份个体图谱,即使计算提及比例 45%—49% 的联想项目,四舍五入也是提及 2 次。因此本文仅基于总提及数量(被提及 2 次及以上)确定核心品牌联想项目,最终确定 10 项联想项目(见表 3)。

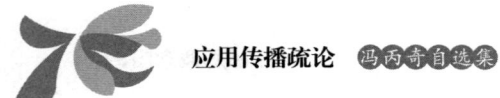

表3 韩国核心品牌联想项目

序号	品牌项目	提及数量	提及比例
1	韩剧	4	100%
2	整容	4	100%
3	韩妆	4	100%
4	萨德	4	100%
5	三星	4	100%
6	韩星	3	75%
7	韩综	3	75%
8	朴槿惠	3	75%
9	韩流	2	50%
10	商业品牌	2	50%

2. 确定第一层级核心品牌联想项目

第一层级核心品牌联想项目包括两类：在50%及以上的个体图谱中与目标品牌"韩国"直接联结（第一层级提及比例）；上位联结数量超过下位联结数量。经过确认，上述10项核心联想项目都达到了第一层级的要求（见表4）。

表4 "韩国"的第一层级核心联想项目

序号	品牌联想项目	第一层级提及数量	第一层级提及比例	上位联结数量	下位联结数量	类型
1	整容	4	100%	4	6	第一层级提及比例50%及以上
2	韩妆	4	100%	4	6	
3	萨德	3	75%	4	5	

续表

序号	品牌联想项目	第一层级提及数量	第一层级提及比例	上位联结数量	下位联结数量	类型
4	三星	2	50%	4	1	第一层级提及比例50%及以上
5	韩星	2	66%	3	9	
6	韩综	2	66%	3	4	
7	朴槿惠	3	100%	3	3	
8	韩流	2	100%	2	8	
9	商业品牌	2	100%	2	3	
10	韩剧	1	25%	7	2	上位联结数量超过下位联结数量

3. 确定非核心联想项目

进入共识图谱的非核心联想包括两类：与表4中任一核心联想项目联结或与"韩国"直接联结的项目。经过确认，最终进入共识图谱的非核心联想项目有10项（见表5）。

表5　进入共识图谱的非核心联想项目

类型	非核心联想项目	数量
与任一核心联想项目联结	"来自星星的你""文在寅""乐天""LG""宋慧乔""跑男"	6
与"韩国"直接联结	"韩食""赴韩活动""娱乐产业""政治局势"	4

4. 确定联想项目之间的联结程度

经过上述确认，最终的共识图谱中共包含18项联想项目。这些项目之间存在联结的线条平均数见表6。其中有三项非核心联想项目，计算之后平均联结线条数不足1，因此不出现在共识图谱之中。这三项项目是："来自星星的你""LG""跑男"。

表6 共识图谱中联想项目之间的联结线条平均数量

目标品牌	第一层级	第一层级项目的联结项目
韩国	韩剧（1）	韩流（2）
	整容（3）	韩妆（1）
		韩星（1）
	韩妆（3）	韩星（1）
		韩流（1）
	萨德（2）	政治局势（1）
		朴槿惠（1）
		赴韩活动（1）
		乐天（1）
	三星（1）	商业品牌（1）
	韩星（2）	娱乐产业（1）
		韩剧（1）
		韩流（1）
		韩综（1）
		宋慧乔（1）
	韩综（1）	韩流（1）
	朴槿惠（2）	文在寅（1）
	韩流（2）	韩食（2）
		赴韩活动（1）
	商业品牌（1）	
	赴韩活动（1）	韩食（1）
	政治局势（1）	
	韩食（1）	
	娱乐产业（1）	

注：括号内数字表示该项目与前一列项目之间的平均联结线条数量

（四）韩国国家品牌图谱

经过上述过程，本文获得韩国国家品牌的共识图谱（见图8）。

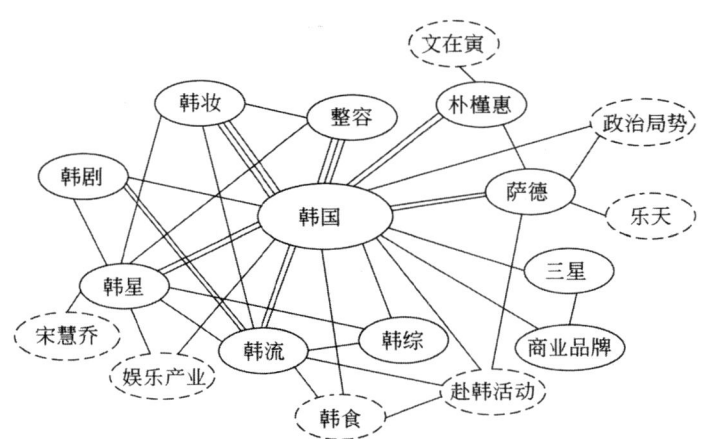

图8　韩国国家品牌图谱（虚线表明非核心联想）

三、总结

本文试图将品牌概念图谱方式拓展应用到国家品牌的分析领域。本文认为，国家品牌图谱即相关公众对特定国家品牌联想网络的图示化展示。通过对韩国国家品牌图谱进行的简略尝试性绘制，本文已经能够显示品牌概念图谱方式在国家品牌分析领域的应用可行性。

通过绘制特定国家的品牌概念图谱，可以直观显示目标公众对特定国家品牌的总体感知状态。而且品牌概念图谱的应用相当便利。

不过本文仅仅是一种探索与尝试，并没有有效提供韩国国家品牌图谱。如果确实需要对特定国家的品牌进行有效测评，则需要更加有效的受访者选取方法。

二、视觉传播研究

视觉修辞理论的开创*
——巴特与都兰德广告视觉修辞研究初探

通俗地讲,"修辞"(rhetoric)指巧妙运用语言的方法与技巧,其功能是加强劝说性陈述的表达效果。之后,随着修辞的广泛应用,修辞研究也逐渐渗透到各个领域中。当图片性广告产生并日益发展时,人们逐渐认识到,广告中的每一个视觉成分,都不是无意识,或者草率地选择与放置的;相反,它们是为获得更佳传播效果而经过精心安排的。于是,法国著名文学理论家与批评家、结构主义思潮代表人物罗兰·巴特(Roland Barthes)与其弟子、传播学家杰克斯·都兰德(Jacques Durand)等,首先提出要有一个修辞研究的"视觉转换"(visual transposition),也就是说,在视觉成分的运用现象中寻找传统语言学修辞研究中已经基本确定的各种修辞手段,或者更简单地说,就是要在视觉传播领域中寻找语言学修辞手段的图片性对等物(pictorial counterpart)。这样,他们便在分析广告图片的基础上开创了"视觉修辞"(visual rhetoric)这样一个既新颖又传统的研究领域:新颖之处在于修辞使用的"物质"由语言成分转化为图像成分;但所有的修辞都是在研究成分之间形式上的变化与关系,研究这些变化怎样达到效果最大化,语言修辞研究语言成分之间形式上的关系,视觉修辞研究视觉成分之间形式上的关系,虽然语言成分与视觉成分的物理属性有了变化,但是成分之间的关系在形式上却没有变化,在这个意义上说,视觉修辞研究又是一个很传统的领域。

---

* 文章原载于《北京理工大学学报》(社会科学版)2003年第6期,收入本书时有改动。

简言之，所谓"视觉修辞"，本文认为即为了使传播效果最大化，而对传播中运用的各种视觉成分进行巧妙选择与配置的技巧和方法。

巴特是比较早的试图将传统修辞术语用于视觉传播领域的批评家。他于 1964 年写作的《图像的修辞》[①] 是论述视觉修辞比较经典的文章。都兰德 1970 年的《修辞与广告图像》[②] 对广告（publicity image）[③] 的修辞问题进行了更全面系统的阐述；1987 年发表的《广告图像中的修辞手段》同样是 20 世纪 60 年代研究的结果，他在开篇便写道："这项研究是在 60 年代进行的……"。[④] 同时，英国著名艺术史家恩斯特·贡布里希（Ernst Gombrich）早在 20 世纪 60 年代初讨论了纯艺术作品中的象征和比喻现象，[⑤] 在这个修辞研究的"视觉转换"的过程中也起了一定的作用。但即使像贡布里希论述的那样，象征和寓言等修辞手段也是艺术史研究的领地，[⑥] 视觉修辞研究仍更多受到语言学修辞研究的影响。所以这里重点论述巴特和都兰德的研究。

巴特和都兰德在 20 世纪 60 年代中后期同时对该领域进行开拓性研究。虽然以后视觉修辞研究在其他视觉传播领域（如网络视觉传播）也得到了较好的开展，但是二人的起步研究是与广告图像直接相关的：巴特是在分析一则广告图像的基础上展开讨论的；都兰德是在对上千幅杂志广告进行分析的基础上总结出了广告图像中使用的一套修辞手段。

巴特与都兰德的这三篇文章在内容侧重点上有明显的不同，实际上组成

---

① BARTHES R. Rhetoric of the image［M］//BARTHES R. The responsibility of the forms. New York：Farrar Straus and Giroux，Inc. 1985.

② DURAND J. Rhetoric and the advertising image［J］. Australian journal of cultural studies，1983，1（2）：29-61.

③ "publicity image" 指广告，尤其是图像性广告，如 John Berger 在其著作 *Ways of Seeing* 中，在说明广告图像中使用的"装置"（device）都来自绘画这个问题时，同样使用了 "publicity image"，而不是 "advertising" 或 "advertisement"。BERGER J. Ways of seeing［M］. London：British Broadcasting Corporation，1973：129-154.

④ DURAND J. Rhetorical figures in advertising image［G］//UMIKER-SEBEOK J. Marketing and semiotics：new directions in the study of signs for sale. Berlin：Mouton de Gruyter，1987：295.

⑤ GOMBRICH E. Art and illusion［M］. New York：Pantheon Books，1960.

⑥ FORCEVILLE C. Pictorial metaphor in advertising［M］. London：Routledge，1996：209.

了一个连续的体系。《图像的修辞》实际只解释了"视觉修辞"这个概念，并没有涉及具体的修辞现象。所以无论《修辞与广告图像》还是《广告图像中的修辞手段》，都没有再重新对这个概念进行界定，而是开展了另外两项工作，这两项同时也正是巴特文章中欲做而没有做的：第一项就是整理传统修辞手段，为正式进行视觉修辞研究打好基础；之后，以大部分篇幅具体讨论修辞手段在广告图像中的体现。

一、巴特的视觉修辞研究

（一）潘扎尼广告图像文本分析：符号学视野

巴特在《图像的修辞》中首先对一则意大利食品潘扎尼（Panzani）的广告进行了图像分析（见图1）。这则广告展示了这样一些内容：包装好的意大利细面条，一罐意大利番茄酱，一个半敞开的线包，里面的东西半散落出来，有西红柿、洋葱、胡椒粉、蘑菇等。整个广告图像的颜色是红色背景上的黄绿相间。巴特的图像分析实际是以图像符号学（pictorial semiotics）为出发点的，所以该文对图像的描述与分析都带有明显的符号学特征，这十分明显地体现在文章使用的概念上；进一步说，巴特对该广告视觉修辞的解释，也运用了符号学原理，只是到了最后，在这些符号学分析的基础上才提出"修辞"这个概念。另外，巴特的分析是一种"文本分析"（textual analysis），或者说是一种结构性分析，而符号学被认为是最合适的进行文本分析的方法。也正因为这个原因，该文也成为后来图像符号学或者说视觉符号学（visual semiotics）研究的经典作品。

图1　潘扎尼广告

巴特将整个广告的讯息划分为三个层次：语言性讯息（linguistic）、非代码图示性讯息（non-coded iconic）和代码图示性讯息（coded iconic）。后两者都属于图像性讯息，二者划分的标准是符号学理论中的"代码"原理。"代码"是符号学中的一个基本的概念，简单地说，它指解读各个符号的习俗、惯例。一项符号的含义取决于它身处的那个代码系统，而绝不能在一种孤立状态下存在。与视觉修辞直接相关的当然是图像性讯息，语言性讯息主要对图像性讯息进行"锚定"（anchor）或"接力"（relay）。这个广告中的语言性讯息除了产品的商标"Panzani"之外，就是广告的标语"意大利细面条（PATES）·意大利番茄酱（SAUCE）·巴马干酪（PARMESAN）——意大利高品质产品（A L'ITALIENNE DE LUXE）"。其中的"巴马干酪"因产于意大利的巴马市而得名。

非代码图示性讯息是真实对象的图像，具体就是上述的各种物品的照相式图像。按照符号学代码原理，非代码性讯息就是不需要符号解读惯例的讯息。要阅读非代码图示性讯息，我们只需要感知过程中需要的知识；也就是说，我们只需要知道一幅图像是什么，还有什么是西红柿，什么是线包等。这个层面的讯息是"指示性"（denoted）的，就是字面意义上的"原本性"讯息（代码图示性讯息是"象征性"讯息）。

在代码性层次，该广告中大致有四项符号。第一项符号的能指是张开口的线包以及半散落出来的东西；所指是刚刚购物回来、东西的新鲜和要准备家务。第二项符号的能指是广告图像成分之间的一致性，诸如西红柿、胡椒等，还有三色（黄、红和绿）属性；这里的所指是"意大利"，或准确地说是指"意大利性"（Italianicity），这其实已经由"Panzani"这个有意大利发音特征的名字暗示出来了。"意大利性"指一种意大利独特文化属性的表现。对这种特性的领会依据一种"知识"，意大利人很少会理解这种感受。以意大利细面条为例：意大利人很少会对指涉它们的符号有一种特殊的感受。所以巴特指出，这个知识是法国人特有的，依赖于一种旅游得到的知识，意思便是指意大利人不会有这种感受。但是只要对意大利细面条有一定了解的人都会有同样的感受，不像巴特字面表达的那样，是法国人特有的。当然，这里要补充的是，在意大利文化中，能暗示"意大利性"的因素很多，即许多文化成分或者说符号都可以有这样的效果。第三项符号的能指是各种物品紧凑包装好的特点，所指是一种"整套烹调服务"的观念，这可以指"Panzani"这个产品系列可以提供厨房所需的一切。第四项符号的能指是广告图像的结构，所指是美术中的静物绘画，这是一个审美性所指。

（二）巴特的视觉修辞概念

在非代码图示性讯息层面，每一个"指示性"能指都不能指示本质性的内容。因为按照符号学原理，它们是一个符号的定义性的、字面上明显的含义。所以它们以具体有限的状态存在。而作为所指的"内涵"，可以从任何实际具体的传播组织中分离出来，超脱于任何具体的指示性能指之外，从而处于纯粹状态。如这里的"意大利性"，便可以由富有意大利特色的食品来暗示，但是仅从这一个暗示系统中我们就可以选用巴马干酪，也可以选用意大利细面条，两者都是十分典型的能指。在一个既定的历史或文化中，无论在印刷领域还是在图像领域中，同一个系列的所指是一致的；这样就可以列出一个十分庞大的"内涵"系统。这个一致的所指、内涵领域就是意识形态的领域。对这个"一般的"意识形态来说，对应于各种"物质"（指语言、图像或实际行为等），与"内涵"相应的能指是"特定的"。巴特的这个意思在上面解释"意大利性"这个抽象的所指与暗示它的各种能指之间的关系时已经得到了说明。"我们把这些能指（signifiers connotators）以及它们的全体叫作修辞（a rhetoric）：所以，修辞是作为意识形态的表示性（signifying）层面出现的。"[①] 这里的意识形态不是传统马克思主义意义上的狭义概念。我们都知道，无论广告图像还是其他的图像，都不能孤立地产生意义，这与符号学中的代码原理极相似。这些图像都在指向已经存在的一个更大的含义体系。而这里的意识形态就是指这种政治、经济、文化等普遍意义上的社会思想观念。

---

① BARTHES R. Rhetoric of the image [M] //BARTHES R. The responsibility of the forms. New York：Farrar Straus and Giroux，Inc. 1985：35.

(三) 讨论

总之,巴特视野中的"视觉修辞"就是指图像中暗示成分(connotators)的分类,因为在巴特的心目中,如果某语言含有某种隐含意义,那么修辞就是这种语言的外在表达层面;在视觉领域中,这些隐含意义的外在表达层面就是图像中的暗示成分。巴特预言,在图像修辞领域中,应该会发现"几个"古典修辞学视野中的修辞手段,如在这里,西红柿就以"转喻"的修辞手段来暗示着"意大利性"。但是,巴特没有明确说明,该广告中其他的视觉成分,诸如意大利细面条、意大利番茄酱等,也都是如此。所以,这个广告图像展示的各个指示性图像,都是意大利文化属性系统中的一个成员,在这里被单独列出暗示意大利性这个整体性文化属性。要知道,所谓"转喻",就是指使用部分来代表整体的一种修辞手段。

二、都兰德的视觉修辞研究

与巴特同属结构主义流派的都兰德,早在1962年到1967年之间就跟随巴特学习。1961年到1969年还曾经与巴特一起进行广告图像修辞问题的研究。

(一) 一般修辞手段的划分:视觉修辞研究的基础工作

巴特在《图像的修辞》中提出,要进行视觉修辞研究,需要在对修辞概念进行更正式的界定的基础上才可以。但是巴特没有展开这项工作。都兰德紧随其师,在《修辞与广告图像》与《广告图像中的修辞手段》中,依据结构主义符号学原理将各种修辞手段按照两个标准来进行系统划分:(1)修辞性操作:指将某陈述的一些成分进行转化的过程,由"偏离"的生产、识别和评估组成(一般认为修辞就是对"通常"行为的偏离)。操作可以划分为两个基本的类型:"附加",就是为某陈述添加一个或多个成分;"压制",就是将某陈述的一个或多个成分省去。同时还有两级次生性操作:"替代",是由"压制"基础上的附加来构成,即将某陈述的某成分省去,并用另一成分来代替这个被省略的成分;"互换",是由一个交互性"替代"构成,即将某陈述的两个成分互相交换位置（即另一种意义上的"替代"）。（2）各种成分之间的修辞性关系：修辞关系划分的基础是一个基本的两分法——类似/差别。这样修辞关系就可以划分为"同一""类似""差异"和"对立"四种基本关系。如果使用符号学概念来说明的话，操作处于能指的"组合"（Syntagm）层面上，而关系处于"聚合"（Paradigm）层面上。组合和聚合是结构主义符号学中的基本概念。索绪尔曾强调过意义产生于能指之间的差异，而这种差异包括两种类型，一就是组合性的，指成分之间的配置关系——两个或多个成分如何进行横向搭配；一就是聚合性的，指成分之间的替代关系——在一个位置上，一成分可以替代另一成分。① （见图2，其中，"男人"与"哭泣"形成组合关系。简单说就是搭配在一起；同时，"男孩"可以代替"男人"而保持原来的组合关系不变，后面的"唱歌""死亡"同样也可以代替"哭泣"。当然，这里可以代替"男人"与"哭泣"的成分不仅这些。）

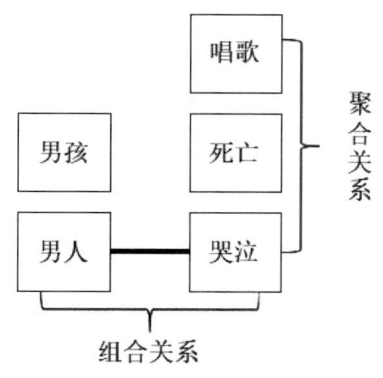

图 2　组合关系与聚合关系

依据都兰德的这种划分，便有了如下表格：

---

① SAUSSURE F. D. Course in general linguistics [M]. London：Duckworth，1983：121.

表1 都兰德修辞方式体系[①]

			修辞操作			
			附加（addition）	压制（suppression）	替代（substitution）	互换（exchange）
成分关系	同一（identity）		重复（Repetition）	省略（Ellipsis）	同音异义（Homeophore）	倒装（Inversion）
	类似（similarity）	形式	押韵（Rhyme）	—	暗引（Allusion）	重言（Hendiadys）
		内容	比较（Comparison）	迂说（Circumlocution）	隐喻（Metaphor）	—
	差异（difference）		列举（Accumulation）	悬念（Suspense）	转喻（Metonymy）	连词省略（Asyndeton）
	对立（opposition）	形式	时间错置（Anachronism）	述疑（Dubitation）	折绕（Periphrasis）	错格（Anacoluthon）
		内容	平行对照（Antithesis）	含蓄（Reticence）	委婉（Euphemism）	交错配列（Chiasmus）
	虚假同一（false homologis）	形式	换义（Antanaclasis）	同义反复（Tautology）	双关（Pun）	倒复（Antimetabole）
		内容	似是而非（Paradox）	假省（Preterition）	词义反用（Antiphrasis）	前后矛盾（Antilogy）

在这样重新整理之后，都兰德明确地讲道："在研究了大量杂志广告后，我发现了所有这些修辞手段的视觉对等物。"

虽然这种由语言学修辞到视觉领域修辞的转化应用是具有原创性和积极启发意义的，但是其中的一些转化是任意的。由于实际上在语言性修辞手段与视觉修辞手段之间不存在绝对的一对一关系，所以都兰德不得不对这个整齐的表格进行大幅修改，以适应具体的视觉修辞现象。所以才有下面的类似

---

① DURAND J. Rhetorical figures in advertising image［G］//UMIKER-SEBEOK J. Marketing and semiotics: new directions in the study of signs for sale. Berlin: Mouton de Gruyter, 1987: 295-296.

性修辞手段表格。这个表格的产生是由于上面的表格不能适应具体视觉修辞环境，所以才将所谓"类似性修辞手段"进一步细分为 8 类，以包括其他的视觉修辞现象。同时，上面表格中的一些修辞手段，诸如"似是而非"等，只有简单的传统意义上的介绍，而没有像其他修辞手段那样进一步提供广告图像具体例子来说明。因此，这个表格存在问题。同时，都兰德对各个修辞手段进行解释时，基本是借用传统修辞学的原理，不同之处只是附加了广告图像的例子。所以本文不准备详细说明都兰德对表格中各个修辞手段的解释，而是仅举数例广告来说明都兰德在该表格中讨论的修辞手段在广告中的体现情形。

1. 视觉隐喻

即在有不同本性但还有某些共同性的事物之间建立的一种含蓄的比照关系；也就是用一事物来代替另一事物，在二者之间建立一种语义性联系。在对象的比照之中，可以将抽象的思想视觉地表达出来，如"新鲜"可以用一块冰来表达。视觉隐喻是视觉传播领域中最有效和使用最广泛的修辞方式之一。如表 2 左图所示，广告中缺席的火箭尾焰（2018 年香港的肯德基广告），与肯德基的美食联系在一起。

2. 视觉反语

这种修辞手段似是而非地表达一种与表面含义恰恰相反的含义。如服装品牌贝纳通的广告（见表 2 右图），展示着带有锋利倒刺的钢丝，而广告意图展示该品牌衣服带给人身体的舒适感。

表 2　视觉隐喻与视觉反语

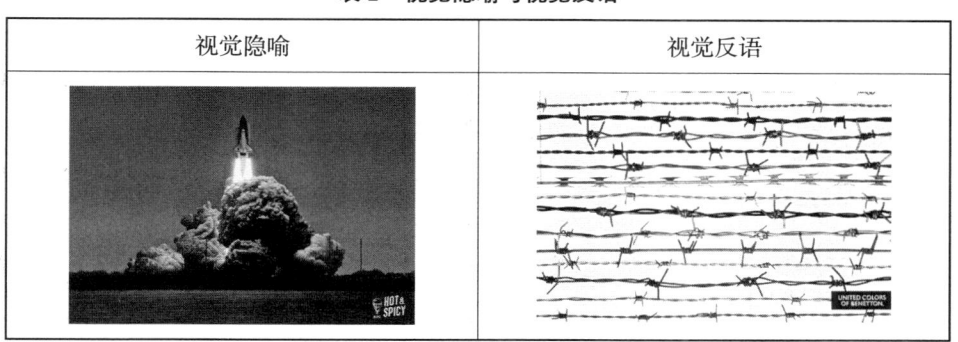

（二）类似性（similarity）修辞方式的划分

都兰德认为广告中的关键视觉成分是产品和人物的图像，而其他的视觉成分应该叫作"形式"，包括人物对被展示产品的态度，人物的衣着（只要它们还不是广告宣传的产品）和处所等。这其中的每一个因素都可以按照"类似/差异"的二分标准来区别。这样他就将广告图像中的视觉成分划分为基本的三类：（1）被展示产品的图像；（2）展示或使用产品的人；（3）形式，包括人的服饰、态度等。依据这三项视觉成分是否一致这个标准，都兰德将类似性修辞手段进一步细分为8类（见表3）。① 这是都兰德在前述表格的基础上，单独对类似性维度进行的细致深化；这种细致与深化与前述表格的框架之间存在着交叉，但表3的框架更加通俗，也更加符合广告创意人员的务实需求。

表3　都兰德类似性修辞手段

视觉成分			修辞类型
形式	人物	产品	
相同形式	同一人物	同一产品	反复（repetition）
		同一产品不同种类	形体变化（paradigm）
	不同人物	同一产品	芭蕾（ballet）
		同一产品不同种类	同形异体（homology）
不同形式	同一人物	同一产品	连续（succession）
		同一产品不同种类	多样（diversity）
	不同人物	同一产品	全体一致（unanimity）
		同一产品不同种类	列锦（accumulation）

都兰德对表格中各个修辞手段的解释实际已经完全包含在表格中了，其实他在表格外并没有再进行进一步的概念清理工作，同样只是附加了一些广

---

① DURAND J. Rhetorical figures in advertising image [G] //UMIKER-SEBEOK J. Marketing and semiotics: new directions in the study of signs for sale. Berlin: Mouton de Gruyter, 1987: 299.

告图像的例子。不过这里有必要对都兰德的一些概念进行简单的说明。"形体变化"就是指同一个人所展示产品的品种的变化;"芭蕾"指人物似乎是在参加一场芭蕾舞,因为这些人的"形式"全都是同样的,且整齐地聚集在一起;"同形异体"指在这个修辞现象中,存在两种形体变化,一是展示产品的人物的变化,一是被展示产品的不同种类的变化,虽然两种都是形体变化,但是发生变化的成分又不同:一是人物,一是产品的种类。"连续"就是指同一个人物连续在几个不同的场景中展示同一产品,人物和产品这两种视觉成分都没有变化,变化的只是"形式"。"多样"与"连续"相似,只是展示的产品是同一产品多样化的各个种类,也就是说,只有人物这个视觉成分没有变化,其他两种视觉成分都有变化;"全体一致"与"芭蕾"的唯一不同就是人物这种视觉成分不同。这里同样也仅举数例图像来解释都兰德的"类似性"修辞手段在广告图像中的体现。如视觉列锦,通俗讲就是堆积、积聚的意思。按照上表的理论,这里指由不同人物在不同态度下展示同一产品的不同种类。其实在图像传播的实践中它的外延要宽泛一些。一些对象或者人会在混乱的情形中堆积或者拥挤在一起展示同一产品的不同种类,这与整齐或理智的组织状态正相反。在这里,"一致和对立的关系不仅仅是缺失的,而且是被拒绝的。要表达'丰富'的概念,列锦是一种浪漫的修辞手段。"[①] 如表4中贝纳通服装广告,就是由不同性别各个年龄段的人一起杂乱地展示该产品的不同品类与款式。

这里同时显示出都兰德第一个表格中的一个主要问题,就是有时在同样的视觉修辞手段中,不一定同时含有他所说的广告中的三个视觉成分,如表4中的韦士柏摩托广告,这也是一个典型的视觉列锦,只不过其中没有展示产品的人物出现,只展示了同一品牌的一系列电子产品,诸如电视机、电子琴等。也就是说,这里只出现了都兰德意义上的两类视觉成分:产品和形式。

---

① DYER G. Advertising as communication [M]. London:Routledge,1988:162.

表 4　视觉列锦

贝纳通广告	韦士柏广告

（三）讨论：混乱的体系，客观的修辞现象

都兰德的视觉修辞分析虽然已经比较全面系统，但还是不尽如人意，最主要的就是列举很不完全，比如语言修辞中很常见的一个修辞手段"明喻"，他就没有列出，而这种修辞手段的"视觉对等物"是很常见的，如图 3 所示，本体（产品）与喻体（河马）同时出现，与隐喻（只出现喻体，不出现本体）的不同十分明显。

图 3　视觉明喻

在这两个表格之间，有明显的不同。第一张表格只是对传统修辞手段的整理，虽然都兰德努力在广告图像中寻找它们的对等物，但这些修辞手段的划分标准终归是较简单地来自外部。第二张表格则不是这样，即使它有缺陷，

却是第一个真正具体细致地分析广告图像视觉修辞现象的表格，而且表格中修辞手段的划分标准直接来自广告图像中的视觉成分的各种特点，而不是借于外部。所以，可以说，这个"类似性修辞手段"的表格，同时也是视觉修辞研究的第一项具体成果。

三、结论

巴特与都兰德之间有一种明显的一致性。首先是理论基础上的一致性：巴特是在符号学基础上进行视觉修辞研究的，都兰德紧紧追随他的老师，沿着符号学方法的大道继续前进。这在上面论述中已经有了交代。其次是研究内容之间的连续性、互补性，如上文所述。

不过他们师徒二人的研究也有明显的不同。主要的一点就是巴特的研究只是一种设想，如果说他提出了视觉修辞研究的课题，并对"视觉修辞"概念进行了最基本的解释，这应该是比较公允的。这与都兰德比较来看，有这样几个方面的表现：第一，为了进行视觉传播领域修辞的研究，都兰德做了巴特没有做的工作——对各个传统修辞手段进行了重新更"正式"的界定。第二，巴特还不敢确定修辞手段中到底有多少在广告图像中出现，因为他只分析了一则广告图像，缺乏广泛实证研究的基础。而都兰德却分析了几千张广告图像，尽管其列举或其他方面仍有缺陷，但已经将自己的观点建立在了实证研究的基础上，从而比较正式地开始了视觉修辞的研究。

平面广告图文关系分析框架*
——"锚定—接力连续轴"的概念

虽然目前广告讯息显示出明显的图像化趋势，不过纯粹图像性的广告仍很难见到，实际上当下绝大部分平面广告文本都是"文字-图像"讯息。[①] 这种状态充分显示出文字讯息与图像讯息之间的关系在广告文本中的重要性。比如，心理学的相关研究已经证实，图文讯息之间存在关联的广告会收到比较积极的传播效果。比较典型的理论是"配对联想学习"（paired-associate learning）模式。[②] 该模式认为如果图文信息之间存在关联的话，信息接收者的信息记忆与回忆效果会有所提高。

不过，对广告图文关系进行具体分析的研究仍比较欠缺，这也正是本文的研究动机与意义所在。

在符号学视野中，文本是由符号组成的符号体系。在这种框架中关注广告文本，实际上采取的是一种结构性的视角。本文的具体分析对象是平面广告文本，这是因为平面广告可以在一个十分有限的文本中展示出一项比较完整的图文关系。[③]

本文试图说明平面广告图文关系的分析框架——"锚定—接力连续轴"，并强调该分析框架的应用便利性、合理性与普适性。为此本文将首先简要说

---

* 文章原载于《国际新闻界》2009年第9期，与王媛合作，收入本书时有改动。
① FORCEVILLE C. Pictorial metaphor in advertising [M]. London：Routledge，1996：70–71.
② PAIVIO A. Imagery and verbal processes [M]. New York：Holt, Rinehart, & Winston，1971.
③ FORCEVILLE C. Pictorial metaphor in advertising [M]. London：Routledge，1996：70–71.

明以往有关平面广告图文关系的分析，同时结合对 2008 年《三联生活周刊》的广告样本进行的应用性分析来说明以往相关分析的不足之处。在此基础上，本文提出平面广告图文关系的分析框架，并从传播效果的角度对不同的图文关系形态进行简要评析。

一、平面广告图文关系的相关分析

关于广告文本图文关系的正式分析由巴特引领，其"锚定（anchorage）/接力（relay）"[①] 二分体系，为之后的相关研究提供了总体的概念基础，本文也是如此。所以这里首先需要对其体系进行简要说明，以便使本文的分析框架更简明清晰。

巴特在讨论广告图文关系时，仅从文字的角度出发来说明其对图像发挥着的作用，并没有反过来从图像的角度出发来说明图像对文字发挥着什么样的作用。在广告讯息传播的意义上讲，这是一种偏颇。[②]

巴特强调文字对图像发挥着两种作用——锚定与接力。锚定的基础是图像的不确定性与多义性，文字的作用就是"固定"其中的某一种含义，以便使广告受众更加便捷、准确地获取这种含义。在这个过程中，文字表达与图像同样的部分或全部内容，以这种信息冗余的方式对图像多种含义中的某一种加以强调突出。依据巴特的说法，这种锚定功能分为两类——文字对图像进行简单的指示性描述，或进行解释。很显然，无论哪种形式，文字都在重复图像含义中的部分或全部。从这种意义上讲，重复即是锚定类广告文本结构的基本组织方法。

巴特界定的锚定概念得到了众多研究者的认同。[③] 不过还是有少数研究者

[①] BARTHES R. Image, music, text [M]. London: Fontana Press, 1977: 41.
[②] 巴特在讨论广告图文关系时，带有比较明显的政治意识形态色彩，这是他如此讨论的动机。不过，本文仅从讯息传播的角度关注广告文本图文结构，对其政治意图暂时存而不论。
[③] GISBERGEN M S, KETELAAR P E, BEENTJES H. Changes in advertising language: a content analysis of magazine advertisements in 1980 and 2000 [G] // NEIJENS P, HESS C, PUTTE B, et al. Content and media factors in advertising. Amsterdam: Spinhuis Publishers, 2004: 22-37; PHILLIPS B J. The impact of verbal anchoring on consumer response to image ads [J]. Journal of advertising, 2000, 29 (1): 15-24.

对其"文字偏颇"进行了调整，强调图像同样也可以对文字进行锚定。^①这种调整在广告讯息传播方面弥补了巴特的偏颇。

与锚定不同，接力关系中，图像与文字传达不同的内容，两种内容在更高层面上创造一则讯息，该讯息包含着广告的核心含义。十分明显的是，这种广告文本中的图文讯息之间不存在信息重复的现象。

巴特强调，广告中的图文关系更多地表现为锚定，接力现象比较少见。这一点并没有得到多少认同，因为随着图像在广告文本中的地位越来越重要，广告文本中的图文关系也越来越复杂，主要表现之一就是当代的广告不再过分地依赖锚定的结构方法，同样也比较多地采取了接力的结构形式。^②

就广告文本结构的整体而言，通过锚定将图文讯息简单结合起来是最简单的结构形式，^③这种简单性为锚定形式的实际应用带来了明显的便利性，因为广告传播者能更加方便地通过锚定形式来突出特定的含义。相对而言，接力实际上是图文讯息在更高层次上的整合，在这个过程中，图文讯息相互协作、相互补充，共同完成广告文本整体含义的传播。这必然增加接力形式在实际应用中的复杂性。

其他相关的研究各自提出了不同的概念，不过就其本质而言，与巴特的"锚定/接力"二分体系大致一致，^④这足以说明巴特的两个概念的显著价值。

---

① FORCEVILLE C. Pictorial metaphor in advertising［M］. London：Routledge，1996：73；MYERS G，Words in ads［M］. London：E. Arnold. 1994，142-145.

② FORCEVILLE C. Pictorial metaphor in advertising［M］. London：Routledge，1996：73.

③ TOLSON A. Mediations：text and discourse in media studies［M］. London：Hodder & Stoughton，1996：29.

④ POLLAY R W，MAINPRIZE S. Heading of visuals in print advertising：a typology of tactical techniques［C］// GLOVER D R. Proceedings of the 1984 Convention of the American Academy of Advertising. Lincoln，NE：University of Nebraska，Lincoln. 1984：24-28；NOTH W. Handbook of semiotics［M］. Bloomington：Indiana University Press，1990：453-455；ANTIN T. Great print advertising：creative approaches，strategies，and tactics［M］. New York：J. Wiley，1993：59-63；吴岳刚. 平面广告中图文互动与记忆的关系研究［J］. 广告学研究，1998（11）：147-179.

二、平面广告图文关系以往分析的不足

不过,以往的这些研究表现出两项不足:第一,缺乏广泛的、体系的应用性分析,基本上都建立在个案说明的基础上,一定程度上这会削弱其图文关系分析框架的普适性与易操作性;第二,虽然巴特已经强调,大部分广告文本都是锚定与接力的结合,但以往的研究者对广告图文关系复杂性的关注不够,很多研究者倾向于对广告图文关系进行简单化的界定,对比较复杂的状态缺乏足够的分析与说明。

为了更具体地说明这种不足,本文将"锚定/接力"体系进行全面、广泛的应用,试图在这个过程中发现解决这种不足的方法。

本文选取 2008 年《三联生活周刊》的广告作为应用分析的对象。选取该杂志是因为其读者比较广泛,并不局限于特定的群体;与之相应,其广告受众也会比较广泛。该杂志自 1995 年在传统基础上创刊,至今已有比较长的经营历史;其广告经营在最近几年也始终在全国占据前列。

具体操作过程中,本文借助随机数字表,从每月的《三联生活周刊》中随机抽取一期,最终由抽取出的 12 期组成一个"结构年"(constructed year)。[①] 通过该抽样方法得到的样本能够有效地代表整个年度的整体状况,这种代表性与科学性已经得到众多研究的证实,[②] 这也能比较好地保证应用分析结果的有效性。最终选取出的 12 期分别是:1(1月7日)、5(2月4日)、10(3月4日)、14(4月21日)、16(5月12日)、19(6月2日)、26(7月21日)、29(8月11日)、35(9月22日)、37(10月13日)、43(11月24日)、

---

① RIFFE D, LACY S, DRAGER M W. Sample size in content analysis of weekly news magazines [J]. Journalism & mass communication quarterly, 1996, 73(3): 635-644.
② GOLAN G. Inter-media agenda setting and global news coverage: assessing the influence of the New York Times on three network television evening news programs [J]. Journalism studies, 2006, 7(2): 323-333; RODGERS R R. Journalism is a loose-jointed thing: a content analysis of editor & publisher's discussion of journalistic conduct prior to the Canons of Journalism, 1901-1922 [J]. Journal of mass media ethics, 2007, 22(1): 66-82.

44（12月1日）。经过这种抽样，最终共获得467则广告，其中两则广告不包含图像，所以有效广告共465则。

本文分析过程中，将广告标题作为文字讯息的代表，这是因为广告标题在吸引消费者注意力方面发挥着关键作用，同时这也是借鉴了以往相关研究的做法。①

经过这种分析，本文发现2008年度《三联生活周刊》的部分广告十分明显地体现了锚定与接力中的一种。

十分明显地体现出锚定关系的典型例子之一是第5期的伊兰特汽车广告（见表1），其标题内容为"揭幕2008，与55万家庭见证辉煌"，其图像内容展示幕布拉开后伊兰特驶出隧道的情景，隧道两侧墙壁展示各式各样温馨的家庭场景。显然，标题内容的主体含义（"与55万家庭见证辉煌"）与图像内容之间相互重复的程度相当高。这导致单在讯息层面上讲，我们难以明确说明该广告是图像讯息主导还是文字讯息主导。总体而言，这种类型广告文本的结构十分简明。

相比之下，接力类型广告文本的结构就复杂得多。其典型代表之一是第1期的"海尔空调'08奥运风"广告（见表1）。该广告图像内容比较简单，展示艳丽红色柜式海尔空调冰箱与两朵花朵图案，整体背景都是艳丽的红色。其标题内容是"海尔空调'08奥运风 自动清扫 持续刷新"。我们很难在两种讯息之间找到明显的信息重复（不过在色彩符号分析等范畴中，不同的分析者可能会指出一定的相关度）。在广告文本的整体层面上，两种讯息共同建构出该广告的整体含义。主要从广告文本讯息接收的角度上讲，该广告文本图文关系的接力关系十分明显。

---

① ANG S H. Effects of metaphoric advertising among mainland Chinese consumers [J]. Journal of marketing communications，2002，8（3）：179-188；JEON W，FRANKE G R，HUHMANN B A，et al. Appeals in Korean magazine advertising：a content analysis and cross-cultural comparison [J]. Asia pacific journal of management，1999，16（2）：249-258；MCCRACKEN G D. Culture and consumption：new approaches to the symbolic character of consumer goods and activities [M]. Bloomington：Indiana University Press，1988：77-83.

不过，并非所有的广告文本都如上述两则广告那样十分明显地体现某一种关系类型。实际情形是，很多广告文本的图文关系处于一种整合的复杂状态，只能以度为衡量标准来界定这些广告文本中占据主导地位的图文关系类型。

这里以第29期的方正广告为例来具体说明（见表1）。相对前两则广告，该广告很大程度上表现出一种整合状态。其标题内容是"中国力量 源远流长"，图像内容的主体展示的是太极拳动作。太极自身表现着显著的中国因素，这与标题内容契合。从这个角度出发，该广告文本的主导性图文关系是锚定。不过，图像中的太极球修辞性地由方正的标识图案来代替（隐喻）。这种修辞现象致使方正集团的形象进入图文讯息所传达的中国因素的含义体系中，进而复杂地整合在一起，共同完成广告核心含义的传达。这里就体现了一定的接力色彩。总之，该广告的图文关系属于锚定主导型，但同时整合了比较明显的接力关系因素。

表1　广告案例

伊兰特汽车广告（第5期）	海尔空调广告（第1期）	方正集团广告（第29期）

三、锚定—接力连续轴

上述分析已经明显显示，"锚定/接力"二分体系在实际应用中存在一定的不足。为了更好地克服这些不足之处，同时又继续保持巴特"锚定/接力"

概念体系的简明性，本文提出"锚定—接力连续轴"来作为对大量平面广告图文关系进行分析的框架（见图1）。

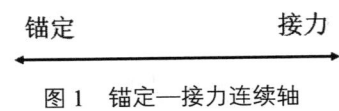

图 1　锚定—接力连续轴

该框架的主要内容包括以下四项。

第一，在平面广告文本中，图文讯息在传播过程中的基本地位是平等的，只不过在不同文本中有不同的应用状况。在这种意义上讲，广告文本图文关系的本质是相互的、双向的，我们难以单纯从两者中的任何一方出发来完整、恰当地界定两者之间的关系体系。这一点直接引申出第二项内容。

第二，在该分析框架中，锚定与接力的内涵与巴特的原始界定既有关联也有明显调整：

1. 这里的锚定指图像与文字之间相互的锚定——两者中的某一方将另一方的含义确定下来，使其更加明确，防止广告受众的解读偏离广告传播者的意图。这种被确定下来的含义，在广告文本中应当与广告产品之间明显关联，只有这样才能有效实现广告讯息的传播目的。这也是对锚定关系进行分析的一项重要基础。

这种形式的主要表现仍是信息的部分或全部重复。

本质上，这种广告内容的主体是图文讯息中的某一种（主导讯息），另外一种讯息只承担辅助角色，使主导讯息的含义得到恰当的传播。这直接导致两种情形的平面广告——一种是图像主导型的广告（文字对图像加以锚定，图像中得到重复的内容即是广告的核心含义），另外一种是文字主导型的广告（图像对文字加以锚定，文字中得到重复的内容即是广告的核心含义）。

2. 接力指图像与文字之间不存在信息重复的现象，两者中的任何一方都难以成功地独自传达广告的含义，只能相互协作、相互补充，在更高层面上共同组成一项整体性的讯息，最终完成广告核心含义的传播。

与锚定同样，在广告文本中，这种含义也应当与广告产品之间存在比较明显的关联，这种关联同样也是对接力形式进行分析的重要基础。

第三，任何一则平面广告文本都是锚定与接力按照不同比例进行的整合。这种比例的两个极端，一个是"完全锚定"，另一个则是"完全接力"。

理想状态下，这种比例的选择与确定是一种传播策略，是广告传播者有意识的选择，目的是希望获得恰当的广告传播效果。不过本文认为，完全锚定或完全接力只是理论分析中的界定，很难在实际传播情形中找到，这主要是由于无论图像讯息还是文字讯息，在一定程度上都是多义的。在这种意义上讲，实际情形中几乎所有广告文本的图文关系状况都对应"锚定—接力连续轴"上位于"完全锚定"与"完全接力"之间的某一点，只不过或更接近锚定一侧，或更偏向接力一侧，同时这种接近的程度会存在不同。

在这种原则的基础上，实际分析过程中，绝大部分情况下我们只能指明广告文本中的主导性图文关系类型。确定主导性关系类型的因素不仅包括图文讯息的内容，也涉及一定的形式因素（比如多则图像中的主次因素等）。很明显，通过这种分析给出的关系类型本质上是一种度的概念，当然也就可以表明这种度的不同。这种界定能更加便利、简明地反映一则广告文本的主导性图文关系状况。

依据该原则，上述的伊兰特汽车广告的图文关系在连续轴上十分接近锚定一侧，海尔空调广告十分接近接力一侧，而方正集团广告则比较明显地处于中间状态，只不过相比之下，锚定关系在该广告文本中占据更高的比例而已。

第四，从广告文本图文讯息整体结构的层面来看，锚定主导型广告文本的结构更加简明、直接，接力主导型广告文本的结构更加复杂。在这种意义上讲，"锚定—接力连续轴"也间接显示着广告受众解读特定广告文本过程的困难程度。

总之，这种分析框架能够被更加便利地用来对大量的平面广告进行体系的分析，并可以进行便利的统计与比较。

四、不同图文关系形态的传播效果分析

为了说明该分析框架中不同形态的图文关系的传播效果，本文借助文本闭合性（closure）与消费者的广告卷入（involvement）的概念来简要说明不同图文关系形态的不同传播效果。一定程度上这种分析也能显示"锚定—接力连续轴"的应用价值。

闭合的本质是一种文本策略，这种策略的目的是促使受众按照某种特定的途径或遵循某种特定的意识形态框架去理解特定的文本。十分明显，某一则广告在连续轴上的位置越接近锚定一侧，其闭合程度就会越高；相反，越接近接力一侧，其闭合程度就会越低。

广告卷入包括广告讯息卷入（Advertising Message Involvement，AMI）与广告执行卷入（Advertising Execution Involvement，AEI），前者主要强调受众对广告讯息内容的关注，后者主要指受众对广告非内容因素的关注，比如广告语境、信息来源的可信度等因素。① 与本文紧密关联的是广告讯息卷入。在不同的广告讯息卷入水平下，受众对广告讯息处理的认真程度以及具体的处理过程是不同的。很明显，一则广告的闭合度越高（在连续轴上越接近锚定一侧），受众的广告讯息卷入程度越低；相反，闭合度越低（在连续轴上越接近接力一侧），受众的广告讯息卷入程度就会越高。这会比较明显地影响到广告讯息的传播效果，包括广告态度、广告讯息的记忆与回忆效果等。②

---

① MACKENZIE S B，LUTZ R J. An empirical examination of the structural antecedents of attitude toward the ad in an advertising pretesting context［J］. Journal of marketing，1989，53（2）：48–65.

② GREENWALD A G，LEAVITT C. Audience involvement in advertising：four levels［J］. Journal of consumer research，1984，11（1）：581–592；LACZNIAK R N，MUEHLING D D. Toward a better understanding of the role of advertising message involvement in ad［J］. Processing psychology and marketing，1993，10（4）：301–319；KOKKINAKI F，LUNT P. The effect of advertising message involvement on brand attitude accessibility［J］. Journal of economic psychology，1999，20（1）：41–51.

以上述第 5 期的伊兰特汽车广告为例，由于其图文锚定色彩十分明显，广告讯息的含义通过内容重复得到比较充分的强调，广告受众能相当便利地获取其关键含义，不需要进行更多的关注，这一定程度上导致广告受众处于一种比较松懈的状态。与此明显不同的是，第 1 期的海尔'08 奥运风空调广告中的图文内容的重复十分不清晰，广告受众需要进行比较深入的关注才能完成对该广告文本的独特解读，甚至我们可以说，是广告受众最终完成了该广告含义的传播。在这种意义上讲，对接力主导型广告文本的解读过程，或多或少地符合了解释学所强调的文本解读特征。①

以上分析的应用价值在于，在广告讯息生产过程中，广告传播者可以针对目标受众的具体情形在图文关系连续轴上选择恰当的位置，通过恰当的比例来整合锚定与接力两种关系形式，以便更加有效地进行传播。

---

① 王岳川.现象学与解释学文论［M］.济南：山东教育出版社，1999：228-248.

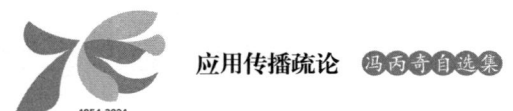

平面广告图文修辞的内在结构体系分析[*]

以往有关平面广告修辞的研究，或者主要分析语言修辞，或者主要分析视觉修辞，尚比较缺乏将两者关联起来进行整体性关注的修辞研究。这也正是本文的研究问题所在。本文试图采取文献研究的方法，对平面广告图文修辞的内在结构体系进行整体性的分析与说明，也就是试图分析平面广告文本中文字讯息与图像讯息之间在修辞层面上的关联类型。所以这里所谓的平面广告图文修辞，指平面广告文本中的文字讯息与图像讯息相互关联、协作完成修辞操作的现象。

本文采取的修辞概念的基础是广告的内在工作机制——转换含义或创造含义。[①]也就是说，本文的平面广告图文修辞分析是含义中心性的。

一、平面广告图文修辞研究的必要性

平面广告图文修辞研究的必要性主要表现为两个方面：平面广告的图像化趋势、广告图文讯息传播的整合化趋势。

（一）平面广告文本明显的图像化趋势

这种趋势包含两项要素：平面广告文本中图像成分所占的比例逐渐增大，

---

[*] 文章原载于《现代传播》（中国传媒大学学报）2010年第8期，收入本书时有改动。
① GOLDMAN R. Reading ads socially [M]. New York：Routledge，1992：61-62；JHALLY S. Codes of advertising [M]. New York：St. Martin's Press，1987：130.

同时图像内容也越来越复杂。① 这种趋势直接促使图像讯息在平面广告中传播地位的上升，进而显著改变了广告文本中图文讯息之间传统的关系状态。

（二）广告图文讯息之间的关联

关于广告图文讯息的关联，存在两种偏颇，第一种是忽视图像讯息的传播特性，第二种则过分强调图像讯息的重要性。前者在语言中心论的修辞论述中比较普遍；后者的代表言论就是有的研究者所预言的，平面广告最终将全部由图像来完成传播。②

虽然目前广告讯息显示出明显的图像化趋势，不过纯粹图像性的广告仍很难见到，实际上绝大部分平面广告文本都是"文字—图像"讯息。③ 这种状态充分显示出文字讯息与图像讯息之间的关系在广告文本中的重要性。

从修辞的角度来看，平面广告修辞现象既可以表现于文字讯息中，也可以表现在图像讯息中。④ 而且，当两者以不同的方式紧密协作来完成修辞操作时，会获得特定的传播效果。比如，当广告标题的内容能够提供广告图像比喻的相关线索时，受众的广告喜好程度会有所提高；当标题内容对图像比喻进行详尽说明时，受众的广告理解程度会得到提高，但广告喜好程度会有所降低，因为这样的标题内容降低了消费者在广告讯息解读过程中的愉悦程度。⑤ 很明显，图文修辞的这种独特传播效果，应当充分引起广告传播者的重视。

---

① POLLAY R W. Measuring the cultural values manifest in advertising [J]. Current Issues and Research in Advertising，1983，6（1）：71-92.
② EDELL J A，STAELIN R S. The information processing of pictures in print advertisements [J]. Journal of consumer research，1983，10（1）：45-61.
③ FORCEVILLE C. Pictorial metaphor in advertising [M]. London：Routledge，1996：70-71.
④ PHILLIPS B J. Thinking into it：consumer interpretation of complex advertising images[J]. Journal of advertising，1997，26（2）：77-87.
⑤ PHILLIPS B J. The impact of verbal anchoring on consumer response to image ads [J]. Journal of advertising，2000，29（1）：15-24.

二、平面广告图文修辞研究的条件

（一）广告视觉修辞研究的发展

平面广告语言修辞研究与视觉修辞研究是平面广告图文修辞研究的两个必要基础。平面广告语言修辞的研究早已经十分深入，但是视觉修辞却明显不足。麦奎里（E. F. McQuarrie）等强调，虽然视觉修辞的操作模式与语言修辞大致一致，不过视觉修辞却远没有获得如同语言修辞类似的关注程度。① 而且，实际上很多条件下，视觉修辞的效果要超过语言修辞，尤其是在广告受众无意识接触的环境中。② 正是在这种意义上讲，与语言修辞相比，平面广告视觉修辞研究的重要性就更加明显了。

视觉修辞包含两种含义。第一，它指称一种人为创造的产品，这种产品试图通过视觉符号的运用来达到特定的传播目的。第二，视觉修辞是一种视角，相关研究者通过这种视角来分析视觉符号。③ 本文采取第一种含义。

视觉修辞不仅仅被应用于广告分析，还被用于电影、卡通、视觉设计等领域。这些相关领域的研究都为广告视觉修辞提供了有价值的借鉴。

就目前文献所见，最早开始的广告视觉修辞研究开始于20世纪60年代初，正式的分析开始于巴特，④ 大量的研究多集中于20世纪80—90年代。

众多来自消费者、传播学、认知语言学研究领域的研究者已经对广告视觉修辞现象进行了大量研究，总体上关注了三个方面——视觉修辞手法的含

---

① MCQUARRIE E，MICK D. Visual rhetoric in advertising：text-interpretive，experimental，and reader-response analyses［J］. Journal of consumer research，1999，26（1）：37-54.
② MCQUARRIE E，MICK D. Visual and verbal rhetorical figures under directed processing versus incidental exposure to advertising［J］. Journal of consumer research，2003，29（4）：579-587.
③ FOSS S K. Framing the study of visual rhetoric：toward a transformation of rhetorical theory［G］// HILL C A，HELMERS M. Defining visual rhetorics. Mahwah：Lawrence Erlbaum Associates，2004：303-313.
④ BARTHES R. Image，music，text［M］. London：Fontana Press，1977.

义、视觉修辞手法的结构、视觉修辞手法的效果。[①] 本文的分析属于第一个方面，这也与含义中心性的立场一致。

（二）两项体系研究

目前比较体系的广告视觉修辞研究主要包括两项：一项是都兰德1987年发表的研究，[②] 另外一项是菲利普（B.J. Phillips）与麦奎里于2004年公布的研究（被简称为"PM模式"）[③]。为了便于更加清晰地说明，本文首先说明PM模式，因为该模式的分析标准更加清晰明确。

都兰德的修辞框架请见《视觉修辞理论的开创：巴特与都兰德广告视觉修辞研究初探》，此处不再赘述。

PM模式凸显了两项特征：强调视觉修辞并非语言修辞的视觉化，不再在语言修辞的基础上确立视觉修辞的分类体系；不再仅仅以传统的修辞概念为基础，而是更加简明地将修辞操作划分为"结构性修辞"（scheme）与"转义性修辞"（trope）两大类，这体现出PM模式划分视觉修辞体系的两项标准："含义操作"（meaning operation）与"图像结构"（visual structure）（见表1）。前者指广告受众在理解广告图像过程中的认知活动的目标或焦点，实际上就是广告文本试图传达并希望受众恰当理解的含义，或者说是不同图像成分的含义之间的不同关系类型；后者指视觉修辞各种成分在广告文本中出现的形式，或说是不同图像成分在广告文本中的位置之间的不同关系。菲利普与麦奎里强调，图像结构的不同形式实际上正是广告含义转化的不同形

[①] MCQUARRIE E, MICK D. On resonance: a critical pluralistic inquiry into advertising rhetoric [J]. Journal of consumer research, 1992, 19（2）: 180-197; TENG N Y, SUN S. Grouping, simile, and oxymoron in pictures: a design-based cognitive approach [J]. Metaphor and symbol, 2002, 17（4）, 295-316.

[②] DURAND J. Rhetorical figures in advertising image [G] //UMIKER-SEBEOK J. Marketing and semiotics: new directions in the study of signs for sale. Berlin: Mouton de Gruyter, 1987: 295-318.

[③] PHILLIPS B J, MCQUARRIE E F. Beyond visual metaphor: a new typology of visual rhetoric in advertising [J]. Marketing theory, 2004, 4（1/2）: 113-136.

式——通过将不同的对象依据不同的形式安排在一起向产品或服务转换含义。从这里可以看到，在 PM 模式的两项标准中，含义操作是主导，结构因素是辅助。

表 1　广告视觉修辞类型体系（PM 模式）

		含义体系		
		关联（connection）	类似（comparison for similarity）	对立（comparison for opposition）
图像结构	并置（juxtaposition）	关联性并置	类似性并置	对立性并置
	结合（fusion）	关联性结合	类似性结合	对立性结合
	替代（replacement）	关联性替代	类似性替代	对立性替代

都兰德的立场是在杂志广告中的图像成分中寻找语言修辞的对等体系，这明显区别于 PM 模式的立场，不过都兰德对平面广告视觉修辞类型的划分确实是有史以来的首次体系性的尝试。都兰德也依据两项标准来划分平面广告视觉修辞手段："修辞操作"（rhetorical operation）与"成分关系"（relation between the variable elements）。前者强调图像含义，后者突出图像成分之间的关系。很明显，前者与 PM 模式中的"含义操作"对应，后者与 PM 模式中的"图像结构"一致。

两项研究表现出两处同样的不足，这些不足也正是本文所要关注的焦点之一：

第一，广告修辞的基本是含义的表达，含义操作是其根本。在这个意义上讲，通过含义操作划分出的体系具有周延性。相反，PM 模式所谓的三类图像结构的划分方法，似乎暗示所有的修辞性平面广告中的图像成分之间的关系都符合其中的某一种类型。这恐怕是一种比较明显的偏颇，因为在含义层面上完成传播是广告修辞手段的基本目的，在没有明显的结构性关系的情况下，平面广告的相关图像成分完全能够实现这一目的。都兰德体系也表现出对结构性关系的过分关注，甚至比 PM 模式更加严重。具体的表现在于，都兰德虽然提出了两项标准，但是他并没有将这两项标准贯彻到底，直接表现就是其体系中存在几项空缺（见表2）。这种不彻底性的另一项表现是，都兰德在具体的个例分析过程中，也没有能够完全周延地对所有具体修辞手段都从结构与含义两个层面加以清晰说明。

这种偏颇很大程度上与强调"偏离"色彩的广告修辞概念紧密关联，这种概念强调，修辞就是对广告受众期望的巧妙偏离，①显然这种偏离与创意设计的观念紧密关联，会更多地关注结构与形式因素的创新。

第二，两项研究的另外一处不足是，都没有从广告传播实践的需求出发对图文讯息进行关联性的分析。

不过，对于本文而言，PM模式与都兰德的研究在两个方面表现出明显的价值：第一，两个体系都特别从图像讯息的角度出发来分析平面广告视觉修辞，有效弥补了平面广告视觉修辞方面的不足。第二，两项研究都试图对平面广告视觉修辞的体系加以总结整理，所采取的标准既涉及结构性关系的因素，又涉及符号的含义因素。这种标准的成功运用在体系建构方面为平面广告图文修辞研究提供了重要的借鉴。

（三）平面广告图文修辞研究的不足

同时关注图文讯息的修辞研究也有几项，只不过大部分或者对图文讯息持各自为政的分析取向，或是明显地偏于某一方。

进行分割式分析的典型例子是将广告隐喻区分为两大类——"语言隐喻（verbal metaphor）"与"视觉隐喻（visual metaphor）"。②其他涉及广告图文关联的研究者大都以视觉修辞为出发点，多是为了分析广告视觉修辞现象的需要而涉及文字讯息。这一类研究比较有代表性的是福斯维勒（C. Forceville）。③他将广告视觉隐喻划分为四种类型：语境型隐喻（contextual

---

① MCQUARRIE E, MICK D. Figures of rhetoric in advertising language [J]. Journal of consumer research, 1996, 22 (4): 424-438.
② MORGAN S E, REICHERT T. The message is in the metaphor: assessing the comprehension of metaphor in advertising [J]. Journal of advertising, 1999, 28 (4): 1-12.
③ FORCEVILLE C. Pictorial metaphor in advertising [M]. London: Routledge, 1996: 162-163.

metaphor)、混合型隐喻（hybrid metaphor）、图示性明喻（pictorial simile）、图文隐喻（verbo-pictorial metaphors）。其中前三类比喻都只通过视觉符号来完成，第四类"图文隐喻"强调了图文讯息的关联，指出比喻中的本体与喻体分别由图像成分和文字成分来传达。不过很明显，福斯维勒认为文字讯息是服务于图像讯息的修辞操作的。

目前见到的以图文讯息关联为基础来分析平面广告图文修辞的代表是丁格纳（M. Dingena），[①] 不过他实际上只是对都兰德的修辞手段体系进行了适度的调整（见表2）。丁格纳仍然遵从结构与含义两项标准，只不过将结构性标准称为"符号关系"（relation between signs），将含义性标准称为"修辞操作"（rhetorical operation）。

表2　平面广告图文修辞类型（都兰德—丁格纳）

		修辞操作			
		附加	压制	替代	调换
符号关系	同一	反复	省略	夸张	倒置
	类似	比照	委婉	隐喻	重名
	并置	列锦	悬念	转喻	连词省略
	对立	平行对照	含蓄	迂回	交错
	虚假同一	似是而非	假省	反用	前后矛盾

这个体系不仅仍然沿袭都兰德原始模式的框架，同时其复杂性也十分明显。

三、平面广告图文修辞的内在结构体系

为了克服以上种种不足，本文将对平面广告图文修辞的分析建立在广告

---

① DINGENA M. The creation of meaning in advertising: interaction of figurative advertising and individual differences in processing styles [M]. Amsterdam: Thesis Publishers, 1994: 1-2, 15-16.

图文关系研究的基础上,并部分借鉴以往模式从含义与结构两个方面来划分类型的方法。

依据"接力"与调整后的"锚定"概念,本文认为,在含义操作的层面上,平面广告图文修辞的内在结构形式包括两项:锚定式图文修辞与接力式图文修辞。前者指图文讯息之间存在明显的重复现象,修辞操作以其中的某一种讯息为主体,另外一种讯息通过部分或全部重复来进行强调,以便促使广告受众更加便捷地解读其中的修辞性含义操作,也就是获得更加理想的广告传播效果。后者指图文讯息之间不存在重复现象,两者之间相互补充并在更高层面上整合为一则整体性的讯息,修辞操作正是在这一整体中完成;也就是说,广告受众只有成功地将图文讯息加以关联,才能恰当地解读其中的修辞性含义。显然,接力式图文修辞体现了图文讯息之间更高层次的整合与关联,自然也就更加复杂。

需要说明的是,广告图文关系中的锚定与接力的基础都是图文讯息的内涵,并不涉及图文讯息之间的结构性关系因素,因此这两类图文关系类型仅与上述的转义性修辞操作相关。

不过,虽然并非所有的平面广告图文修辞操作都伴有明显的结构性关系,但毕竟结构性关系在平面广告图文修辞中同样也十分重要,因为特定的形式性关系能够发挥特定的效果(比如提高广告受众的讯息卷入度),进而更好地辅助修辞过程的完成。

在此基础上,本文总结出的平面广告图文修辞的内在结构体系见表3。

表3　平面广告图文修辞内在结构体系

锚定式		接力式	
简单锚定式图文修辞	复合锚定式图文修辞	简单接力式图文修辞	复合接力式图文修辞
无明显结构性关系的锚定式图文修辞	有明显结构性关系的锚定式图文修辞	无明显结构性关系的接力式图文修辞	有明显结构性关系的接力式图文修辞

该体系的显著特点包括明显的图文关联性、周延性、简明性、应用便利

性。当然，由于该体系是含义中心性的，对于结构性关系因素的考虑尚存在不足；或者说，"复合锚定式图文修辞"与"复合接力式图文修辞"需要进一步分析。不过，这种更加深入的研究已经超出了本文分析框架的定位。当然，这种更进一步分析的价值是不能否认的。

在平面广告图文讯息关系的层面上讲，通过锚定将图文讯息简单结合起来是广告文本最简单的结构形式，① 这种简单性为锚定形式的实际应用带来了明显的便利性，因为从广告传播者的角度来看，通过锚定形式来突出特定含义的做法无疑是更加便利的。相对而言，对接力操作的实际应用会更加复杂，因为接力关系的建构需要在更高层次上将图文讯息加以整合，以便促使图文讯息之间相互协作、相互补充，共同完成广告文本整体含义的传播。以此为基础，我们可以初步推测，目前锚定式图文修辞是平面广告图文修辞的主体类型。当然这需要将来的研究进行证实。

---

① TOLSON A. Mediations：text and discourse in media studies［M］. London：Hodder & Stoughton，1996：29.

社会符号学视野中的视觉文本信息价值分析框架*

社会符号学（social semiotics）关注传播过程中含义（meaning）得以组织（structured）与表述（made）的方式，聚焦于各种符号进行的历史性的（historical）、文化性的（cultural）或社会性的（social）使用。社会符号学理论体系由语言学者发展而来，自其起源之日就强调其社会性维度，强调语言活动是一项社会性活动。[1] 之后社会符号学被拓展至多模态文本（multimodal text）的分析。[2]

"文本"指所有人为设计生产出来的作品，指由符号与符码（不同符号组合的规则）组成的含义传播结构。这种结构可以具有千差万别的形式（诸如讲话、电影、穿着、手势等）。"视觉文本"强调的是文本可见的视觉因素，指所有由视觉符号与文字符号组成的含义传播结构，大致分为三种类型：纯粹由视觉符号组成的文本（静态与动态），由视觉符号与文字符号组成的文本，纯粹由文字符号组成的文本。三类文本的视觉因素各有不同。前两类文本的视觉因素既包括视觉符号组成的视觉成分，也包括文本整体的形式性组织结构因素，第三类文本的视觉因素则仅指文本的形式性组织结构因素。图1

---

* 文章原载于《符号与传媒》，2018年第16辑，与张语嫣、江旭爽合作，收入本书时有改动。
[1] HALLIDAY M A K. Language as social semiotic: the social interpretation of language and meaning. Maryland: University Park Press, 1978: 1.
[2] KRESS G, LEEUWEN T. Reading images: the grammar of visual design [M]. London: Routledge, 2006.

中,① 文字内容形成明显不同的几个区域,各区域之间形成特定的相互关系,即结构性关系(compositional relationship)。本文的总结仅可能与前两类视觉文本有关。

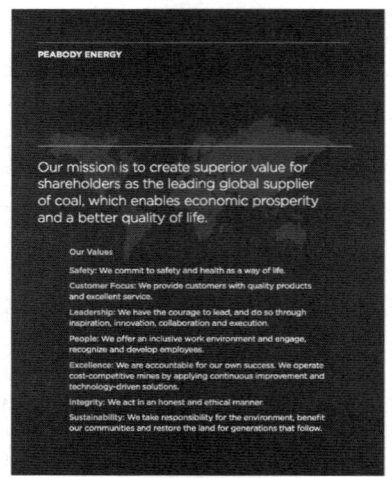

图 1　皮博迪公司 2014 年度报告"企业宗旨"页面

在社会符号学视野中,任何一种视觉文本都通过三项相互关联着的系统来进行含义传播(也就是视觉文本的三种建构原则):信息价值(information value)、显著性(salience)与框架(framing)。三项系统共同组成文本的"结构性含义"(compositional meaning)。

其中显著性指视觉文本中的特定视觉成分吸引观看者注意力的程度,具体方式包括前景(foreground)与后景(background)的对比、尺寸(size)的对比、明晰度或颜色层面的对比等。在框架的视野中,特定框架装置(framing devices,指扮演分界角色的实际线条或能够扮演分界角色的所有视觉成分)会将视觉文本中的不同成分关联起来(connect)或区隔开来(disconnect),以便显示不同成分是否在某一含义上归属于同一含义体系。两

---

① SANDBJERG T L. The meaning of composition in multimodal documents: a comparative multimodal discourse analysis of mission statements in corporate annual reports[D]. Aalborg: Aalborg University,2015.

项视角都十分重要，但两项视角目前都处于比较零散的总结状态，暂时无法形成完整条理且易于应用的分析框架体系。因此本文暂时只试图关注信息价值视角，试图总结出易于应用的视觉文本信息价值分析框架，以便进一步推进视觉文本的研究与实际生产。

目前对视觉文本的信息价值各维度进行最系统全面总结的是甘瑟·克里斯与西奥·范·莱文，[①] 其他的少量社会符号学研究或者仅停留在现象描述状态上，或者仅是"克里斯—范·莱文"信息价值框架的应用。不过在社会符号学领域之外，仍有少量研究同样对相关现象进行了不同程度的研究。本文的总结将基于"克里斯—范·莱文"信息价值框架，同时有效整合其他已有的各种相关的研究成果。

一、视觉文本的信息价值分析维度

依据信息价值的视角，视觉文本的不同区域蕴含着不同的信息价值，因此视觉文本对特定成分（element，包括文字成分）的布置（placement），实际上就是要赋予该成分特定的信息价值。按照这一逻辑，任何视觉文本生产者对特定成分的位置安排，应当是有意图的（服务于特定含义传播）。

视觉文本的信息价值包含三项基本维度：左右（左侧与右侧），上下（上部与下部），内外（中心与边缘）。三项基本维度都站在视觉文本观看者的立场上关注视觉文本的含义（受众立场，不是生产者立场）。因此三项基本维度反映的是一种社会性价值（即观看者对视觉文本含义的解读），而不是视觉文本的先天性的自然价值。这一属性直接导致如下事实：同一视觉文本，具有明显不同属性的观看者可能会有明显不同的解读，因此同一视觉文本可能会有不同的信息价值状态。

---

① KRESS G，LEEUWEN T. Reading images：the grammar of visual design［M］. London：Routledge，2006.

（一）左右维度（left-right）

当视觉文本基于横轴（horizontal axis）进行结构组织时，一部分成分会出现于文本中心部位的左侧，其他成分则会出现于右侧。这就是横向结构（horizontal composition）。在绝大部分文化传统中，位于左侧的成分具有"既有的"（given）的含义，右侧的成分蕴含着"新近的"（new）的含义。

语言的组织结构与视觉文本的横向结构之间存在一致性。在由右向左进行文字书写的文化中，右侧暗示"既有的"，左侧暗示"新近的"。已经有研究结果显示，来自由左向右书写文化的消费者往往倾向于将左侧感知为"过去的"，将右侧感知为"未来的"，这种感知习惯影响着这些消费者对与时间有关的产品的认知。① 在由左向右书写的文化中，正好相反。

本质上，是视觉文本观看者将文本左侧的成分感知为"既有的"，将右侧的成分感知为"新近的"。"既有的"表示视觉文本观看者早已经知道的、早已经熟悉的并已经确定的（agreed upon），"新近的"表示视觉文本观看者并不了解的或者仍不确定的，因此这一类对象需要观看者不得不对此付出更多的精力加以解读。这大致可以显示，"新近的"东西往往是"不确定的"（problematic）、"可争议的"（contestable）或"正处于争议中的"（at issue）；"既有的"东西往往是"基于常识的"（commonsensical）、"不言而喻的"（self-evident）。这表现出明显的意识形态色彩，简单地说，视觉文本是有意图的。

比如，在14世纪的浮雕《夏娃的诞生》（The Creation of Eve，意大利奥维多大教堂，见表1左图），上帝位于左侧，被赋予"既有的"含义，被展示为该浮雕含义的起点。女性形象位于右侧，被展示为是"新近的"，这与《创世纪》一致：女性是有问题的，将亚当引诱至罪恶之中。与之相反，米开朗琪罗为梵蒂冈西斯廷教堂创作的《亚当的诞生》（The Creation of Adam，见表1右图），却将上帝置于右侧。在文艺复兴时期，上帝突然成为"新近的"

---

① CHAE B，HOEGG J. The future looks "right"：effects of the horizontal location of advertising images on product attitude［J］. Journal of consumer research，2003（40）：223-238.

且不再是那么确定的对象，哲学家们试图对上帝进行重新界定。

表 1 《夏娃的诞生》与《亚当的诞生》

夏娃的诞生	亚当的诞生

图表图解的设计同样可以体现"既有—新近"的观念。比如，克劳德·埃尔伍德·香农（Claude Elwood Shannon）与瓦伦·韦弗（Warren Weaver）1949年总结出的传播模式（见图2），[①] 其左右布局表明：信息的发出过程肯定发生在信息的接收过程之前。

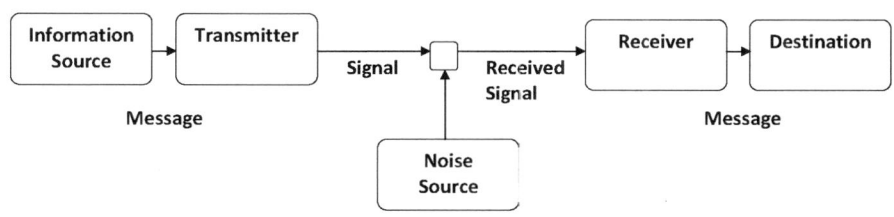

图 2 香农与韦弗的传播模式

"既有—新近"结构同样适用于电影与电视的分析。电视访谈时，以观看者的视角看，访谈者往往位于受访者的左侧，试图促使观看者将访谈者的说法"感知"为是已经熟知的、已经确定的；位于右侧的受访者则更易于被观看者"感知"为"新近的"。[②] 但是，并不是所有的电视访谈都采取这种"左

---

① WEAVER W, SHANNON C E. The mathematical theory of communication [M]. Urbana：University of Illinois Press，1949.
② BELL P, LEEUWEN T. The media interview：confession, contest, conversation [M]. Sydney：University of New South Wales Press，1994：160-164.

侧访谈者—右侧受访者"的结构方式。无论怎样，此处大致可以显示，电视访谈过程中访谈者与受访者的位置关系，应当是一种有意识的含义传播的机制。

在部分复合文本（composite text）中，左侧的左右结构（由左右两项成分共同组成）会成为最右侧成分的"既有成分"。在这种连续的视野中，会形成"累积式的"（cumulative）左右结构（见图3）。这种情形往往出现于图书杂志等连续结构：左侧页面本身可能属于左右结构，同时左侧页面可能与右侧页面形成进一步的左右结构。

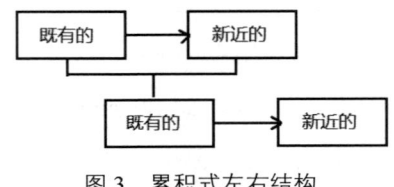

图3　累积式左右结构

"既有—新近"关系可以通过图文结构（text-image）来实现。基于左右维度的不同内容安排，图文结构可以分为两大类：左文右图与左图右文（见表2）。①两幅图中的文字内容，都是安吉丽娜·朱莉（Angelina Jolie）说的话。依据"既有—新近"视角，文字内容在左侧，暗示这种内容在朱莉之前就存在；文字内容在右侧，暗示在这一内容方面，朱莉拥有更加明显的话语权。

文字成分完成的视觉文本也可以体现出左右维度的含义属性（通过布局形式）。比如美国陶氏化学公司（Dow Chemical Company）2014年度报告的"企业宗旨"页（见表2），中间部分遵循左右维度，会在不同程度上蕴含着"既有—现实"的含义属性。

---

① Five powerful quotes prove angelina jolie is a feminist genius［EB/OL］.（2015-06-04）［2016-11-25］. https://mic.com/articles/120079-5-powerful-quotes-prove-angelina-jolie-is-a-feminist-badass#.6GH7MMlxc.

表 2　左右维度

左文右图	左图右文	陶氏公司年度报告

（二）上下维度（top-bottom）

当视觉文本采用纵轴（vertical axis）进行结构组织的时候，该文本就是纵向结构（vertical composition）。

已经有众多消费研究对上下维度进行了关注。比如，研究者们在研究消费者对食品包装的感知时发现，当产品图像位于产品包装表面的底部、右侧和右下方时，消费者倾向于将产品感知为"更加沉重"（heavier）；当位于顶部、左侧和左上方时，消费者则更易于感知为"更加轻巧"（lighter）。消费者的这种感知倾向被研究者们称为"位置效应"（location effect）。①

另外的研究则将"上下"方位的不同含义界定为"方位比喻"（orientational metaphor）。② 在西方，"上"易于被赋予"神"（god）的含义，"下"易于被赋予"魔鬼"（devil）的含义。③

---

① DENG X, KAHN B E. Is your product on the right side? the "location effect" on perceived product heaviness and package evaluation [J]. Journal of marketing research, 2009, 46（6）: 725-738.

② MEIER B P, ROBINSON M D. Why the sunny side is up: associations between affect and vertical position [J]. Psychological science, 2004, 15（4）: 243-247; NAKAMOTO K. Is more really up? experimental evidence for orientational metaphor [J]. Shinrigaku kenkyu: the Japanese journal of psychology, 2001, 71（5）: 408-414.

③ MEIER B P, HAUSER D J, ROBINSON M D, et al. What's "up" with God? Vertical space as a representation of the Divine [J]. Journal of personality and social psychology, 2007, 93（5）: 699-710.

虽然这些研究并未遵循社会符号学的理论视角，但几乎所有研究都与视觉文本的信息价值分析框架有不同程度的关联。

在社会符号学视野中，视觉文本上方的成分被赋予"理想的"（ideal）含义，下方的成分则内含"现实的"（real）的含义。"理想的"含义往往只是表面的含义，"现实的"含义往往是更加具体的（specific）、实际的（down-to-earth）或实用的（practical）信息。

比如，布歇尔士（Bushells，1987）咖啡广告（见表3），基于纵轴进行结构的组织安排。广告上方部分试图展示产品的"承诺"（promise），试图暗示产品使用者可以通过产品获得感官满足的状态以及富有吸引力的心理感受状态。下方部分展示产品本身，试图再现产品的实际信息。上方部分更倾向于采用情感性（emotive）诉求，向受众展示"应该是什么样"；下方部分更多采取信息实用性（informative and practical）诉求，展示"实际是什么样"。

与横向结构相比，这一类纵向结构不同部分之间的关联更加微弱，反而更易于显示一种对比（contrast）的状态：上下部分之间被一条明显的分界线条分开。但偶尔会有连接成分将上下两部分关联起来，比如在布歇尔士咖啡广告中，咖啡瓶成为上下两部分之间比较明显的桥梁。之所以称之为"桥梁"，就是指将上下部分各自蕴含的含义关联起来：将"承诺"与"现实"关联起来，将"情感"与"信息"关联起来，将"应该是什么样"与"实际是什么样"关联起来。

《马来西亚星报》（*The Star*）2013年4月29日的头版（见表3）上方按时间顺序刊登了三幅中国游行示威者的照片，显示中国示威者向警察挥手致意，表露的是平和、积极的状态。但是下方大幅照片显示的是示威者正在打砸，表露的是暴力的状态。基于信息价值原则，上方的平和状态是理想状态，下方的暴力状态则是现实情形。这一结构组织方式，蕴含着《马来西亚星报》的内在传播意图。①

---

① SANAWI J B. Ideologies underlying the use of photographs in newspaper coverage of Bersih 3.0 Rally：a social semiotic analysis［J］. Jurnal komunikasi：malaysian journal of communication，2014，30（2）：41-60.

"理想—现实"的含义关系也可以通过图文结构（text-image）来实现。基于上下维度的不同内容安排，图文结构可以分为两大类：上图下文与上文下图。

奔驰广告中（见表3），上方部分的视觉成分成为该封面试图凸显的含义，扮演着引导角色（lead role）；下方部分的文字成分扮演着服从角色（subservient role），对该广告试图传播的含义进行更加详尽的说明或补充。

表3　上下结构（1）

在《时代》封面中（2013年9月9日，见表4），上方部分的文字内容（THE UNHAPPY WARRIOR：Barack Obama ran for President to get the U.S. out of wars，not into them）引导着这一封面的主导含义，但下方部分的视觉成分也十分重要，因为该成分为上方的文字内容提供具体的、实际的、形象的讯息。

文字成分扮演的视觉成分，也可以体现"理想—现实"的含义关系。比如美国皮博迪能源公司（Peabody Energy）2014年度报告的"企业宗旨"页（见表4），其上下两部分都由文字成分组成，不过页面整体仍旧属于视觉文本。对于年度报告读者而言，上下两部分同样可能蕴含着"理想—现实"的含义不同。①

---

① SANDBJERG T L. The meaning of composition in multimodal documents：a comparative multimodal discourse analysis of mission statements in corporate annual reports [D]. Aalborg：Aalborg University，2015.

按照上述左右结构的累积视野，上下结构也应当存在类似的累积式上下结构。不过目前各文化中主导的视觉文本组织形式对这种"累积式上下结构"的使用十分罕见。

表 4　上下结构（2）

《时代》封面	皮博迪年报

（三）内外维度（centre-margin）

视觉结构同样也可以遵循中心与边缘的组织形式，即中心结构（central composition）（表 5）。鲁道夫·阿恩海姆（Rudolf Arnheim）曾经相当详尽地对中心结构进行了说明。[①] 基于这一维度，位于视觉文本中心位置的成分，往往被界定为具备中心性（central）的重要性；位于四周边缘位置的成分，往往仅仅具有边缘性（marginal）价值。位于中心位置的成分被暗示为试图传播的核心意义（nucleus），位于周围的成分则仅传播屈从性（subservient）含义。因此边缘成分往往是附属性的、依赖性的成分。因此内外维度同样也带有比较明显的意识形态色彩。

[①] ARNHEIM R. The power of the centre [M]. Berkeley and Los Angeles：University of California Press，1982.

当同一视觉文本中包含众多边缘成分时，不同边缘成分之间的边缘程度会存在差异。循环结构（circular structure）对这一现象的体现最为明显。循环结构其实就是多层样式的中心结构。能够通过不同外围成分与中心的不同距离，体现出边缘化程度的渐变。表 5 中展示的藻井纹样，在观看者的感受中，存在着一个中心与不同层次的边缘程度。

同样，实际的视觉文本也存在累积式的内外结构（见表 5）。这幅手绘社会网络（social network）图示仍旧不是最复杂的结构，但已经能够显示出累积式内外结构的属性：B、C、D 与 E 都是典型的中心结构，不过都属于中心 A 的边缘成分；整个社会网络图示含义的中心都在 A 处。

表 5　内外维度

中国传统门神年画 	中岳庙中岳大殿藻井 	手绘社会网络图 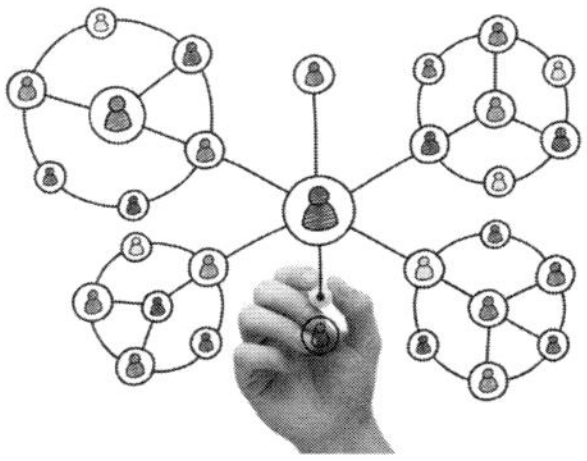

（四）视觉文本的信息价值维度体系

基于上述说明，视觉文本的信息价值维度体系见表 6，在视觉结构中的具体表现情形见图 4。图 4 表现的是三项基本维度的简明整合状态，或者说是三项基本维度在实际分析过程中的应用参考框架。

表 6　视觉文本信息价值维度体系

基本维度		含义属性
左右	左	既有性
	右	新近性
上下	上	理想性
	下	现实性
内外	内	中心性
	外	边缘性

图 4 中边缘部分的边缘程度，基于视觉空间的具体大小以及中心的显著程度。但是，即使中心是空白状态，其"中心性"含义属性照旧存在，只不过以缺席状态存在而已（见图 5）。也就是说，图 5 也许正体现出中国传统社会组织机制的内在本质。

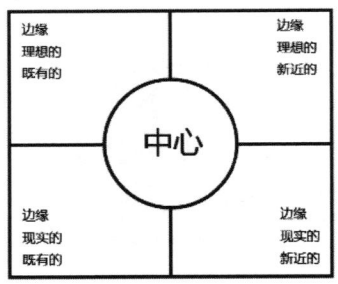

图 4　视觉文本的结构维度

图 5　中国传统纹样

二、视觉文本的实际复杂状态

上述的视觉文本信息价值分析框架仅仅是最基本的框架，实际的视觉文本带有明显的复杂性，因此实际的视觉文本信息价值分析最应当避免简单化。

（一）视觉文本的结构都服务于特定含义的传播

视觉文本的结构会受到文化的影响，这几乎是通行的认知。但是即使在同一文化中，视觉文本的结构也会因为具体含义传播的意图不同，而表现出明显不同的状态。比如，耶稣基督复活之后，抹大拉的马利亚（Mary Magdalene）将基督认了出来。这一圣经场景成为基督教绘画中长期持续的主题，就是西方绘画中知名的《别碰我》(*Noli me tangere*)。但是，意大利的两位画家对这一主题的再现却恰好相反（见表7）。

表7 《别碰我》

意大利提香版《别碰我》	意大利柯勒乔版《别碰我》

意大利画家提香的《别碰我》(1511—1515年)中，一条"视觉边界"（visual boundary）将基督与抹大拉的马利亚分开，基督位于左侧，抹大拉的马利亚位于右侧。但是，柯勒乔的版本（约1525年）却正好相反。如果两位画家的绘画过程不是无意图的，那么两图分别赋予基督截然相反的两种含义属性。

107

（二）视觉文本的结构往往处于整合状态

现实传播条件下的绝大部分视觉文本并不会表现为简单的"左右""上下"或"内外"样式，而是表现为更加复杂的整合结构。这些整合结构的具体组织形式比较复杂，有的表现为上中下或左中右，有的表现为上下左或上下右，等等。本质上，这些整合结构是上述三项基本维度中任意两项或三项之间的整合。对这些整合结构的分析，应当进行综合的总体分析，应当避免简单化。

1. 比较简单的整合结构

比较简单的整合结构表现为"三联结构"（triptych）。三联结构大致分为两大类：横向三联结构（horizontal triptych）与纵向三联结构（vertical triptych）。横向三联结构实际上是左右结构与内外结构的简单整合，纵向三联结构实际上是上下结构与内外结构的简单整合（见图6）。无论哪种整合形式，位于中心位置的成分都扮演着"中介者"（mediator）的角色。表8分别展示了最简单的横向三联结构（符号学论坛网页，2016年11月20日）与纵向三联结构（电影《纠结之旅》海报）实际例子。其中"中介者"之外的两项成分被界定为极化成分（polarized elements），"中介者"对两种"极化的含义"进行"调停"（reconciliate），避免对比性太强。

当然这是在"极化调停"视野中看待三联结构。在累积视野中，这种简单的三联结构也可能被观看者感受为累积式的结构：符号学论坛网页属于累积式的左右结构，这会导致最左侧一列成分可能被观看者感知为最"既有的"，最右侧一列成分可能被感知为最"新近的"；《纠结之旅》海报属于累积式上下结构，最上方成分可能被赋予最"理想的"含义，最下方内容可能被赋予最"现实的"含义。不过，纵向三联结构中位于中间位置的视觉成分最为凸显，其中心性含义更加强烈一些，这直接导致这一招贴含义的中心结构属性更加明显。符号学论坛网页最左侧的视觉成分拥有比右侧两列文字成分更加明显的吸引力，因此在观看者感知当中，左右维度可能会更强烈一些，这一网页的"既有—新近"含义属性可能会更明显一些。由此可见，基本的分析框架只能提供最基本的分析方向，不可能替代实际文本信息价值的具体界定。

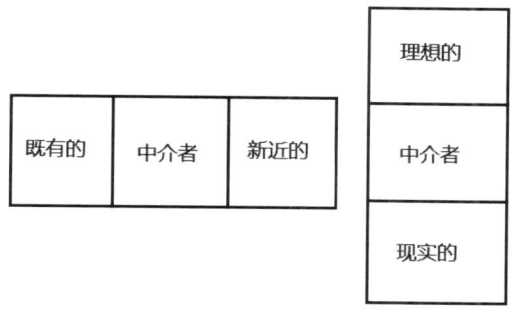

图 6　横向三联结构与纵向三联结构

表 8　三联结构

符号学论坛网页	《纠结之旅》海报

2. 比较复杂的整合结构

有的三联结构，会更加复杂。比如，乔治·格伯纳（George Gerbner）1956 年总结的传播模式图示（见表 9），[①] 将左右与上下维度"扭曲"整合。右上角代表的成分，被格伯纳暗示为带有"新近—理想"的属性，右下角所代

---

① WATSON J，HILL A. A dictionary of communication and media studies [M]. London：Edward Arnold, 1980：77.

表的传播成分，被赋予"既有—现实"的含义属性。表9右侧展示的是尼日尔70岁的德洛·易卜拉欣（Delou Ibrahim），右上侧是德洛8岁的孙女拉蒂法（Latifa），右下侧是德洛左手拿着作为调料的酢浆草叶，右手捧着高粱颗粒。① 德洛共有40多名孙辈，其中16名孙辈与德洛生活在一起。但德洛当时只有能够维持两天左右的粮食。这仍旧是比较明显的整合式三联结构。位于左侧的德洛被文本生产者赋予"既有的"（即将过去）含义，右上角的孙女被赋予"理想的—新近的"含义，可以说代表着理想的未来状态。但是，右下角的"现实的—新近的"含义却由贫乏不足的食物来承载，显示出德洛家庭不理想的未来。

表9 复杂的整合结构（1）

格伯纳传播模型	尼日尔的祖母与孙女

电影《纠结之旅》（2012）的另外一幅招贴（见表10），结构更加复杂。其主体结构可以在两个层级上进行分解：总体的上中下三联结构（第一层级），下部的左中右三联结构（第二层级）。2008年的奔驰广告，其结构更加微妙一些。这一广告的总体结构属于内外结构，其中心成分是文字内容（Mercedes-Benz GenuineParts. There are no substitutes.），其边缘成分包括作为广告整体背景的视觉成分以及右上角的奔驰标识与右下角的奔驰名称（Mercedes-Benz）。不过右侧的三项成分（右上角的奔驰标识、中部的汽车、右下角的奔驰名称）又形成独特的上中下三联结构。

---

① Portrait of mother/grandmothers，children/grand children，and food［EB/OL］.（2013-04-29）［2016-11-26］. http://rodrigoordonez.photoshelter.com/gallery-image/Niger-Sahel-food-crisis/G0000Q2S6UprLqgE/I00009dsC5tev7dM/C0000hk7Ax6AyHQ8.

两者的含义更加复杂微妙,并不适合观看者在短暂时间内进行清晰准确的解读。因此视觉文本信息价值的分析框架只是一种思考的参考框架,不可能与视觉文本实际的含义接收情形等同。

表10 复杂的整合结构(2)

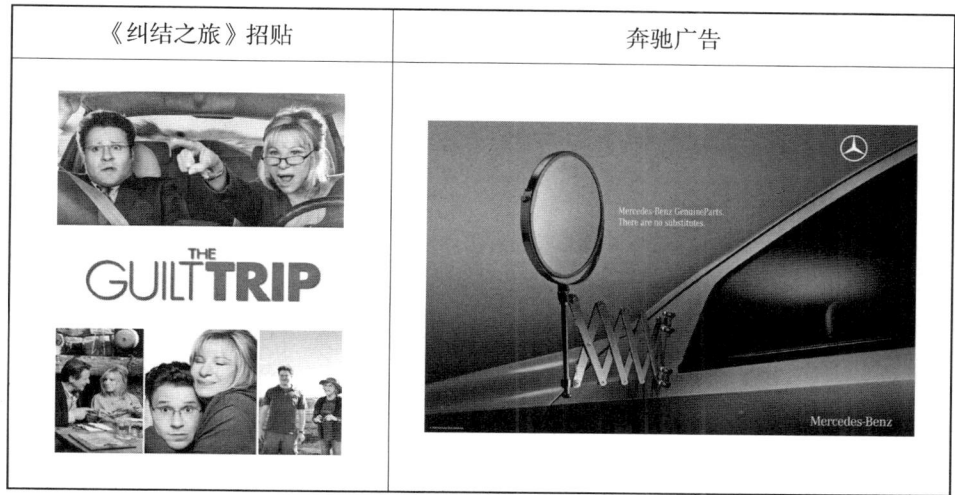

三、结语

社会符号学理论试图在信息价值的视野中关注视觉文本的结构,并已经总结出简明且易于应用的视觉文本信息价值分析框架。这一框架由三项基本的维度共同组成,这三项基本维度分别是左右维度、上下维度与内外维度。实际视觉文本的结构往往是三项基本维度的不同形式的整合,因此信息价值分析框架的实际应用应当避免教条与僵化。

另外,目前的视觉文本结构性分析几乎仅仅聚焦于静态文本,即使涉及视频时,也不得不仅仅分析视频的瞬间静态图像(截屏),因此已有的信息价值分析本质上只属于"静态信息价值"分析。这就显示出将来的一项明显的研究需求:"动态信息价值"的分析。

北京地区市民报纸房地产广告图片主导性文化价值的转变[*]

——以《北京晚报》为例

广告视觉展示中，对不同视觉符号（sign）的不同应用，会有不同的传播效果；从共时与历时两个角度来看，都是这样的。默萨里斯（Paul Messaris）对高度时尚杂志广告中的模特与便宜产品广告中的模特的面部表情进行了比较，发现：不很昂贵的衣服广告中的模特脸上通常带着微笑，并展示着迷人（甚至是逢迎）的姿势；但高度时尚杂志的广告中，模特一般不笑，有时甚至公然地展示着对观读者一种轻蔑。也就是说，产品越时尚，广告中模特的面部表情越阴沉。模特脸上目空一切的表情其实是"有备而来"——要加强受众渴望得到该产品或服务的印象；这种效果是通过在受众中激发一种"身份焦虑"（status anxiety）来实现的。[①] 所以，不同的面部表情（也就是不同的视觉符号的使用），与不同的广告传播诉求重心之间存在着十分密切的关系。关于不同视觉符号产生的不同传播效果，费斯克在谈到1976年 *Observer Review* 刊登的关于伦敦 Notting Hill 嘉年华会一张照片时进行了明确说明。[②] 照片展现的是一群黑人青年与持防护盾和警棍的白人警察冲突对峙的情形。费斯克

---

[*] 文章原载于《现代传播》（中国传媒大学学报）2006年第2期，收入本书时有改动。

① MESSARIS P. Visual persuasion：the role of images in advertising [M]. Thousand Oaks：Sage，1997：38-40.

② FISKE J. 传播符号学理论 [M]. 张锦华，等译. 台北：远流出版事业股份有限公司，1995：141，145-146.

使用"换码测验"（commutation test）的方法来进行说明。比如，把原照片中与警察对峙着的黑人青年换成白人，就可能改变整个图片的意义了：原先我们只把冲突视为都会里不愉快但范围不大且还算节制的冲突，现在我们却可能觉得冲突的范围很大，而且具威胁性，影响整个社会。"无可否认，在新闻摄影里，这些选择都只是假设。很显然地，摄影记者不可能去选择一堆白人，但解读一张照片却牵涉到'这些人不是白人，不是中年人，不是中产阶级'的辨认。换码测验依赖弄清楚'并不是什么……'的范围，来帮助我们界定这群人的意义。当然，如果是广告摄影，所有的选择便都是经过精心设计的：广告摄影师会随时留意所有的选择，而这些几乎是摄影记者肯定不会注意到的。"费斯克已经明确说明了广告图片对视觉符号使用与搭配的内在规律。

视觉符号使用历时态的发展，可以举美国广告历史上出现的黑人图像的转变为例。美国广告图片中，历史上有很多黑人图像出现，可是大部分黑人都被展示为与产品这种"物体"几乎等同的"东西"，或者将他们视为低等人，在广告中出现时总是从事一些服侍性的工作，外表、服饰与气质等各方面都与白人大有区别。用符号学的话语来说，这个便是美国历史上广告图片中黑人图像这种视觉符号出现的"符码"（code）。简单地说，符码是一个文化或次文化成员共享的意义系统，它由符号和惯例规则组成——决定这些符号在何种情境下，如何组合及使用，进而形成更复杂的讯息。符码具有很强的社会性。符码是文本的生产者与解释者都使用的一种解释性框架。如斯图雅特·豪说的："如果没有符码的作用，对任何话语的理解将是不可能的。"社会本身就依赖于这样的指义系统。这里的黑人图像在表达一种社会性价值，这些广告就是诉求于这种意识形态化了的社会价值。著名的例子是"杰米玛姑妈"（Annt Jemima）的图像。过去的杰米玛图像与现在的大有区别，无论从人物外在的服饰——原来的头巾与现在的耳环等，还是内在的气质的外在表露——眼神与笑容等，都可以发现这种区别。这些变化表明着社会意识的转变。[①]

[①] MANRING M M. Slave in a box: the strange career of aunt Jemima [M]. Charlottesville and London: University Press of Virginia, 1998; KERN-FOXWORTH M. Aunt Jemima, uncle Ben, and Rastus: blacks in advertising, yesterday, today, and tomorrow [M]. Westport, Conn: Greenwood Press, 1994.

不仅是具体视觉符号的转换很重要，图片本身在广告中也具有重要的作用，这是研究广告图片成分的基本根据。保罗·默萨里斯就将图片在广告中的作用大体划分为三种：①

第一，引发感情——通过模拟真实人物或者物体本身的样态，引起受众的感情。

第二，提供证据——作为某事情真实发生的图像性证据。

第三，建立关联——在产品和其他的图片之间建立联系。

他认为，这三种作用来自图片的本质，同时这种本质将图片与语言和其他形式的人类传播区分开来。同时，这三种图片在广告中的作用又可以产生更多类型的具体的广告实践：从名人广告到隐藏摄影机形式的访谈式广告，到在政治家背后配置某种旗帜的广告形式。

王放经过对中国20世纪20、30年代报纸广告中的插图的研究，将报纸广告中的插图的作用总结为三种（报纸广告的三种艺术层次）：②

第一，补充说明广告的信息。

比如，《上海新报》最早的一则广告插图，展示的内容就是出售地附近的地理位置与环境。后来的一则火药子弹广告，插图内容是一幅子弹图像。

第二，吸引注意力。

这种作用已经脱离了产品信息本身，这样的脱离包含着一种内在的矛盾：一方面可能走向单纯追求艺术的错误倾向；另一方面，也可以脱离开单纯补充说明产品信息的功能，这样就便于发挥插图更大的传播效果。由于存在这种内在的矛盾，注定这种形态只是一种过渡形式，现在已经比较少见。

第三，"暗示"功能，或者说是借此来激发消费者潜在的消费欲望。

这种功能反映了产品之间，尤其是同类产品之间激烈的竞争，广告主不仅需要吸引注意力，更需通过暗示某种功效，使产品受到消费者的青睐。这样的功能促进了心理学原理在广告插图设计中的运用。这样的方式，在香烟

---

① MESSARIS P. Visual persuasion: the role of images in advertising [M]. Thousand Oaks: Sage, 1997: 7.

② 王放. 中国报纸广告史论 [D]. 上海：复旦大学，1995: 12-16.

广告中的表现最突出——在这里,突出暗示产品使用者的富贵、潇洒、美貌,甚至幸福、爱情等。

更重要的是,广告受众首先注意到的是广告图像,然后才将注意力转移到文本内容;[1] 还有研究明确指出,受众总是先注意到广告中的图像,如果产生了兴趣,才去阅读广告文本。[2]

既然广告中视觉符号使用的转变有这样的意义,同时,图片成分在广告中又具有这样大的作用,对报纸广告中的图片成分以及视觉符号进行研究就是必要的了。

一、文献综述

关于广告中体现的主导性文化价值问题,莱斯等人对美国杂志广告进行了历史性研究。[3] 作者们认为,广告反映的价值不会发生急剧的、明显的变化,只会反映缓慢的、宽泛的价值变动。但在他们研究了美国 20 世纪前 80 年的杂志广告中体现出来的价值后,还是发现在"闲暇""浪漫""品质""健康"等方面的强调重点上有小幅度的变动。图 1 表现了美国杂志广告主导性价值在四个方面的变动。

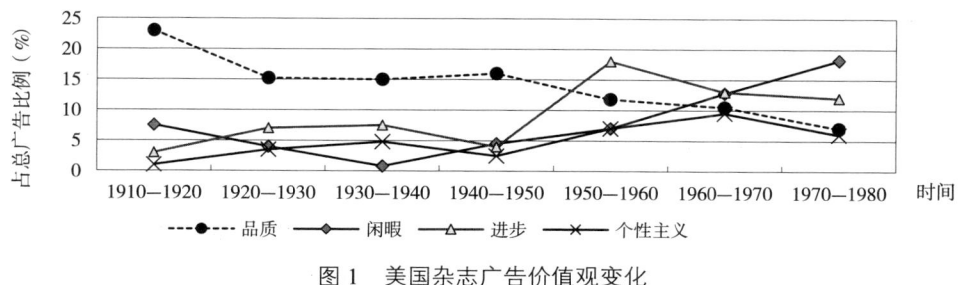

图 1 美国杂志广告价值观变化

---

[1] 刘志明,倪宁.广告传播学 [M].北京:中国人民大学出版社,1991:147-148.
[2] DUPONT L.1001 advertising tips [M]. Quebec:White Rock Pub,1999.
[3] LEISS W,KLINE S,JHALLY S. Social communication in advertising:persons,products & images of well-being [M]. Toronto:Methuen,1986:222-223.

总体而言，研究者们给我们展示了一个包含 32 种价值的文化价值种类表格。这些价值分别是：冒险、美丽、集体主义、竞争、便利、谦恭、经济、效力、享受、家庭、健康、个人主义、安逸、魔力、现代性、自然、整洁、养护、爱国主义、流行、品质、尊老、安全、性、社会地位、工艺、传统、唯一、财富、智慧、工作、青春。同时，他们还发现，中、美两国的广告中体现的主导性文化价值与产品类别之间存在明显的相关性。也就是说，不同产品类别的广告中体现的主导性文化价值会存在差异。①

另外，还有大量对广告文化价值进行跨文化比较的研究。②

国内对广告中文化价值的研究比较少。对国内房地产广告进行比较详细研究的，是 1994 年的一项对北京地区报纸广告的研究。③ 该研究与本研究相关处在于它对房地产广告的表现形式（包括纯粹文字、文字 + 照片、文字 + 图画、文字 + 照片 + 图画等）的研究。该研究也对房地产广告的诉求点进行了详细说明与分析，不过基本的依据是广告文字成分。

这样，我们可以看出，从转型视角出发对中国报纸广告图片中体现的文化价值加以研究，仍具有比较明显的价值（尤其是对具体某一类产品广告的研究）。

二、研究问题

中国广告文化价值仍处于不断转化的过程中。④ 主要根据程宏等发现的产品类别与文化价值之间的相关关系，本研究试图通过对 1995 年和 2003 年

---

① MUELLER B. Standardization vs. specialization: an examination of westernization in Japanese advertising [J]. Journal of advertising research, 1992, 32 (1): 51–59.
② TANSEY R, HYMAN M R, ZINKHAN G M. Cultural themes in Brazilian and U.S. auto ads: a cross-cultural comparison [J]. Journal of advertising, 1990, 19 (2): 30–39.
③ 黄升民，丁俊杰. 报纸广告策略与个案分析 [M]. 北京：北京广播学院出版社，1997：30–39.
④ POLLAY R W, TSE D K, WANG Z. Advertising, propaganda, and value change in economic development: the new cultural revolution in China and attitudes toward advertising [J]. Journal of business research, 1990, 20 (2): 83–95.

《北京晚报》房地产广告图片成分中的各种视觉符号的选择与使用情况（即视觉符码）进行的历时性内容分析，来具体说明，北京地区大众对同一种产品（房地产）的关注重点具体经历了什么样的转变；目前，在这种产品（房地产）领域的广告传播中，各种类型的文化价值被重视的程度有什么样的变化等。

明确的表达就是：《北京晚报》的房地产广告的图片成分中体现出来的主导性文化价值（predominant cultural value）存在哪些具体变化，变化的趋势是什么。

三、研究方法

本研究中的"市民报"是从报纸的受众角度来界定的，指以市民大众为受众的报纸，这是与机关报、行业报的受众相对而称的。这里之所以选取市民报，是因为其受众群体比较广泛，与专业的杂志或者机关报相比，更能反映出大众群体的价值取向的转变。

本研究之所以选取《北京晚报》这个个案，是因为：第一，在改革开放这20多年里，北京地区一直都是全国广告传播活动繁荣的地区之一（另外两个是广州和上海，参见《中国广告年鉴》相关统计）。第二，在改革开放这20多年中，《北京晚报》每一年的广告经营额都比较高。第三，在北京地区的市民报纸中，虽然其他的几种报纸最近几年的广告营业额也比较高，但本研究是一个历时性研究，从关注"发展"的角度来说，只有《北京晚报》既具有比较高的广告营业额，又具有比较稳定的发行历史。第四，《北京晚报》发行量在北京地区比较大。

本研究之所以选取房地产广告，是因为在中国社会经济转型的过程中，房地产与其他几类消费品（如汽车等）也成为中国百姓消费生活中的一种重要品种。这种贵重消费品的消费转变，可以明显地看出自改革开放以来，社会制度、经济、文化等各方面的明显变化——如住房制度的改革，导致大众对房地产这种消费品消费动机的增强；经济的发展，导致这种消费能力的增强。同时,更重要的是,在这种消费的发展过程中,大众对消费对象的认识(或者说是消费着眼点)也发生着转变。

本研究选取 1995 年和 2003 年进行比较。2003 年是最近的一年,可以比较完整地反映房地产广告的现状。选取 1995 年,是因为 1992 年到 1993 年,是所谓的"房地产热"时期,房地产广告充斥沿海大中城市的各大报纸,实质性需求和非实质性需求使房地产开发永远处于"供不应求"的状态之中。随着国家下大气力整顿市场,许多泡沫消失,市场回到了实质性需要阶段。也就是说,后来的房地产消费者们,是真正需要房的人,广告要对这些人产生预期的效果,不再那么简单。① 所以,这里选取 1995 年,认为这一年,在这种"喧嚣"稍微稳定后,房地产广告应该也比较稳定了,这样便更可以反映比较正常的情况。这样,将 2003 年房地产广告图片中体现的主导性文化价值与 1995 年的进行比较,能比较清晰地显示房地产广告中体现出来的由初步稳定发展到现在的价值变化。

本研究使用调整后的结构周抽样方法:使用随机数字表在每年第一周中抽取一天,然后以后每周各抽取一天,组成结构周,直至年尾最后一周;这样,每周中都有一天的广告得到分析。在正式进行统计前,对两年中分别抽出的一个结构周的房地产广告进行的预先测试中发现,1995 年和 2003 年的《北京晚报》上的房地产广告对上面的各个价值类别并没有全部体现,且基本得到体现的一些价值的内涵也要进行稍微调整。所以,这里只能采用其中适合中国房地产广告情况的价值类别。同时,在 2003 年《北京晚报》的一部分房地产广告中,还发现了本研究称为"国际性"和"品位"等不被包括在上面的类别体系中的几个价值诉求点。综合这些,本研究提出适合来分析《北京晚报》房地产广告图片中体现的主导性文化价值的框架(见表 1)。

---

① 黄升民,丁俊杰.报纸广告策略与个案分析[M].北京:北京广播学院出版社,1997:237–238.

表1 《北京晚报》房地产广告图片主导性文化价值分析框架

序号	主导性文化价值	价值解释
1	便利	强调房地产所在处交通条件的便利性，或者与一些公共服务机构（如商店、饭店或学校）相邻或者距离比较近
2	经济	房屋价格的便宜
3	家庭	强调家庭生活情景、生活场所或家庭成员在家庭氛围中生活的舒适自如的状态
4	自然	通过突出植物、自然物质等来强调人与自然的平衡和谐
5	现代性	强调新近的，当代的，时新的，走在时间前面的
6	健康	强调该物业会通过特定措施提高或发展人的活力、稳定性、力量和精力
7	安逸	暗示该物业会给人们带来舒适和放松
8	安全	强调物业管理的可靠和安全的本性
9	性	广告中使用有魅力的模特，或者使用包含拥抱或者接吻的情侣的背景
10	品位	强调艺术等对人内在修养方面的内容
11	传统	过去的经历、习俗和传统得到尊重，历史悠久品质得到尊重
12	品质[①]	展示楼房本身的样子，或者室内的建筑结构，使受众"眼见为实"
13	国际化	使用外国人物形象，或者其他国外视觉符号，来强调房地产与国外人士或国外文化之间的关联[②]
14	竞争	重点是通过露骨的或者暗示的对比，将该产品与类似的产品区别开来
15	谦恭	通过在广告中使用优美并可以传达和蔼可亲感受的视觉符号，向消费者表示礼貌和友好

[①] 经过改造，Cheng等人的含义是"强调产品的卓越和耐久力"。这里指产品本身的样子、本性等特点的展示。

[②] "在这个越来越多元文化的世界中，将产品定位于国际化（international）不是一个坏方法。"Visa卡就是成功利用国际性定位方法的例子。DUPONT L.1001 advertising tips [M]. Quebec：White Rock Pub，1999：29.

有的广告会同时包含多幅图片，本研究将区分出主图和辅图，并主要基于主图来解读其文化价值。所谓主图就是在形体上明显超过其他图片的图片。当图片大小相差无几的时候，它们共同来作为分析该广告主导性文化价值的依据。当主图只简单展示房屋外形，而辅图展示比较明显的价值时，以辅图为依据。

同时，本研究试图寻找广告图片中最具主导性的价值，因为我们在有的广告图片中可以辨别出不同的几个价值类别。本研究依据图片中最关键的视觉成分来确定。也可以说，是按照前景和背景的关系来观察。

另外，本研究的对象是广告图片，但在一定程度上，图片传播有其模糊性与不确定性。① 对广告的态度是建立在广告的整体成分基础上的，并不是简单地依赖图片。② 但是，有的广告文字成分表明的价值与图片成分体现的价值有差异，本研究将不涉及文字成分说明的价值。

四、研究概念

（一）广告：为了某种特定的需要，通过一定形式的媒体，并消耗一定的费用，公开而广泛地向公众传递信息的传播渠道。广告分为广义广告和狭义广告。广义广告包括非经济广告和经济广告。非经济广告指不以营利为目的的广告，如政府行政部门、社会事业单位乃至个人的各种公告、启事、声明等。狭义广告只包括经济广告（商业广告），是指以营利为目的的广告。本文采用广义广告概念，为不管什么类别的广告，都渴望达到其预期的传播效果，因此就都十分关心广告讯息中的各个层面，对劝服性设计都十分重视。本研究中不包括分类广告，以及占两栏以内的广告。

---

① MESSARIS P. Visual persuasion: the role of images in advertising [M]. Thousand Oaks: Sage, 1997.

② MITCHELL A A. The effect of verbal and visual components in advertisement on attitude toward the advertisement [R]. Working paper, Graduate School of Industrial Administration. Pittsburgh: Carnegie-Mellon University, 1982.

（二）图片成分：指广告中出现的静态的图片、图示、图表等视觉成分。同时，当一个广告中包含数个图片时，本研究中的"图片"指一个广告中的主图片。这是因为，当受众获得一个广告初始的大致印象后，如果一个广告中包含图片的话，他们的眼睛总是转向主图片（major illustration）；这个主图片，包括它的形式与内容，具有比较强的将受众注意力"挽留"住的能力。① 主图片辨别的依据可以是图片的大小，但也可以说是图片的"显著度"。

（三）图片广告与广告图片：本研究认为，"图片广告"指主要以静态视觉成分来传播的广告。而"广告图片"指一完整广告讯息中的静态视觉成分。所以，本研究的具体对象不是"图片广告"，而是"广告图片"。

（四）房地产广告：有研究者将房地产广告分为三类，第一类是以介绍房地产的外形、品质、价格为主的"项目广告"；第二类是以宣传企业形象理念为主的"企业形象广告"；第三类是前两类之外的"其他广告"，主要以展销、招聘广告为主。② 本研究中的"房地产广告"只包括第一类。

（五）文化价值：指"思想和行动的统治性观念和指导性原则"。③ 通过广告讯息传递出来的文化价值，被认为是塑造消费者动机、生活形态和产品选择强有力的力量。④ 莱斯等人更明确地提出，广告中的主导性价值，就是广告的文本与图像表达出来的人们渴望的一种总体的生存状态。⑤

---

① ANTIN T. Great print advertising: creative approaches, strategies, and tactics [M]. New York: J. Wiley, 1993: 59-63.
② 黄升民，丁俊杰. 报纸广告策略与个案分析 [M]. 北京：北京广播学院出版社，1997: 261-162.
③ SRIKANDATH S. Cultural values depicted in Indian television advertising [J]. Gazette, 1991, 48（3）: 165-176.
④ TSE D K, BELK R W, ZHOU N. Becoming a consumer society: a longitudinal and cross-cultural content analysis of print ads from Hong Kong, the People's Republic of China, and Taiwan [J]. Journal of consumer research, 1989, 25（4）: 457-472.
⑤ LEISS W, KLINE S, JHALLY S. Social communication in advertising: persons, products & images of well-being [M]. Toronto: Methuen, 1986: 222.

五、研究结果

经过对 1995 年和 2003 年两年的《北京晚报》进行结构周抽样,并进行统计得出以下两种不同的结果(见图 2、图 3)。

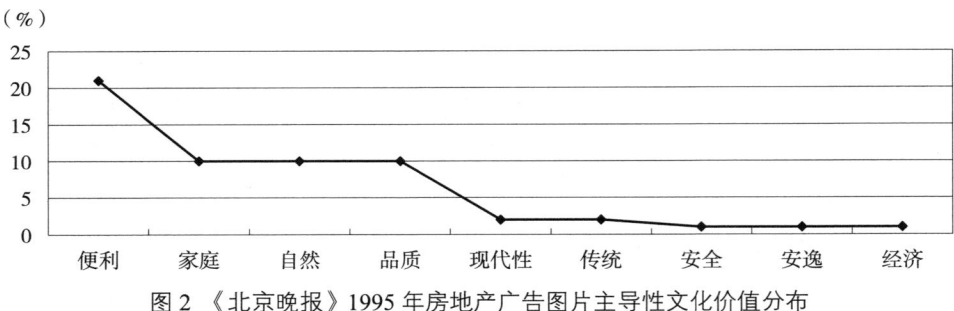

图 2 《北京晚报》1995 年房地产广告图片主导性文化价值分布

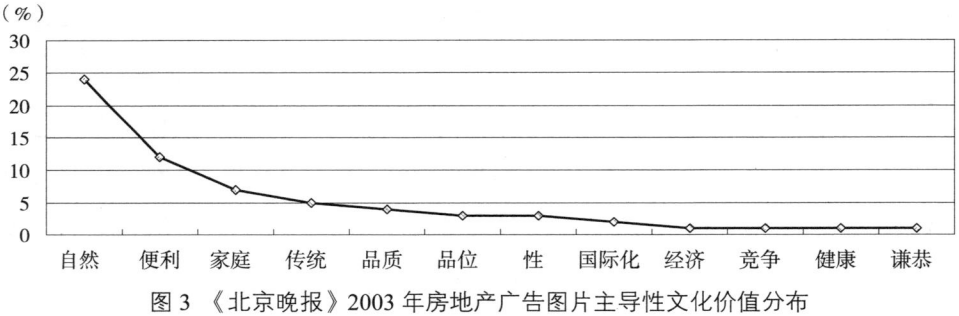

图 3 《北京晚报》2003 年房地产广告图片主导性文化价值分布

上述两图的对比,显示出两项十分明显的变化:

(1)在 1995 年和 2003 年的《北京晚报》的房地产广告图片体现的主导性文化价值的种类方面,有明显的从少到多的变化。也可以说,有趋于更多样化的发展趋势。

(2)1995 年的广告中,明显处于第一位的"便利"在 2003 年已经让位给"自然",且在 2003 年所有体现出来的主导性文化价值中,"自然"大大超过其他价值。同时,"传统"的位置也有明显的上升。其他的明显变化是,2003 年出现了在 1995 年广告中没有出现的价值:"品位""国际化""竞争"与"谦恭"。

广告中主导性文化价值逐渐由比较单一向比较多元方向的发展，也是对社会大众逐渐分化的趋势的适应。丹尼尔·贝尔（Daniel Bell）也曾经指出过受众分化的现象。① 从房地产广告图片中体现的主导性文化价值的发展来看，在中国的社会中，也存在这种生活形态的多样化发展趋势。

1996年，有研究者在比较研究了中、美电视广告中主导性文化价值后得出的结论是，中国电视广告中并没有体现那么多的实用性文化价值。他们对"实用性"和"象征性"价值的说明是："对于'实用性'价值，我们指强调产品特性与品质的价值，如'便利''经济''效力'。对于'象征性'价值，我们指那些暗示人类情感的一些价值，如'享受''个性主义''社会地位'。中西文化中都有自己的很多典型的文化价值，比如，在东方文化中，'集体主义'与'传统'是比较典型的，而在西方文化中，'个性主义'与'现代性'则是典型的。"② 这里的结论也基本符合这个发现，因为在1995年的广告图片的主导性文化价值的前几位中，"便利""品质"的比重要明显高于2003年：1995年，这两个价值约占全部包含图片的广告的53.59%，而这个比重在2003年下降为25%。同时，"自然""家庭"在这两个年份中都是很重要的价值，在1995年约占全部包含图片的广告的34.48%，而在2003年则上升为48.44%。

其实这也正是商品的社会功能转化的表现。莱斯等人就指出，商品的社会功能逐渐由基本上是需要的满足者向基本上是含义的传播者的转变。有三种力量导致了这种转变：(1)消费逐步成为一种个体自我实现的例行领域；(2)营销者与广告者们发现，销售的核心不是产品的特征，而是消费者的个人或心理以及人际的（或社会的）领域；(3)导致广告传播范式发展的传播和大众媒介技术的革命。广告传播范式的发展就包括视觉成分重要性的变化。③

---

① 贝尔.资本主义文化矛盾[M].赵一凡，等译.北京：生活·读书·新知三联书店，1989：153-157.
② CHENG H，SCHWEITAER J C. Cultural values reflected in Chinese and U.S. television commercials [J]. Journal of advertising research，1996，36（3）：27-45.
③ LEISS W，KLINE S，JHALLY S. Social communication in advertising：persons，products & images of well-being [M]. Toronto：Methuen，1986.

这里也已经发现，在 1995 年，有的房地产广告中，还只是使用文字；而在 2003 年，所有的广告中都使用了图片。

"国际化"价值的出现，其实也没有违反程宏等研究的结论：中国广告使用更多的东方价值。① 毕竟在 2003 年的样本全体中，只有两条广告主导性地使用了这种价值。但这种价值的出现，也在一定程度上说明了全球化对中国广告的影响。

有研究者在比较美国和欧洲国家（英、法）印刷广告视觉成分时，谈到广告图片诉求直接性问题，说明了由于欧洲国家广告诉求不如美国的直接，所以，会使用比较少的产品描述与比较广告，而使用更多的间接诉求，如关联性诉求（association appeal）等。②《北京晚报》2003 年房地产广告图片中，对"品质"的使用有所下降，同时又出现了"竞争"。但这并没有使广告整体诉求直接性增强，因为毕竟只有一条广告使用"竞争"价值诉求。所以，在考虑到 2003 年广告主导性文化价值中"自然"等"象征性"价值占明显主导地位的情况下，可以说，《北京晚报》房地产广告图片中的价值诉求仍是比较含蓄间接的。

六、将来的研究

不同类别产品的广告中，既然会体现不同的主导性文化价值，那么，在同一历史时期中，这些产品类别所体现的主导性文化价值又存在哪些差异呢？我们还可以在社会转型的话语背景中，比较各个类别产品广告中体现的文化价值转变之间的差异。其实践意义也是很明显的：为具体传播工作者已经存在的不十分明确的感性认识提供实证性的行动根据。

---

① CHENG H，SCHWEITAER J C. Cultural values reflected in Chinese and U.S. television commercials [J]. Journal of advertising research，1996，36（3）：27-45.
② CUTLER B D，JAVALGI R G. A cross-cultural analysis of the visual components of print advertising：The United States and the European community [J]. Journal of advertising research，1992，32（2）：71-80.

博物馆展陈组合方式的视觉句法研究*

　　2015 年的数据显示，北京市博物馆数量已经多达 172 家，全球范围内数量仅次于英国伦敦，而且类型多种多样。① 这当然是显著的成就。不过，博物馆是否有效承担起公共教育的社会职能，至今仍旧处于明显的不确定状态。这一问题实际包含两个紧密关联的方面：博物馆展陈布置者在策划布置过程中，是否有明确的试图传播给参观者的观念？展陈布置方式是否能够有效传达这一观念？这两项问题直接决定着普通参观者是有效接受知识还是仅仅走马观花。

　　对于特定含义的传播而言，博物馆陈列物的"布置"（arrangement）方式发挥着关键角色。② 萨姆休斯顿州立大学的拉格斯代尔（James Donald Ragsdale）等指出，在传播的含义上讲，博物馆的核心目标是视觉劝服（visual persuasion），服务于这一核心目的的三项因素分别是：博物馆的收藏品（collection）、博物馆对这些收藏品的展示（display）、博物馆建筑自身的视觉吸引力。③ 这一论述同样显示，博物馆陈列物的展示方式十分重要。

　　本文即试图以视觉句法（visual syntax）为视角，以有效的含义传播为核

---

* 文章原载于《艺术设计研究》（北京服装学院学报艺术版）2016 年第 3 期，收入本书时有改动。
① 赵鹏飞，陈芳颖. 数量全球第二 类型多种多样 172 家博物馆涵养文化北京 [N]. 人民日报（海外版），2015-12-22（5）.
② BOUQUET M. Museums：a visual anthropology [M]. London：Berg，2012.
③ RAGSDALE J D，BRANDAU-BROWN F E. The museum as a means of visual persuasion [J]. International journal of the inclusive museum，2013，6（2）：39-45.

心导向，总结能够有效传播特定含义的博物馆展陈组合方式，进而显示不同展陈组合表现的视觉句法属性。

"句法"是语言学的说法，指词组合成为能够完善表述的句子的规则，即句子中词之间的关联，本义上就是特定对象有秩序的排列组合方式。视觉传播借用语言学的这一简明说法，就如同其他社会科学领域对语言学中"话语"与"文本"等说法的借用一样。与之相应，视觉句法指独立完善的视觉符号之间的组合规则。这一组合过程本身并不是目的，其目的是通过最终的视觉符号组合体更有效地表述含义。在语言学中，"语法"包含"句法"与"词法"，其中词法指词的构成规则。与之相应，"视觉语法"（visual grammar）不仅关注视觉符号之间的组合，还关注其他众多方面的内容。[1] 只不过迄今为止视觉语法各领域的研究仍旧处于不确定状态。

20世纪早期，位于纽约的美国自然历史博物馆（American Museum of Natural History）因恐龙与早期哺乳动物化石的收藏与展览获得国际声誉。20世纪80年代后期，该博物馆开始对恐龙与哺乳动物展厅进行了彻底改造，试图通过对展陈方式的设计，来体现该博物馆在恐龙与哺乳动物进化方面的科学发现及解读。[2] 美国自然历史博物馆的这一做法，即是通过有效的展陈组合方式来传达该博物馆在恐龙与哺乳动物进化方面的特定观念。

博物馆的展览性质有所不同。有的展览指向特定主题，其主导目的仅仅是为了显示。这些展览并不在本文关注范围内。博物馆的参观者也有不同的类型。一般认为，博物馆的观众大体可分为三类：学习型、科研型与观光型。[3] 其中科研型观众因自身具有对特定陈列物品的深入了解，因此博物馆展陈的形式因素对这一类观众的知识获取的影响不大。因此本文首要着眼于观

---

[1] KRESS G, LEEUWEN T. Reading images: the grammar of visual design [M]. London: Routledge, 2006.

[2] DYEHOUSE J. "A Textbook Case Revisited": visual rhetoric and series patterning in the American museum of natural history's horse evolution displays [J]. Technical communication quarterly, 2011, 20(3): 327–346.

[3] 王宏钧. 中国博物馆学基础 [M]. 上海：上海古籍出版社，2001：309–310.

光型观众，其次在一定程度上也指向学习型观众。本文将这两类观众简单总称为普通参观者。

博物馆不仅通过视觉因素传达特定观念，同时还借助文字成分（陈列物品的文字说明等）。视觉成分与文字成分之间的关联同样对参观者的讯息接收发挥着显著的影响。本文暂时仅关注博物馆展陈的视觉组合因素，博物馆其他方面的视觉因素、展陈的文字说明内容以及视觉成分与文字成分之间的关联暂时都不在本文研究范围之内。

一、视觉句法理论

任何传播载体都包含两大方面的属性："语义属性"（semantic properties）与"句法属性"（syntactic properties）。语义属性关注特定的传播载体（图像、文字、声音等）与其传达的含义之间的关系，句法属性关注的是当这些载体组合起来形成更大规模的"含义表述体系"（meaningful unit）时彼此之间的相互关系（interrelationship）。每一种具体的传播载体都拥有自己独特的语义特征与句法特征。对于视觉传播载体而言，语义属性即"视觉语义"（visual semantics），句法属性即"视觉句法"。视觉语义相关研究已经比较丰富，最为丰富的是符号分析；[①] 与视觉语义相比，视觉句法的研究却相当不足。

电影领域的部分研究者已经在一定程度上关注到两个或两个以上图像之间的空间关系（spatial relationship）或时序关系（temporal relationship）。与其说是图像之间的关系，不如说是图像所展示的对象之间的关系。其中时序关系强调的是不同图像之间的历时组合，空间关系强调的是不同图像之间的共时组合。与时序关系的研究相比，空间关系的研究照例相当不足，此即视觉句法研究的不足。在宽泛含义上讲，无论时序关系还是空间关系，体现的都是一种蒙太奇效应。只不过至今为止，蒙太奇效应的相关研究更多聚焦于

[①] 孙湘明，成宝平. 城市符号的视觉语义探析 [J]. 中南大学学报（社会科学版），2009（6）：795–800；王辉. 当代日本招贴设计中的视觉语义研究 [J]. 南京艺术学院学报（美术与设计版），2008（3）：177–180.

视频的研究（侧重于时序关系），对静态视觉载体的关注不足（侧重于空间关系）。

文字表述的句法更加完善。比如如下表述：某一产品可能与另外一种产品进行直接对比并标明两者之中的优胜者；某一政治人物可以在广告中明确表示，他已经成功促成减税；宣传堕胎的传单可以明确将堕胎等同于谋杀等。所有这些表述都指向两项对象之间的关联（connection）：产品 A 比产品 B 更好，某一政治人物促成减税（某一政治人物，减税），堕胎等同于谋杀（堕胎，谋杀）。文字表述最显著的特点是，文字拥有一整套关于两个及两个以上概念之间各种关联（如因果、类比等）的明确标示（indicator），词语结构与句子结构（即句法）相当明确。

与之相比，视觉表述缺乏这种明确的句法规则。虽然图像之间的空间关系与时序关系可以明确展示出来，但是视觉传播缺乏关于句法的明确理论体系。视觉句法是不确定的，更大程度上依赖于观看者的解读倾向。当两个或两个以上图像并置在一起时，图像之间的关联是由观看者自行确定的。这就是视觉句法的最明显特征：不确定性（indeterminacy）。[①]

视觉句法的不确定性是视觉传播的不足，但也是其优点。第一，视觉句法的不确定性导致视觉传播的含蓄性（implicitness）。视觉论说（visual argument）无法完全明确表述，这一属性会导致观看者投入更多的精力，同时会依据观看者自己的前期储备作出各自独特的解读。第二，视觉符号的含蓄表达能避免文字直接明确的表达可能导致的不良后果。[②]

能够一定程度上克服这一不确定性的是视觉对象之间的物理临近性（physical proximity）。不同视觉对象之间的临近放置会引导观看者确定视觉对象之间的关联。比如，当我们看到一条推广健身器材的电视广告中同时展示健身器材以及一些肌肉健硕的人物时，我们会在器材与人物身体情形之间建

---

① MESSARIS P. Visual persuasion：the role of images in advertising［M］. Thousand Oaks：Sage，1997：7-13.

② MESSARIS P. Visual persuasion：the role of images in advertising［M］. Thousand Oaks：Sage，1997：17-21.

构起关联,无论这些人物是否真正使用过这一器材或者在多大程度上使用了这一器材。①

物理临近性最直接的表现是不同视觉对象之间的并置(juxtaposition)。这种并置可以体现特定指向的对比,试图直接表述特定含义。

由此可见,图像之间的并置是一种传播者试图界定图像观看者含义解读的方式。不过这种并置并不是明确的"主张表达"(assertion),只是提供一种"建议"(suggestion)。很明显,建议无法获得与主张完全相当的效力,②因此视觉句法仍旧明显依赖于观看者。

二、博物馆的展陈组合方式

基于上述关于不同视觉对象之间临近关系的说明,本文大致总结出两类博物馆展陈组合方式。这两种方式都聚焦于特定观念的有效表述,而不是简单的展陈。

(一)展示性组合(presentational combination)

这一类展陈组合方式按照特定的标准(时间、类型、地域等)布置,试图让参观者尽量有效完整地对特定对象加以认知。

这种展陈组合方式已经得到零星描述。比如,中国革命博物馆党史陈列中的刘胡兰单元,共展出了三件物品:刘胡兰塑像、毛泽东题词("生的伟大,死的光荣")以及蒋匪军杀害刘胡兰的铡刀。经过设计者对这三件物品的精心、有机组合,一个年龄不满十八岁的女共产党员为了崇高的理想,面对蒋

---

① BELLO R S, THIBODEAUX T M. The inclusiveness of a museum's appeal using principles of visual persuasion:a case study[J]. The international journal of the inclusive museum,2014,6(2): 69-88.
② RAGSDALE J D, BRANDAU-BROWN F E, THIBODEAUX T M, et al. European museums as visual persuasion: a typological approach[J]. Intercultural communication studies,2007,16(2):145-157.

匪军的铡刀，宁死不屈、英勇就义的光辉形象，活脱脱地展示在我们面前。[①]

最能够体现这一组合方式的是美国自然历史博物馆对马的进化的展示。该博物馆的脊椎动物进化厅集中展示有蹄哺乳动物的进化，通过对马的化石、雕塑、图片与文字材料进行复杂的布置（complex arrangement），来展示马的进化，取名为《重温典型案例》（*A Textbook Case Revisited*）。这一展览使用谱系样式（genealogical）进行布置，没有使用通常的简单的年代顺序（chronological）。博物馆对马的进化过程的某些关键趋势进行总结展示，其他部分则分别对每一趋势进行展示，从而展现出一种"总分"情形。这种组合方式的基础是博物馆工作人员对马的进化过程开展的研究。[②]

这一展陈通过直接将不同时期马的骨架进行并置的方式（见图1），直接明确地显示，历经千万年的演变，马变得越来越大，脚趾越来越少，牙齿越来越长。博物馆通过对视觉形象系列的组织结构（visual series patterning），更有效地展示出马的这一逐渐演变历程，促使参观者更加有效地接受马的进化论解读。

图1　马的进化

这一展陈组合方式试图建构或者强化参观者对动物进化历程的理解。

1902年，该博物馆的插图画家斯特林（L. Morris Sterling）绘制了图解《马的进化》（*The Evolution of the Horse*），展示了马在几个关键维度上的进化情形（见表1）。这一图解不仅出现在博物馆的展厅与导览手册中，还多次出

[①] 黄卫国. 博物馆视觉思维初探[J]. 文博, 1990 (2): 50, 59–63.
[②] DYEHOUSE J. "A Textbook Case Revisited": visual rhetoric and series patterning in the American museum of natural history's horse evolution displays[J]. Technical communication quarterly, 2011, 20 (3): 327–346.

现于 20 世纪早期的各种博物馆、图书与教学材料之中。对于这一图解而言，最重要的并非直接在博物馆展览，而是其中凸显出以含义表述为核心意图的展陈组合方式的内在机制。休斯敦自然历史博物馆基于这一图解，对马不同部位的化石进行组合（见表 1）。这一组合方式的最大优势是，即使是简单浏览的普通参观者，也很有可能有效捕捉到马的进化在关键部位的具体演变情形，留下进化论的形象记忆，充分认知到进化论的基本见解。

表 1　马的进化

《马的进化》图解	《马的进化》化石组合

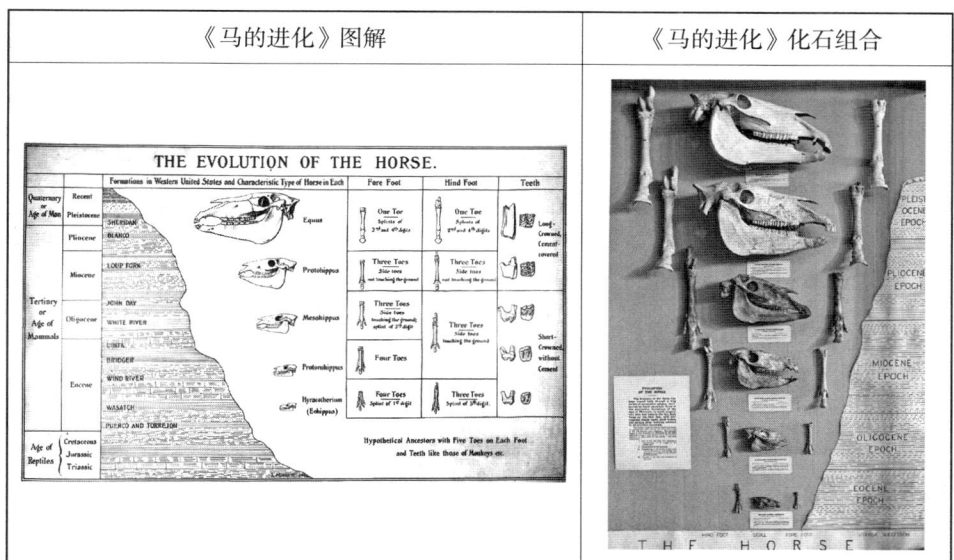

与之形式上类似，中国坦克博物馆将不同时期不同类型的坦克车辆并置在一起（见表 2）。再比如中国第四纪冰川遗迹陈列馆将不同类型的岩石并置在一起（见表 2）。不过，两项展示在如下两项问题上都存在着明显的不确定性：如此组合时试图表述什么样的观念？普通参观者是否便利有效地接收到这一观念？比如，A、B、C 三辆坦克之间并置，试图显示哪一项具体维度的演变或对比？A、B、C 三块岩石并置，普通参观者是否能够有效认知到三类岩石之间的关键差异以及这些关键差异的前因后果？这些问题决定着这些博物馆知识传播的效果。再比如，中国航空博物馆的一处展陈（见表 2），这一部分并置的意图同样不明确。

| 131

表 2　坦克、岩石与飞机的展陈

中国坦克博物馆	中国第四纪冰川遗迹陈列馆	中国航空博物馆
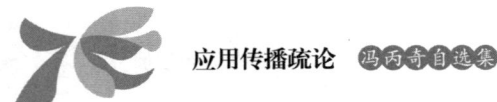		

（二）对比性组合（contrastive combination）

这一类展陈组合方式大致分为两类。第一类是直接对比性组合（direct contrastive combination），第二类是间接对比性组合（indirect contrastive combination）。

1. 直接对比性组合

这一类型的组合方式直接将不同陈列物并置在一起，参观者可以轻而易举地在不同陈列物之间发现差异；即使在没有文字说明的情形中，参观者同样可以在无意识中接收到这一组合方式试图传达的观念。阿恩海姆（Rudolf Arnheim）说明了不同对象之间的"配对效应"（pairing affects），强调了"对比"（confrontation）情形的含义表述功能。① 当然，这种对比仅试图在某一明确具体的维度上进行观念表述。

图 2 显示的是英国爱丁堡大学艺术史系的格拉芙（Margaret S. Graves）对位于爱丁堡的苏格兰国家博物馆陈列的摩洛哥 19 世纪瓷器进行的对比。② 这一对比并非苏格兰国家博物馆的现场瓷器展示，不过这一对比明确直接准确地体现了直接对比类型的组合机制。对于博物馆而言，要实现这样的对比，在操作上是比较容易的；对于普通参观者而言，这样的对比，在知识接收上是相当便利有效的。

---

① ARNHEIM R. Visual thinking [M]. Berkeley：University of California Press，2004：63.
② GRAVES M S. Visual culture as historical document：Sir John Drummond hay and the nineteenth-century Moroccan pottery in the national museum of Scotland [J]. British journal of middle eastern studies，2009，36（1）：93-124.

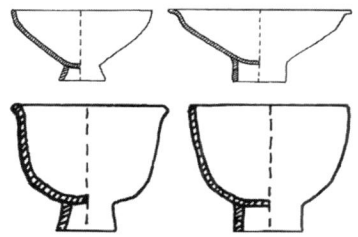

图 2　19 世纪摩洛哥瓷器对比

2. 间接对比性组合

萨姆休斯顿州立大学的贝罗（Richard S.Bello）与西伯德克斯（Terry Mark Thibodeaux）曾经描述过休斯敦艺术博物馆（Fine Arts Museum，Houston）对不同对象（不同的风格、时期或载体等）进行的临近放置。[①] 两位研究者均来自传播学研究领域，均聚焦于特定含义的有效传播，而不是仅仅关注展陈组合的形式因素。

休斯敦艺术博物馆经常将不同时期的文化对象临近放置，而不是各自分开。比如，在对印度艺术的展示区域，3 世纪贵霜王朝的女神头像与来自现代印度艺术家的无名雕塑临近（见图 3），在参观者视野中两者之间会形成显著并置效果。后者由不锈钢盆、不锈钢盘、镀锡白铁罐以及其他一些钢制容器组合完成。两者之间并不是直接的并置，仅仅是临近放置。

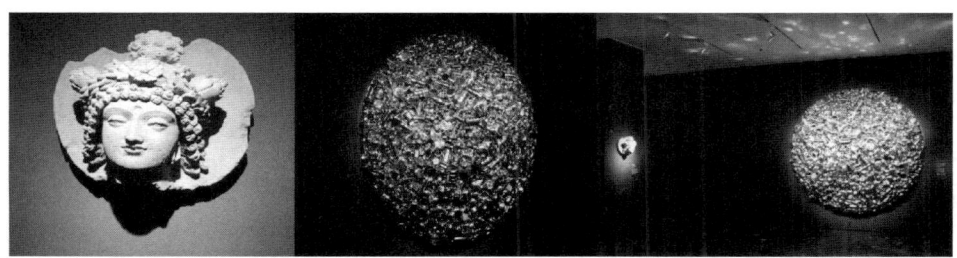

图 3　休斯敦艺术博物馆的女神头像与现代雕塑

[①] BELLO R S，THIBODEAUX T M. The inclusiveness of a museum's appeal using principles of visual persuasion：a case study[J]. The international journal of the inclusive museum，2014，6(2)：69-88.

这样的临近放置也存在于不同载体的艺术品之间。比如在韩国艺术展示区域,两件均来自当代韩国艺术家的作品临近放置(见图4)。其中一件是系列作品"信徒"(For the Worshippers)中的作品,虔诚地凸显佛教形式,由玻璃纤维与聚酯树脂完成。另外一件是名为"玫瑰艺术记忆"(Rose Art Memory)的作品,其主体是20个电视监视器,播放2条视频。

图4 休斯敦艺术博物馆的"信徒"与"玫瑰艺术记忆"

很显然,上述两个例子所展示的临近放置现象,都基于参观者在比较远的距离以合适的角度进行观看。在句法含义上,这种临近放置的含义表达部分受制于参观者的观看行为,因此这种临近放置方式无法处于博物馆布展者的完全控制之下,其含义表达存在不确定性,需要由布展者与参观者协同完成。两位研究者将这一临近放置的方式称为"开放视野组合"(Open Sight Lines)。

有时这种"临近"并不是物理临近性,而是参观者感知层面上的。图5所展示的情形,就是参观者自己在远距离分开的陈列物之间发现的一种临近属性。这种组合效果对参观者观看行为的依赖更加明显,因此这种组合形式更加不易于事先设计,因此这种组合已经不基于物理上的临近性,而是基于在参观者视

图5 远距开放视野组合

野中的临近性。这种临近组合，可以称为"远距开放视野组合"。与上述的物理性并置相比，这里的临近效果属于心理性临近。

因间接对比性组合方式根本无法脱离参观者的参与，因此这一组合方式本质上属于"参观者参与式组合"。这一属性是其不足，同时也是一种优势。一旦参观者参与进去，其传播效果将比较明显。

三、总结与启示

本文基于视觉句法理论，尝试总结出两种基于含义有效传播的博物馆展陈组合方式：展示性组合与对比性组合（见表3）。后者又具体分为直接对比性组合与间接对比性组合两种方式。在视觉句法层面上，展示性组合表现为基于特定维度的总体组合，对比性组合表现为基于特定维度的典型组合，直接对比性组合表现为直接的物理性并置，间接对比性组合表现为参观者特定视角中的心理性临近。

表3 博物馆展陈组合方式及其视觉句法属性

组合方式	视觉句法属性	具体方式	视觉句法属性
展示性组合	以特定含义的有效传播为基本导向，对所有相关的陈列物进行组合，以便建构出一项完整的表述系列	—	—
对比性组合	以有效传达陈列物之间某一内在差异为基本导向，对不同的典型陈列物进行临近放置	直接对比性组合	直接的物理性并置，特定含义的表述直接明确
		间接对比性组合	心理性临近，不同程度依赖于参观者的观看行为，特定含义的表述情形不确定

本文初步认为，就博物馆实际的总体展陈组合而言，最有效的方式应当是上述两大类方式的结合：以展示性组合为总纲，以对比性组合对重要细部进行详述；既能有效传播一种总体的含义，又能对这一总体含义中的某些细

节加以明确有效的凸显。在视觉句法层面上，这种博物馆总体展陈组合表现为总分式的谱系样式。

　　本文仅从有效的含义传播的角度出发关注博物馆展陈组合方式及其视觉句法属性，主要以促使参观者相当便利有效地接收到特定观念为目的。博物馆实际的展陈组合是一种复杂的过程，必然也会有其他的关注视角，因此本文仅仅是从视觉句法视野出发的一次尝试。这一尝试有可能忽略了博物馆实际布展过程中的其他重要因素，因此本文的总结仍需要进一步修正与完善。

三、危机传播研究

《今日观察》的危机事件评论分析*
——以框架分析与危机情境分析为视角

《今日观察》是中央电视台经济频道的一档具有鲜明经济特色和独特风格的高端评论节目。该节目以多元化的视角,对当天最值得关注的中国经济事件进行深度解读。

在所有的经济事件中,经济与企业领域的危机事件无疑会引起相关媒体的高度关注,《今日观察》自然也在其列。近几年经济领域的危机事件频发不断,这也进一步强化了本文的分析动机与研究意义。

本文即以《今日观察》2008年下半年涉及的三次经济领域危机事件(三聚氰胺事件、黄光裕事件、三鹿破产事件)为例来进行分析说明,全部节目文稿都来自《今日观察》网站。以框架分析为主要分析方法,本文主要关注《今日观察》对经济领域危机事件的关注与评论焦点的分布。

一、框架分析与危机情境

(一)框架分析与媒体框架

框架分析方法已经得到了众多的应用,已经成为分析议题的一种有效方法。"框架"(frame)即"人们或组织对事件的主观解释与思考结构"。[1]

---

* 文章原载于《公共立场:新闻评论与CCTV〈今日观察〉研究》,时代文艺出版社2009年版,收入本书时有改动。

[1] 臧国仁.新闻媒体与消息来源:媒介框架与真实建构之论述[M].台北:三民书局,1999:32.

与此相关的另一重要概念为"框架操作"（framing），是框架功能实现的过程。框架操作大致包括"包含"（inclusion）、"排除"（exclusion）与"强调"（emphasis）等过程。① 所有这些都属于"框架装置"（framing devices）。这些操作或装置的目的都是要赋予特定的讯息以显著度，也就是促使特定的讯息更加引人注意、更加意味深长、更加易于记忆等。② 同样，《今日观察》在对经济领域危机事件进行评论的过程中，也会运用这些框架操作与框架装置。

框架强调的是显著度，其基础是两项框架："传播框架"（frames in communication）与"思考框架"（frames in thought）。③ 传播框架关注信息得以传播的方式；比如，新闻媒体在报道过程中总是对问题或情境的某些方面加以特写。④ 思考框架指受众解读信息过程中的认知结构。⑤ 传播框架是思考框架得以形成的基础，对思考框架加以塑造。

与此相应，以往的框架研究大都将分析的重点集中于媒体框架（media frame）或新闻框架（news frame）。本文也是如此，即试图分析《今日观察》对经济领域危机事件的认知与评论结构。为便于操作，本文统一将"传播框架""新闻框架"称为"媒体框架"。本文之所以特别关注媒体框架，是因为媒体报道框架对社会公众的议题有着显著的影响。比如，一项研究曾经以欧元使用为例分析了新闻报道框架对受众认知的影响；结果显示，报道的框架对读者的思考活动有明显的影响，媒体框架实际上界定了读者说明这些问题的方式。⑥

---

① HALLAHAN K. Seven models of framing: implications for public relations [J]. Journal of public relations research, 1999, 11（3）: 205-242.

② ENTMAN R. Framing: toward clarification of a fractured paradigm [J]. Journal of communication, 1993, 43（4）: 51-58.

③ DRUCKMAN J N. The implications of framing effects for citizen competence [J]. Political behavior, 2001, 23（3）: 225-256.

④ YIOUTAS J, SEGVIC I. Revisiting the Clinton/Lewinsky scandal: the convergence of agenda setting and framing [J]. Journal and mass communication quarterly, 2003, 80（3）: 567-582.

⑤ DRUCKMAN J N. The implications of framing effects for citizen competence [J]. Political behavior, 2001, 23（3）: 225-256.

⑥ VALKENBURG P M, SEMETKO H A, DE VREESE C. The effects of news frames on readers' thoughts and recall [J]. Communication research, 1999, 26（5）: 550-569.

媒体框架的概念最初是由甘姆森（W. A. Gamson）等提出来的，他们最早将框架概念与媒体报道直接关联在一起，并强调媒体框架是新闻报道的驱动因素。[1]媒体从业人员在传播讯息时往往会无意识地做出自己的判断，并无意识地将自己的这种判断体现于讯息中。[2]

所以，实际上，框架分析是本文用来说明《今日观察》对经济领域危机事件评论的社会影响的工具与依据。在这种意义上讲，本文要分析的是《今日观察》的危机界定框架。媒体框架研究者在进行分析时采用了不同的方法，或者对关键词汇与语言表达方法加以分析，[3]或者对讯息的实际内容加以分析。[4]本文主要采取后一种方法，不过也辅以第一种方法。

我们还可以从媒体框架中分析媒体在危机报道过程中的角色意识。关于这种角色的分析，目前主要包括两种体系：二分法与三分法。

比较早的研究者主要依据报道的客观性，将媒体角色大致划分为3类，比如：（1）"告知者/阐释者"：前者纯粹地报道事实，后者为公众进行阐释，解释各种信息的意义。[5]（2）"守门人/鼓吹者"：前者进行客观报道，后者进行参与，抱有自己的立场。[6]（3）"中立者/参与者"。[7]

---

[1] GAMSON W A，MODIGLIANI A. The changing culture of affirmative action［G］// BRAUNGART R G，BRAUNGART M M. Research in political sociology：Vol. 3. Greenwich，CT：JAI Press，1987：137-177.

[2] ENTMAN R. Framing：toward clarification of a fractured paradigm［J］. Journal of communication，1993，43（4）：51-58；GAMSON W A. News as framing：comments on graber［J］. American behavioral scientist，1989，33（2）：157-166.

[3] MILLER M M，ANDSAGER J L，RIECHERT B P. Framing the candidates in presidential primaries：issues and images in press releases and news coverage［J］. Journalism and mass communication quarterly，1998，75（2）：312-324.

[4] ASHLEY L，OLSON B. Constructing reality：print media's framing of the women's movement 1966 to 1986［J］. Journalism & mass communication quarterly，1998，75（2）：264-277.

[5] COHEN B C. The press and foreign policy［M］. Princeton：Princeton University Press，1963.

[6] JANOWITZ M. Professional models in journalism：The gatekeeper and the advocate［J］. Journalism quarterly，1975，52（14）：618-626，662.

[7] JOHNSTONE J W C. Organizational constraints on newswork［J］. Journalism quarterly，1976，53（1）：5-13.

目前见到的三分法主要划分为："信息传播者"（information dissemination role）、"解释者"（interpretative role）与"对立者"（adversary role）。① 信息传播者强调客观性，目的是进行信息传播，判断环节全交由受众。解释者认为，许多新闻事件的性质相当复杂，如缺乏明确阐释的话，受众将难以完全理解，所以新闻记者应当对社会事实加以分析。这一类记者强调，新闻记者可以陈述自己的意见，但并不是要将自己的意见强加给受众，这也是解释者与对立者之间的最大不同之处。就对所报道的事件参与的程度而言，对立者要超过解释者。同时，在危机事件的发展过程中，媒体发挥的角色往往也随之转变。比如，2007年6月至8月，百安居拖欠众供货商货款事件爆发。在事件发展的不同阶段，媒体扮演的角色也大致经历了社会事件报告者、媒体事件参与者及社会事件阐释者的转变。其中，社会事件报告者角色主要进行比较单纯的新闻报道；媒体事件参与者角色下的媒体，则更多地与事件相关方面协作创造适当的媒体事件，以便获取恰当的媒体报道效果；而社会事件阐释者角色下的媒体，则主要站在更高的角度，对整个事件进行必要的分析与阐释。②

所有这些划分体系与分析说明都是本文对《今日观察》在危机事件评论中的角色意识进行分析的依据。应当说评论节目担负解释者角色的可能性更大，不过我们仍有其他的方面需要通过具体分析来确定，比如中立者、对立者的角色。

（二）危机事件与危机情境

本文所谈的危机，实际上指组织危机（organizational crisis），这样强调的用意是将其与个人层次的危机或涉及整个社会和国家层次的危机区分开来。在这种意义上讲，组织危机是指以特定组织为范围，对其生存与发展可能造

---

① WEAVER D H, WILHOIT G C. The American journalist: a portrait of U.S. news people and their work [M]. Bloomington, IN: Indiana University Press, 1986.
② 冯丙奇. 危机情境下企业媒体关系操作过程中的媒体角色分析：以百安居欠款事件为例 [G] // 郑保卫. 中国新闻业发展现状与趋势. 北京：经济日报出版社，2008：207-216.

成巨大威胁的突发事件。① 很明显,三聚氰胺事件、国美黄光裕事件以及三鹿事件都符合这一界定——这三起事件都发生于特定的企业,且对该企业以及相关公众产生了深远的影响。

危机事件发生后,对于相关组织与公众而言,占据核心地位的概念是危机情境(crisis situation),这是因为危机情境不仅决定着决策者对危机传播策略的选择,更直接影响到公众的危机认知(perception of crisis)。②

危机情境的评估因素主要包括四项:危机类型、危机事件的相关证据、危机的损害程度(影响)、危机历史(以往发生的类似危机及其频率等)。③这四个方面的因素都会影响相关公众对危机责任的归因结果。归因理论(attribution theory)认为,人们总是试图寻求事件的原因,当面对负面或突发事件时尤其如此。如果相关公众认为特定组织对危机负有责任,该组织的声誉与形象就会遭到损害。由此我们可以看到责任归因对于危机情景而言的重要性。

四项因素都会影响到责任归因,很大程度上二者之间存在着正比的关系。比如,危机事件的损害程度越大、范围越广,相关公众对特定组织的责任归因程度就会越高,当然该组织的形象受损程度就会越重。

这里特别强调的是:同一个危机情境,不同的公众会以自己的框架(即思考框架)来进行认知。以此为基础,我们可以设想:当媒体通过框架操作对危机情境的某些因素加以强调的话,会明显地影响到相关公众的危机认知。这自然就凸显了本文的研究意义。

与危机事件紧密关联的另外一项因素是"危机学习"(crisis learning),这

---

① 吴宜蓁. 危机传播:公共关系与语艺观点的理论与实证[M]. 苏州:苏州大学出版社,2005:3.
② COOMBS W T. Choosing the right words: the development of guidelines for the selection of the "appropriate" crisis response strategies[J]. Management communication quarterly,1995,8(4):447-476.
③ COOMBS W T. Choosing the right words: the development of guidelines for the selection of the "appropriate" crisis response strategies[J]. Management communication quarterly,1995,8(4):447-476.

与危机的发展阶段紧密关联。目前关于危机发展具体阶段的划分有不同的说法,其中比较通行的划分方法来自库姆斯(W. T. Coombs)的三阶段论:危机前、危机中与危机后。① 其中危机后阶段的主题之一就是危机学习。危机学习是危机回馈(crisis feedback)的基础,危机学习的目的就是为了总结并回馈经验教训,以便为将来的危机做好计划与准备。依据希斯(R. Heath)的说法,危机管理的方式有两种:传统方式与风险管理方式(risk management approach);与前者相比,后者更加强调对危机事件的预防,即对可能引发危机事件的风险因素进行管理,而不是简单地待危机事件发生后再进行回应。② 显然,后者是更加积极的危机管理模式,而该模式的关键因素即为危机学习与危机回馈。这也是本文对其加以特别关注的原因。

二、《今日观察》的危机框架分布

下面具体分析《今日观察》对三起危机事件的评论框架的分布状况。

(一)《三聚氰胺的又一次警告》(2008年10月30日)

《今日观察》对三聚氰胺事件的讨论主要集中于四个方面:事件发展、事件责任、教训总结与事件影响。从节目内容的分配来看,责任归属的讨论占据最重要的位置,其次是事件的背景与发展,占据第三位的是对该事件教训的总结,最次要的评论内容是该事件的影响。

第一,《今日观察》比较明显地将该事件的责任指向监管机制,比较清晰地讨论了这个问题:"问题产品是先有鸡,还是先有蛋,错在化学用品,还是存在监管漏洞。"出现于解说内容中的该问题,采取了"包含"与"强调"的

---

① GUTH D W. Organizational crisis experience and public relations roles [J]. Public relations review,1995,21(2):123-136;MITCHELL T H. Coping with a corporate crisis [J]. Canadian business review,1986,13(3):17-20.

② HEATH R. Crisis management for managers and executives [M]. London:Financial Times Management,1998;PRIPORAS C V,POIMENIDIS I. Services managers' awareness of crisis management:attitudes and preparation [J]. Innovative marketing,2008,4(3):37-45.

框架操作，赋予责任框架以明显的显著度。这种显著度同时也带动了《今日观察》为三聚氰胺事件的责任归属问题给出答案：监管机制不应仅仅停留在亡羊补牢的层面，而且监管部门的操作应当更加体系，等等。

第二，《今日观察》比较详细地说明了三聚氰胺以及鸡蛋中含有三聚氰胺的背景，基本上回答了如下问题："这个三聚氰胺到底是怎么进到鸡蛋里面去的？这样一个严丝合缝的东西里面，怎么会出现这种东西，在哪加进去的？"同时还对一些说法进行了澄清。无疑，这种疑问的方式发挥了明显的"强调"作用。

第三，《今日观察》还对于相关方面应当由三聚氰胺事件中学习的内容进行了简明的评论，主要强调了社会责任的强化维度。

第四，《今日观察》在厘清事件的过程中，稍微提及了该事件对公众生活的影响，最具代表性的是如下发问："究竟有多可怕？"

（二）《黄光裕事件：让真相不再沉默》（2008年11月26日）

《今日观察》集中讨论了该事件的社会影响与责任，重点明显放在了事件责任方面，不过也比较间接地接触到了危机学习的内容。

第一，《今日观察》十分显著地讨论了"黄光裕事件：谁该告诉我们真相？"的相关内容。

《今日观察》主要强调了该事件发展过程中信息披露迟缓的责任，实际上就是对"究竟应该谁来公布信息，何种原因选择了沉默"的评论。节目开始主持人的发问"谁该在第一时间站出来告诉我们事件的真相？"首先将责任归属的问题"包含"进来并给予充分的"强调"。

责任的指向十分明确，评价也十分直接。比如，"对类似的情况，媒体究竟该到哪里去核实？媒体是否有权利进行求证？相关单位是否有责任及时公开信息？""在一个讲究信息公开透明的现代社会，这些情况的出现，显然不是一种正常态势。"很明显，这里通过疑问与否定的语言操作方法来实现框架操作。

第二，《今日观察》评论了黄光裕事件的社会影响。这种影响主要涉及供

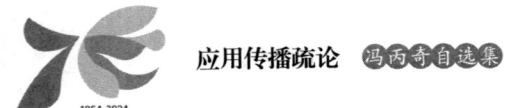

货商与金融领域，进而延伸至整个行业。

第三，《今日观察》将该事件与之前的"柑橘事件"加以比较进行评论，在这个过程中对类似事件的重复发生进行了评论，显然已经触及危机学习的内容。

（三）《三鹿破产 谁受影响》（2008年12月25日）

《今日观察》在讨论三鹿事件的过程中，主要关注了三个方面的因素：事件影响、应当学习的教训以及相关方面的应对。

第一，《今日观察》比较详尽地说明了三鹿事件对不同相关群体的影响。之所以说其详尽，是因为《今日观察》对几乎所有可能受到影响的群体都作了评论，这些群体包括了代理商/经销商、患儿及其家属、奶农、投资者以及三鹿的员工。在这一方面，《今日观察》选取了影响范围这一因素来进行突出强调，进而赋予这种因素一定的显著度。

第二，《今日观察》比较显著地对该事件显示出的教训进行了总结与评论，主要集中于企业在市场经济中的社会责任，其标题"反思三鹿事件 得失几何"足以说明这种关注，还有如下的发问："就是在三鹿破产的背后，还有一笔什么样的大账，是需要我们仔细来算，更大的损失究竟是什么？"显然这种框架操作的效果十分明显，促人深省。

第三，在事件应对方面，《今日观察》主要对相关政府机构的应对作了明确、详尽的评论。相关政府机构的应对主要包括两个方面：患儿筛查、治疗、赔偿等相关工作；对代理商/经销商的损失采取的措施。《今日观察》对这种应对操作明确表达了认同。比如，对于相关政府机构针对代理商与经销商的经济损失采取的应对措施，主持人明确指出："所以我觉得很多人能够理解刚才张鸿提到的这些心急如焚的经销商，因为按照法律的相关规定，他们并不是第一被赔偿的，就拿三鹿的个案来说，经销商的这些垫付款，或者他们的损失，究竟有没有可能得到赔偿。"嘉宾也强调："这个我们很乐观地看到，市政府已经开始解决，而且是分期分批付的，到明年一月份了，1月10号的时候，要解决一批。然后半年以后再解决一批，基本上就能差不多都解决掉，而且特别重要的一点就是,如果企业筹资困难,政府将积极协调给予保证,就是如果说还不起的话,政府可能会出面来协调这个事情。"

三、总结与分析

通过上述的分析与解读,《今日观察》对三起危机事件的评论框架见表1。

表1 《今日观察》的评论框架分布

显著度	三聚氰胺事件	黄光裕事件	三鹿事件
1	责任	责任	影响
2	事件	影响	学习
3	学习	学习	应对
4	影响		

通过这种总结,我们能够比较明显地发现,《今日观察》对经济领域危机事件的评论焦点主要集中于影响框架与学习框架,责任框架也得到了比较明显的关注。

从框架操作的角度来看,《今日观察》明显地对三起危机事件进行了选择,进而将某些方面排除,将影响、学习、责任等因素包含进来并加以强调。也就是说,《今日观察》已经比较成功地运用了相关的框架装置来对危机事件加以界定。以媒体框架的影响的相关论述为依据,《今日观察》的这种框架操作,无疑会对相关公众的危机认知产生明显的影响。

我们还可以从危机情境的角度来进行分析。第一,《今日观察》对三起危机事件的责任归属的直接评论,能够直接影响到公众的责任归因与危机认知。第二,《今日观察》对于危机事件的影响因素的显著关注,也会帮助公众恰当解读危机事件,当然也包括相关的组织(包括企业、政府机构等),这些组织可以通过《今日观察》的评论,更加清晰地解读危机情境,进而更加恰当地作出回应决策。

同时，《今日观察》对三起危机事件的总结也发挥了明显的危机学习的作用，有助于相关组织总结经验教训，以便能更好地对风险因素加以管理，更好地预防或应对将来可能发生的危机。

在这种意义上讲，《今日观察》在评论经济领域危机事件的过程中，比较充分地扮演了参与型解释者的角色：并非纯粹地报道事实，也没有中立甚至对立，而是积极地为公众阐释相关信息，进而参与到经济事件的解读过程。从危机事件发展的角度来看，《今日观察》的这种角色定位，使其在危机事件发展的中后期进行的评论能发挥更显著的社会影响。

这种参与解释的角色，与《今日观察》明确的舆论监督意识紧密关联。这种意识主要体现于两个方面：评论的方法；对相关政府机构的危机应对的明确评论。

第一，《今日观察》在评论过程中，引用了大量的其他媒体的信息、相关专家的评论以及网友的讨论。以黄光裕事件为例，仅被节目引用的传统大众媒体就涉及新华社、《新京报》、《第一财经日报》、《21世纪经济报道》、《北京晚报》、《成都商报》、《上海商报》等，同时还引用了五位网友的评论。一定程度上这使《今日观察》表现出很强的公共领域的特质，显示出显著的舆论监督意识。同时需要强调的是，对消息来源的选取本身就是一种框架装置，①《今日观察》通过特定消息来源的选取与引用过程，同样也体现了框架操作的意识。

第二，舆论监督的意识还体现于《今日观察》对相关政府机构的危机应对措施的明确评论方面。这种评论全面而又具体。比如，对于三聚氰胺事件，《今日观察》就具体说明食品安全监管过程中的多头管理而又缺乏主管的问题。而对于三鹿事件中相关政府机构的积极应对，《今日观察》也给予明确认同，强调了有关政府部门从一开始就十分关注，不仅积极准备筛查，而且还落实免费治疗的政策，并积极准备赔偿工作。

---

① KIM Y. Finding framing devices: patterns of source selection in framed Korean online news media [C/OL]. Dresden: International Communication Association, Dresden International Congress Centre, 2006 [2009-05-25]. http://www.allacademic.com/meta/p90831_index.html.

总之,《今日观察》对经济领域危机事件的社会影响与相关责任的显著关注,以及对于危机学习的讨论,凸显了《今日观察》明显的社会参与意识。同时,《今日观察》也体现了明确的舆论监督意识,发挥了积极的舆论参与与引导的作用。

本文的分析也提供了如下几个方面的启示:

第一,参与解释的角色定位应当是评论节目的关键因素。与这种角色定位一致,评论过程可以更加有意识地、体系地采取相关的框架操作。

第二,具体到经济领域危机事件的评论,也可以依据这种角色定位,更加有针对性地对危机事件的特定因素加以更加详尽深入且辩证的评论,以便更加有效地引导危机认知,发挥更加深远的社会影响。

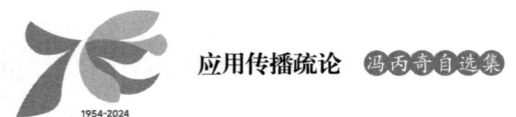

次生舆情是如何生成的*

次生舆情已经成为热点事件发生之后的显著现象。甚至有时次生舆情的影响力远远超过事件本身的影响，足以引发"次生危机"。如果我们缺乏对次生舆情生成机制的清晰有效的认识，一旦次生舆情产生广泛影响，被动狼狈的后果将不可避免。

基于上述情况，我们很有必要总结一下：次生舆情的生成有哪些条件？换言之，什么情况下，次生舆情生成的可能性会骤增？

次生舆情的生成，需要两项必要条件。其中一项是事件自身拥有明显的关注度，即"高关注度"。这是次生舆情得以生成的基础。在这一基础上，还需要有导火索。两项条件缺一不可。也就是说，当某一事件拥有了明显的关注度，同时还出现了导火索，次生舆情就会出现。只不过次生舆情的程度会有不同。

一、关注度的五种影响因素

次生舆情之所以生成，就是因为人们对某一事件关注度很高。这种高关注度，直接导致人们"盯着"这一事件的方方面面。这种事件属于"聚光灯事件"，在一定时间段内，吸引着人们的关注，同时也吸引着媒体的密集报道。

---

* 文章原载于《人民论坛》2019 年第 11 期，收入本书时有改动。

可能成为聚光灯事件的主要特征包括："影响面广""影响巨大""切中当下热点舆情""屡发类似事件""涉及知名对象"。这些都是事件关注度的影响因素。

其中，"影响面广"指受事件影响的人群数量巨大，比如2018年的问题疫苗事件，疫苗流向全国广大地区，所有这些可能使用问题疫苗的地区的人们，无不密切关注。

"影响巨大"指事件的影响程度严重，这种影响可能是财物或者人身安全方面的，也可能是社会性的。比如，2018年哈尔滨市松北区北龙温泉酒店的火灾，导致20人死亡，这一伤亡数字巨大，直接导致这一事件引发密切关注。

"切中当下热点舆情"指事件本身的内容，是当下社会人们普遍关注的热点。比如，2018年的"严书记女儿"事件，单就事件本身而言，财务与人身安全影响几乎不存在，但事件的社会影响强烈。原因就在于："严书记女儿事件"表现出来的少数干部的行为不端现象，正是当下人们普遍关注的现象。因此这一事件引发了广泛的关注。

"屡发类似事件"指在不长的一段时间内，类似事件屡次发生。当再有类似事件发生时，往往会更加引发公众关注，比如2016年的哈尔滨天价鱼事件。单就游客额外支出的费用而言，不至于对游客产生多么严重的影响。但是全国各地的"天价宰客"现象频发，直接导致这一类事件在人们脑海中的印象不断得到强化。

"涉及知名对象"指事件涉及的对象本身就很知名，这些对象包括人员，也包括地点等其他对象。比如一些知名演艺人员偷税漏税事件。这件事涉及的人物都很知名，所以这一类事件就会比一般普通事件更加引人关注。这一类事件在文化娱乐领域里出现的概率比较高，但是也有可能出现在其他领域中。

上述五项特征可能单独出现，也可能多项同时出现。当多项特征同时出现在某一事件时，这次事件的关注度会更高。所以，我们可以通过上述五项特征，对新近出现的某一事件进行快速基本的判断，争取第一时间判定这一事件的关注度情况。

上述五项特征有一个先决条件：事件被人们知晓。假如某一事件同时满足了上述五项特征，但是外界并不知晓这一事件，那么这一事件的关注度也无从谈起。因此，这一事件就不可能引发次生舆情。所以，我们讨论次生舆情的默认前提是：事件已经被人知晓。某一事件具有高关注度，本身就默认这一事件已经被外界知晓。所以，由于某种原因，暂时还没有被外界知晓的事件，不在我们的讨论范围内。

在当前的移动媒体与社交媒体十分发达的情况下，满足上述多项特征又不被外界知晓的事件几乎不存在。所以，我们最需要做的不是隐瞒遮掩，而是对事件进行更加快捷有效的研判。

二、两种导火索

当某一事件具备明显的关注度时，次生舆情还不一定出现。因为次生舆情需要导火索。次生舆情的导火索可能有两种："事件隐情"和"事件应对不当"。

其中的"事件隐情"，指事件过程中以及发生前存在的与事件存在直接逻辑关系的问题，只是在事件发生时没有公开曝光，或者没有引发外界的充分关注。事件发生后，一旦这些问题被曝光，就会激发舆情。

因这种导火索引发次生舆情的典型之一，就是上述的哈尔滨北龙温泉酒店的火灾。火灾后，有媒体报道，该酒店近两年的 6 次消防监督抽查中，有 4 次抽查"不合格"。2016 年 7 月 19 日，酒店曾被松北公安消防"临时查封"，但何时解除"查封"则未见披露。这些火灾之前就已经存在的问题，在火灾之后被逐一揭出，每一条都对舆情产生强烈的刺激。

"事件应对不当"，指事件发生后，相关人员与机构的回应行为出现明显问题。比如，2018 年 11 月 4 日，福建省泉州港发生碳九泄漏事故。11 月 18 日，《财新周刊》记者周辰发文，反映其 11 月 11 日在泉港采访时，有警察进入酒店房间检查。这种不当的应对方式，直接激发次生舆情，导致舆情不只指向碳九，同时也指向当地相关政府机构。

上述两种导火索可能单独出现，也可能同时存在。一旦两种导火索同时存在，次生舆情暴发的可能性更大，程度也更强。

比如，2016年12月3日，15岁的孤独症少年雷文锋在广东新丰练溪托养中心因伤寒死亡。他被送到这家托养中心的时间是10月19日，还没过一个半月。但是这远不是事件的全部。有媒体报道称，2017年1月1日到2月18日，短短49天之内，练溪托养中心照管的流浪者中，有20人死亡。练溪托养中心副主任，同时身为"监护人"的刘凤对这一数字表示："现在死亡已比以前少多了。"这属于明显的"事件应对不当"。"不当"不只在于刘凤的回应，更在于：在雷文锋死亡后，仍然持续有几十人死亡。

另有媒体报道，雷文锋在深圳走失，后在东莞晕倒，被警方送到医院救治，再之后被移交到东莞市救助站。交接表上显示，交接时雷文锋不仅说出自己的名字，还说出了母亲的准确名字。东莞救助站方面称：这些都是当着移交民警的面问出来的，把这些信息补填到了交接表上。在雷文锋报出自己和母亲的准确名字后，警方是否又进行了信息查询？警方没有给予正面回应。还有媒体报道，练溪托养中心每接收一名流浪者，广东新丰县民政局每个月从供养费中提取50元作为管理费，但托养中心的居住条件却很恶劣、肮脏。这些都属于明显的"事件隐情"。

我们可以看到，雷文锋死后，至少出现了两个方面的导火索："事件应对不当"与"事件隐情"。所以，雷文锋事件发生后，舆情关注的不仅局限于"雷文锋"。这就是典型的次生舆情。

三、次生舆情的生成机制

基于次生舆情生成的一个基础和两种导火索，我们可以大致总结出次生舆情生成的简明机制（见图1）。这一生成机制试图协助次生舆情应对人员更好地进行认知与判断，进而提升次生舆情应对的效率。

当某一事件具备了明显的关注度，同时出现了导火索，次生舆情就会出现。关注度与导火索，两者缺一不可。

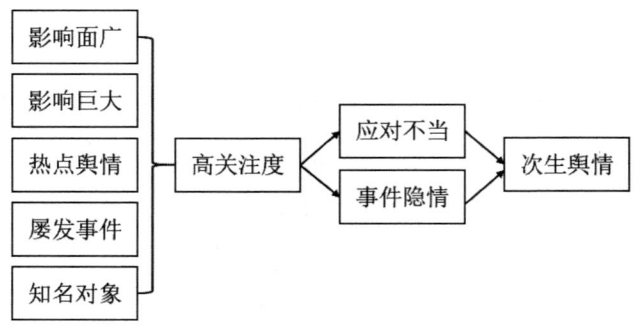

图 1　次生舆情生成机制

某一事件之所以具备高关注度，是因为这一事件具备了如下五种中的一种或多种特征："影响面广""影响巨大""切中当下热点舆情""屡发类似事件"和"涉及知名对象"。这五种特征需要一项先决条件：事件被人们知晓。

在此基础上，一旦这一事件具备了两种导火索中的一种或全部，次生舆情即会出现。这两种导火索是："事件隐情"和"事件应对不当"。

次生舆情具体的程度，依赖于七个方面（高关注度的五项特征与两种导火索）的具体组合情况。笼统地说，"1+1"的情况要远低于"5+2"的情况。"1+1"的情况，指某一事件只具备关注度五种特征中的一种，同时只出现一种导火索。"5+2"的情况，指某一事件同时具备了关注度五种特征以及两种导火索。

四、次生舆情的准备

基于上述次生舆情的生成机制，我们可以从以下几个方面对次生舆情做针对性准备：

第一，当某一事件已经被人们知晓时，应当遵循关注度五种因素，及时对事件进行全面的研判，确定其关注度的情形。这是应对次生舆情的基石。没有这一研判，或者研判不足，采取的应对措施出现偏差的可能性就会增加。

第二，一旦研判结果显示，某一事件已经具备了高关注度，我们应当及时密切关注引发次生舆情的两种导火索。也就是沿着两个方向对事件进行逐一筛查：排查事件过程中是否还存在目前仍没有被知晓的重要方面，判断这些方面是否可能激发人们的关注；密切关注事件相关方面的应对行为，避免出现不当。

但是，这些准备都离不开一个最基本的条件：相关工作人员对国家对社会高度的责任心。缺失了这种责任心，上述所有准备都会失效。

跨国品牌危机回应策略分析*
——形象修护的视角

本研究要比较具有不同来源国背景的跨国品牌的危机回应策略，相信这种分析不仅具有特定的理论价值，对我国的跨国品牌的危机回应也有一定的指导意义。

关注该问题的主要依据是来源国效应。一般情况下，公众会对一个国家的形象持有某种特定的认知，这种认知会进一步影响着这些公众对来自该国产品或品牌的整体认知，这种影响即来源国效应，大致可分为制造来源国效应（产品最终的生产或组装地）、①品牌来源国效应（负责产品设计、拥有品牌的国家）。②这里仅关注品牌来源国效应。

与本研究紧密相关的是来源国偏见现象。③来源国偏见分为本国偏见与外国偏见，前者指消费者偏好自己国家的产品，④后者指消费者对不同国家的产

---

* 文章原载于《国际新闻界》2007年第4期，与朱广慧合作，收入本书时有改动。
① SAMIEE S. Consumer evaluation of product in a global market [J]. Journal of international business studies，1994，25（3）：579-604.
② HAN C M，TERPSTR V. Country-of-origin effect for uni-national and bi-national products [J]. Journal of international business studies，1988，19（2）：235-253.
③ IYER G R，KALITA J K. The impact of country-of-origin and country-of-manufacture clues on consumer perceptions of quality and value [J]. Journal of global marketing，1997，11（1）：7-28.
④ SCHOOLER R D，WILDT A R. Elasticity of products bias [J]. Journal of marketing research，1968，5（1）：78-81.

品会有不同的偏好。① 一般而言，发达国家的消费者较易产生本国偏见，发展中国家的消费者较易产生外国偏见。很明显，外国偏见比较能说明本研究的问题。

一、研究问题与研究方法说明

本研究主要关注以下两项问题：

其一，跨国品牌在国内遭遇危机时采取了哪些回应策略？由于危机回应策略范畴广泛，这里仅从形象修护的角度进行分析。

其二，具有不同来源国背景的跨国品牌的危机回应策略有何异同？

本研究选取2005年年底的索尼"问题相机"事件和2006年的柯达相机"质量门"事件，依据是：第一，二者均为跨国品牌的相机，事件均产生了广泛的社会关注，因此具备比较高的可比性；第二，索尼来自日本，柯达来自美国。依据常识，中国公众对日本与美国两国形象的认知应当存在相当明显的差异；依据来源国效应，这种差异会影响中国公众对两国品牌的认知。下面简要说明两事件。

（一）索尼"问题相机"事件

2005年12月13日，浙江省工商局公布，索尼6个型号的数码相机的成像均匀度、自动曝光等技术指标不符合我国有关照相机标准的规定，并发出通知，要求这些经检测不合格的相机在浙江市场停售。之后引起广泛社会关注，有关方面甚至要求索尼召回问题相机。

（二）柯达相机"质量门"事件

柯达LS443型数码相机出现质量缺陷，消费者组成"柯达LS443维权联

---

① WANG C K, LAM C W. The impact of selected environmental forces upon consumer' willingness to buy foreign products [J]. Journal of the academy of marketing science, 1983, 11 (2): 71-84.

盟",并归纳了该型号相机的三项主要问题。柯达曾推出两套解决方案,一是消费者出资更换镜头,二是消费者付费升级,不过都没有得到消费者认可。该"联盟"还表示,他们发现,同样的质量缺陷在台湾也曾引起过纠纷,台湾柯达公司不仅公开道歉,还给出了"免费升级"方案,于是该"联盟"向中国消费者协会投诉。2006年7月14日,中消协向柯达(中国)股份有限公司发出投诉调查函,并在与柯达公司数次沟通未果后于8月22日召开了中消协成立以来的首次投诉调解听证会,柯达缺席听证会,招致一定舆论批评。

二、形象修护文献探讨

危机回应（crisis response）就是社会组织在危机发生后的所说与所做。目前研究者们已经提出了各种危机回应策略体系,其中之一就是形象修护（image repair）策略。

形象修护策略主要关注危机传播讯息的设计,通俗地说,指一个社会组织发生形象危机（受到指责）之后的补救方法,其前提为相关公众认为该组织必须对某一不当的行为负责。[1]

形象修护策略的研究者比较多。目前比较完整的形象修护理论体系是由伯尼特（W.L.Benoit）整理提出的。1995年,其专著《说明理由、申辩与致歉——形象修护策略》在以往相关分散的研究的基础上,第一次对危机情境下受到批评的个体或组织的修辞性回应策略进行了比较系统的分析与总结。[2] 伯尼特最初将该理论称为"修复"（repair）,不过后来建议使用"修护"（restoration）,正如伯尼特本人所说:"实际上,我现在更倾向于使用'修护'而

---

[1] 吴宜蓁. 危机传播：公共关系与语艺观点的理论与实证[M]. 苏州：苏州大学出版社,2005：135-137.

[2] BENOIT W L. Accounts, excuses and apologies: a theory of image restoration strategies [M]. Albany, NY: State University of New York Press, 1995.

不是'修复',因为'修护'或许可以暗示形象已经被修补到其原先的状态。"①

这里应该特别强调的是,该理论体系关注的是危机情境下受批评者的修辞性言语回应策略。之所以强调"修辞性",主要是强调危机情境下,受批评者回应时可以对自己的言语的各个方面进行有意识的组织,以便获得预期中的传播效果。这也正符合了伯尼特的说法:伯尼特在1995年的专著中开始说明这个理论之前首先强调,形象修护理论有两个假设,其一就是认为传播都是由目标引导进行的行为;第二个假设就是认为传播的关键目标就是维护积极的声誉。②

伯尼特的理论基础大致包括:大众媒体致歉研究、③歉疚研究、④辩解研究、⑤演讲分析⑥等。

通过总结与分析,伯尼特提出形象修护策略的五种主导方式:否认(Denial)、推卸责任(Evasion of Responsibility)、降低外界攻击(Reducing Offensiveness of Event)、承诺开展修正行动(Corrective Action)、承认错误/道歉(Mortification)。⑦

---

① BENOIT W L. Another visit to the theory of image restoration strategies [J]. Communication quarterly, 2000 (48): 40–43.
② BENOIT W L. Accounts, excuses and apologies: a theory of image restoration strategies [M]. Albany, NY: State University of New York Press, 1995: 63–71.
③ ROSENFIELD L W. A case study in speech criticism: The Nixon Truman analog [J]. Speech monographs, 1968, 35 (4): 435–450.
④ BURKE K. The rhetoric of religion [M]. Berkeley: University of California Press, 1970.
⑤ WARE B L, LINKUGEL W A. They spoke in defense of themselves: on the generic criticism of apologia [J]. Quarterly journal of speech, 1973 (59): 273–283.
⑥ RYAN H R. Kategoria and apologia: on their rhetorical criticism as a speech set [J]. Quarterly journal of speech, 1982 (68): 256–261.
⑦ BENOIT W L. Accounts, excuses and apologies: a theory of image restoration strategies [M]. Albany, NY: State University of New York Press, 1995: 63–95.

表 1 形象修护策略体系[①]

界定	具体方式	界定	本质 事件	本质 责任	本质 意图	通俗化表述
否认	简单否认 (Simple Denial)	简单否认受批评行为的发生	否定	—	—	"根本没这回事。"
否认	转移责难 (Shift the Blame)	指出受批评行为的主体是谁，将罪责转移	承认	否认	—	"危机事件的确发生了，但不是我的错。"
推卸责任	正当回应 (Provocation)	声明自己是对他人的不正当行为的正当回应	承认	部分承认	降低相关公众的消极感受	"危机事件的确发生了，我也有错，但这是别人先犯的错。"
推卸责任	无力控制 (Defeasibility)	声明自己对重要因素缺乏了解或者难以控制	承认	承认	降低相关公众的消极感受	"危机事件的确发生了，我也有错，但我无法搞定。"
推卸责任	纯属意外 (Accidents)	强调受批评行为是意外	承认	承认	降低相关公众的消极感受	"危机事件的确发生了，我也有错，但我不是故意的。"
推卸责任	动机良善 (Good Intentions)	强调自己的积极动机	承认	承认	降低相关公众的消极感受	"危机事件的确发生了，我也有错，但我本是好意。"

① 本文在通俗化与深入化两个方向对该表格进行了调整。BENOIT W L. Image repair discourse and crisis communication [J]. Public relations review, 1997, 23（2）: 177-186.

续表

界定		具体方式	界定	本质			通俗化表述
				事件	责任	意图	
降低外界攻击	降低公众的消极感受	逞己之长（Bolstering）	强调自己拥有的良好品质或过去的积极行为与表现	承认	承认	降低消极感受	"危机事件的确发生了，我也有错，但我本来挺好的。"
		淡化损害（Minimization）	强调后果并没有那么严重	承认	承认	降低消极感受	"危机事件的确发生了，我也有错，但事情没那么严重。"
		差异化（Differentiation）	将公众批评的行为与其他更加不合人意的行为区分开来	承认	承认	降低消极感受	"危机事件的确发生了，我也有错，但事情不是那样的。"
		转换框架（Transcendence）	试图将公众批评的行为放在另外一个不同的（有利的）语境中，也有称其为"提高层次"	承认	承认	降低消极感受	"危机事件的确发生了，我也有错，但事情可以从另一个角度来看。"
		反击批评者（Attack Accuser）	受批评者反过来批评诋毁者	承认	承认	降低消极感受	"危机事件的确发生了，我也有错，但你也有错。"
		给予补偿（Compensation）	承诺给予受害者补偿	承认	承认	降低消极感受	"危机事件的确发生了，我也有错，我保证补偿。"
承诺开展修正行动	承诺纠正不当行为与现象	承诺复原	承诺将事态恢复原状	承认	承认	降低消极感受	"危机事件的确发生了，我也有错，我保证改正。"
		承诺预防	承诺将采取措施避免类似行为再发生	承认	承认	降低消极感受	"危机事件的确发生了，我也有错，我保证不再发生。"
承认错误/道歉		承认错误并请求谅解		承认	承认	在情义上获得谅解	"危机事件的确发生了，我也有错，请原谅我吧。"

本质上这些形象修护方式聚焦于三项要素：是否承认事实、是否承认责任，以及回应者的特定意图。上表显示：只有少数方式是否认事实或否认责任，大部分方式都是在承认事实并承认应当担负的责任的基础上，尝试实现特定的意图。与此同时，每一种方式的特定意图也存在着明显的细微变化：自上而下来看，总体上分为三大区间。第一区间是"否定"，它无明显的意图，仅聚焦于事实与责任两个方面的是与否的判定。第二区间是"推卸责任""降低外界攻击"和"承诺开展修正行动"，其特定意图是试图降低相关公众的消极感受。第三区间是"承认错误/道歉"，其意图是在情义上获得谅解。

其实，在1995年之前，伯尼特以及相关的研究者们就已经试图通过实际的研究来对以往的理论进行总结；同时，在1995年之后，也有一系列的应用性研究。所有的这些研究已经关注了众多不同的领域：政治领域①、娱乐领域②、宗教领域③、体育领域④、医疗领域⑤、军事领域⑥、传媒领域⑦与企业领域⑧等；当然也有对政府领域进行分析的研究，目前本研究仅见到一例，即对沙特阿拉伯政府在回应"9·11"事件时采取的形象修护策略的研究。⑨ 该研究

---

① BLANEY J R, BENOIT W L.The Clinton scandals and the politics of image restoration [M].Westport, Conn: Praeger, 2001.
② BENOIT W L. Hugh Grant's image restoration discourse: an actor apologizes [J]. Communication quarterly, 1997, 45（3）: 251–267.
③ MILLER B A. Divine apology: the discourse of religious image restoration [M].Westport, Conn: Praeger, 2002.
④ BENOIT W L, HANCZOR R S. The Tonya Harding controversy: an analysis of image restoration strategies [J]. Communication quarterly, 1994, 42（4）: 416–433.
⑤ 林雅龄.影响医院面临危机时所采取形象修复策略的相关因素探讨 [D].台北：台北医学大学, 2004.
⑥ DRUMHELLER K, BENOIT W L. USS Greeneville collides with Japan's Ehime Maru: cultural issues in image repair discourse [J]. Public relations review, 2004, 30（2）: 177–185.
⑦ GLASCOCK J. The Jasper dragging death: Crisis communication and the community newspaper [J]. Communication Studies, 2004, 55（1）: 29–47.
⑧ BRINSON S L, BENOIT W L. Dow Corning's image repair strategies in the breast implant crisis [J]. Communication quarterly, 1996（44）: 29–41.
⑨ ZHANG J, BENOIT W L. Message strategies of Saudi Arabia's image restoration campaign after 9/11 [J]. Public relations review, 2004, 30（2）: 161–167.

指出：沙特阿拉伯受到的批评之一是：被认为支持恐怖主义。针对此问题，沙特阿拉伯使用否认与道己之长的策略，取得了部分的成功。

形象修护理论是一个开放的、发展的体系，实践中的具体策略并不仅限于伯尼特体系。在不断研究的过程中，相关的学者对伯尼特整理出的体系进行了补充，其中尤其重要的拓展来自黄懿慧，[①]其补充更加强调了对东方文化的关注，也为本研究打下了一个重要的基础。黄懿慧主要加入四项方式，此四项方式之间的区分标准是"责任维度"。

（一）形式上致意

以"遗憾""痛心"等字眼，表达对事件的感觉，表达怜悯、关怀之意，但并非要负起责任。

（二）提供信息

向公众提供心理与行为层面的信息，可提供的信息包括三种：指示性信息、心理调节性信息、事实性信息。指示性信息指公众行动上可遵循的信息；心理调节性信息是帮助公众进行心理调节或适应事件的信息；事实性信息是有关事件的相关信息。

提供信息的功能之一是可以让利益关系人感到宽心，同时让公众得到确定的信息，应该说一定程度上，这样的信息可以防止公众受到的影响继续恶化。

（三）建构新议题

通过创立新议题，试图分散公众关注的焦点。

（四）不作评论

对外不发表相关言论。

[①] 黄懿慧.危机回应：浅谈形象修复策略［J］.公关杂志，2001（42）：38-41.

总体而言，形象修护策略大致可以分为情感诉求性策略与理性诉求性策略两大类，"道己之长""认错/道歉""形式上致意"等都诉求于情感，而"否认""无力控制"等大都诉求于公众的理性认知。

三、研究结果

（一）索尼

索尼的修辞性言语回应主要体现于：2005年12月13日的第一次声明；2005年12月15日的第二次声明；2005年12月18日的第三次声明；2005年12月16日，索尼（中国）有限公司传媒/公共关系部部长李曦接受中央电视台采访时的表达（以下简称"李曦接受采访"）。下面分析索尼采取的具体策略。

1. 否认

（1）简单否认

该策略运用得比较少，如当《每日经济新闻》记者于12月15日以用户身份致电索尼免费售后服务热线时，索尼坚称6款索尼相机并不存在质量问题。

（2）转移责难

该策略表现并不十分明显，如第三次声明："调查后发现，此前生产厂相关工作人员由于工作疏忽，出现了向杭州相关检测部门提交了与数码相机本身实际性能不完全一致的企业标准数据等问题，从而导致相关产品被判定为检测不合格。"

（3）澄清

这里借用库姆斯（W. T. Coombs）的概念，说明危机为什么不存在。[①] 在

---

① COOMBS W T. Choosing the right words: the development of guidelines for the selection of the "appropriate" crisis response strategies[J]. Management communication quarterly, 1995, 8(4): 447-476.

这方面，索尼在三次声明中反复强调评估相机的标准问题，如第一次声明："目前相机行业发展迅速，传统相机与数码相机在市场上并存，一些测定相机产品的指标也存在差异。"

2. 降低外界攻击

（1）淡化损害

如李曦接受采访时坚持认为，虽然索尼数码相机被判定为不合格，但是并不会对消费者的使用造成影响。

（2）差异化

该策略主要指李曦接受采访时对召回事项的回应："根据我们的理解，召回指的是与消费者生命安全有直接关系的这样的事情，因为它影响到了用户的生命安全或健康安全，在这样的情况下，有一些跟这样情况相关的产品有一些召回制度，但是跟生命安全或者是身体健康没有关系的领域的话，本身就不应该应用召回这样一个字眼。"

这种表述本质上试图将自身遭遇的情境与"召回"区分开，当然这种表述暗示自身的情境要高于"召回"。

（3）道己之长

该策略被反复运用于三次声明中，如第一次声明："目前，索尼正就有关部分产品的相关指标的检测事宜积极诚恳地与各相关部门沟通，并一定会尽我们的全力积极配合各相关部门的数码相机检测等工作。数年来，索尼的数码相机品质在全行业领先，这一点已得到了包括国内广大用户在内的全球消费者的认可。"

（4）表明积极态度

以往的相关研究并没有提到该策略。这里认为，它指危机回应主体公开表示对相关方面意见的尊重与重视，诉求于情感，以期减轻外界责难。如第三次声明："索尼（中国）充分尊重杭州国家照相机质量监督检验中心目前的检测结果和浙江省工商局采取的各项行政措施。"

（5）表示感谢

该策略也没有在以往的研究中出现，具体例子如第三次声明："首先，索尼（中国）有限公司诚挚感谢广大中国消费者及社会各界人士对索尼的长期关注和爱护！"这是典型的情感诉求，意图获得公众的认同与支持。

（6）受苦策略

该概念同样来自库姆斯，原指为了赢得公众的同情，危机回应主体表现得像受到不公平待遇的受害者，将危机归咎于外在且无法控制的因素。这里仅取其中部分含义，指危机回应主体将自己表述为受害者，或者强调自己受到的不利影响。具体运用如12月19日《南方日报》报道称，索尼公关部及数码相机市场部人士曾私下向该报记者承认，在未得到国家相关部门的进一步检测结果之前，来自市场和消费者的压力非常大。

这种"私下承认"正是索尼（消息来源）的一种媒体策略，这种策略可以有效提升特定内容获得媒体报道的可能性。类似策略如，克林顿的新闻办公室曾"悄悄地告诉几个记者"，总统将要求国会每年拿出七千美元为贫困地区招募教师，这种透露的方法导致这种微不足道的消息在大报获得报道。①

3. 承诺开展修正行动

（1）承诺复原

12月15日，索尼表示，将视杭州国家照相机质量监督检验中心新的检测结果，采取旨在维护消费者利益的一切措施。

（2）承诺预防

如第三次声明："我们将在公司内部加大力度健全制度、加强管理，杜绝类似事情再次发生。"

4. 道歉

如李曦接受采访时的表示："因为我们这次工作的失误，给大家各方面造成了非常多的麻烦，而且也令很多的消费者关注到这个事情，因为我们的用户也非常地关心，他是不是能够很好地继续使用他的索尼产品，在这些方面

---

① 库尔茨.操纵圈：克林顿新闻宣传机器内幕[M].张金秀，周荣国，译.北京：新华出版社，2000：251.

我们给大家带来了很多的麻烦,那么我们对此进行道歉。"同时在第三次声明中再次道歉。

通过以上分析,我们可以总结出索尼危机回应策略的基本特点:第一,"否认"与"道己之长"贯穿始终;第二,逐渐增加情感性回应策略的运用,辅以"淡化损害"与"道歉"等。

(二)柯达

柯达的修辞性言语回应主要体现于以下几项材料:第一,2006年7月17日柯达(中国)股份有限公司北京办事处对中消协投诉调查函的书面回复(以下简称"书面回复");第二,2006年9月7日,柯达公司向搜狐IT独家发表的六点声明(以下简称"六点声明")。第三,柯达公关经理田耕的其他相关说法。下面简要说明柯达的具体回应方式。

1. 否认:简单否认

该策略贯穿始终,如书面回复:"LS443型数码相机是于2002年11月通过了国家指定的质量监督部门检验合格后开始生产销售的;现在用户手中的数码相机均已超过保修期,收费维修符合我国的'三包'规定;消费者中流传的柯达在台湾地区解决LS443型数码相机问题是免费维修和升级的传闻是不实的。"

2. 逃避责任:无力控制

该策略主要被用于回应缺席听证会事项,如田耕的说法:"中消协的听证通知是在8月18日发出的,而听证会在8月22日就要举行,其间只有两个工作日,作为一家跨国公司,柯达有它自己的一套行事程序,无法在这么短时间内参加此种会议。"

田耕的这一表述在强调无力控制状况的同时,也表现出明显的"高傲"姿态。这正是修辞性效应的直观表现。

3. 降低外界攻击

(1)反击批评者

柯达比较多地使用了该策略,主要用来质疑中消协,如发布六点声明时田耕的表示:"随意找几个企业的某一类使用过的故障产品分析问题,再给企业产品定性是没有法律依据的,是不科学和不专业的,是不符合相关程序的,也造成媒体和公众的误解,我们希望在今后工作中依法按程序办理。"

(2)道己之长

该策略比较少见,如田耕指出,公司相关负责人早在2006年4月就与部分消费者进行了沟通。

(3)表示感谢

该策略同样少见,如发布六点声明时田耕表示:"感谢中消协正视利用没有数码相机检测资质的某机构的查验报告不具备法定效力这一事实,感谢中消协代柯达向媒体和公众澄清'查验'和'检测'有着本质区别。"不过,这种感谢表露着"反击"色彩。

(4)表明积极态度

该策略的运用也比较少,如发表六点声明时田耕表示:"我们也非常尊重中消协意见,无论何种意见,都会作为我们参考解决问题的依据,避免失察。"

4.承诺开展修正行动:承诺复原

9月5日,田耕向搜狐IT表示,柯达公司将完全抛开中消协,在全国不同城市举行沟通会,听取客户的意见。不过这种承诺比较罕见。

总体上看,柯达的回应方式的特点是:第一,始终坚持采用否认、反击等"消极性"策略,始终不道歉;第二,不重视情感性回应策略,多表露出"不合作"情绪。

(三)危机回应比较

上述分析明显显示出两大跨国品牌的危机回应方式的异同(见表2)。

表 2 索尼与柯达危机回应方式比较

回应方式	具体方式	索尼（日本）	柯达（美国）
否认	简单否认	▲	▲
	转移责任	▲	
	澄清	▲	
逃避责任	无力控制		▲
降低外界攻击	淡化损害	▲	
	反击批评者		▲
	道己之长	▲	▲
	差异化	▲	
	表明积极态度	▲	▲
	表示感谢	▲	▲
	受苦策略	▲	
承诺开展修正行动	承诺复原	▲	▲
	承诺预防	▲	
道歉		▲	

四、分析与总结

我们首先总结第一个问题。总体而言，跨国品牌在国内遭遇危机时采取的回应策略仍遵循伯尼特等提出的形象修护策略体系，不过也运用了另外的策略，如"表明积极态度""表示感谢""受苦策略"等，都诉求于情感。

对于第二个问题，表 2 已经有了明确的显示：总体而言，来自日本的品牌更多地采取了情感诉求性回应策略。在十分接近的时间段内，在相同的市场中，面临着十分相似的危机情境时，具备不同来源国背景的两者之间危机回应方式有明显差异。总体上可以推断：来源国效应（或者通俗地说，即中国消费者对两国形象的不同感受状态）在两者回应方式的选择过程中发挥了明显的影响。不过这种影响机制需要更进一步研究与确认。

四、媒体关系研究

双重守门人之间复杂的共生关系*
——公共关系从业人员与媒体从业人员之间的关系分析

媒体关系（media relations）是公共关系中重要（甚至关键）的内容，这在研究者们的表述中十分清晰："如果你从事公关行业，你一定要了解如何应付媒体。"[①] 而媒体关系领域中的重要内容之一是公共关系从业人员（以下简称"公关人员"）与媒体从业人员（主要包括记者及编辑人员，以下简称"媒体人员"）之间的关系问题，因为对于公关人员而言，公共关系活动的重要内容就是与媒体人员确立"丰产性"的关系。[②]

关于公关人员与媒体人员之间关系的相关研究，大致开始于20世纪60、70年代。[③] 过去关于这个问题的研究，大都在"喜爱/仇恨"二元对立框架中来界定这种关系。[④] 实际上，两个群体之间的关系并非这样简单，其复杂性体现于各个方面。

本文主要采取文献研究的方法，试图说明这种复杂状态。该问题既属于新闻传播学中的社会学研究取向，又与媒体关系操作有密切关联。

---

* 文章原载于《新闻与传播研究》2007年第3期，收入本书时有改动。
① SEITEL F P. The practice of public relations [M]. New Jersey: Prentice Hall, 2004: 211.
② PINCUS J D, RIMMER T, RAYFIELD R E, et al. Newspaper editors' perceptions of public relations: how business, news, and sports editors differ [J]. Journal of public relations research, 1993, 5(1): 27–45.
③ ARONOFF C E. Credibility of public relations for journalists [J]. Public relations review, 1975, 1(2): 45–56.
④ SHIN J H, CAMERON G T. The potential of online media: a coorientational analysis of conflict between PR professionals and journalists in South Korea [J]. Journalism and mass communication quarterly, 2003, 80(3): 583–602.

一、消息来源与新闻记者之间的复杂关系

关于公关人员与媒体人员之间关系的研究中，大部分都将公关人员视为消息来源，从而将二者之间的关系视为消息来源与媒体人员（主要指新闻记者）之间的关系来分析：公关人员凭借其向新闻记者提供信息补贴的能力，从而成为最有影响的消息来源之一；① 当我们将公关人员视为消息来源来分析时，信息补贴就指信息流通的日常渠道，比如新闻稿、新闻发布会、经过策划的事件或官方记录等。② 所以，有关消息来源与新闻记者之间关系的研究，是分析公关人员与媒体人员之间关系的基础。

以往关于消息来源与新闻记者之间关系的研究，大致可以分为两大类：一类是相互之间的评估：分析新闻记者与消息来源之间的相互态度；另一类是消息来源与新闻记者之间关系的权力机制：分析消息来源与新闻记者之间的对立关系。③ 一定程度上，这种分析传统也直接导致相关研究者对公关人员与媒体人员之间关系进行分析的研究取向，比如，有相当比例的类似研究都将公关人员与媒体人员之间的关系界定为对立甚至敌对的关系。

不过，消息来源与媒介之间的关系，并不一定是权力关系，有的研究者形象却又比较恰当地将二者之间的关系描述为舞伴关系：起初彼此互相寻找，共舞后，彼此又都试图引领对方；然而，无论哪一方处于主导地位，基本上双方仍在互利互赖的基础上互动。④ 这种描述比较准确地说明了消息来源与媒

---

① CAMERON G T, SALLOT L M, CURTIN P A. Public relations and the production of news: a critical review and theoretical framework [J]. Annals of the international communication association, 1997, 20 (1): 111-155.

② BERKOWITZ D. Work roles and news selection in local TV: examining the business-journalism dialectic [J]. Journal of broad-casting & electronic media, 1993, 37 (1): 67-81.

③ CAMERON G T, SALLOT L M, CURTIN P A. Public relations and the production of news: a critical review and theoretical framework [J]. Annals of the international communication association, 1997, 20 (1): 111-155.

④ GANS H J. Deciding what's news: a study of CBS evening news, NBC nightly news, Newsweek and Time [M]. New York: Ramdon House, 1997: 116.

体之间既竞争又合作的关系特征。

以往研究者为消息来源与记者之间的关系提出了基于文化因素与科技因素的分析模式（见图1）。① 这个分析框架的要点大致有三：第一，消息来源与新闻记者之间的关系，并非单向的（无论是消息来源追求记者，还是记者依赖消息来源），而是互动的；第二，消息来源与新闻记者之间的关系，受到所处文化背景的直接影响；第三，媒介科技在消息来源与新闻记者之间的互动过程中，发挥着重要影响。这种分析框架也为分析公关人员与媒体人员之间的关系提供了重要的理论基础。

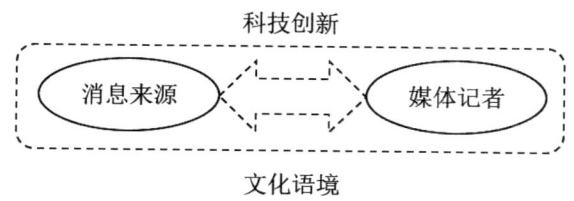

图1 基于文化并受到科技创新影响的消息来源/记者关系

当我们将公关人员作为消息来源时，实际上就相当于对消息来源进行了大致的划分（见图2），因为并非所有的消息来源都负有公共关系的职责。在这种分析框架下，我们可以明确看到一般新闻学所关注的消息来源与公共关系研究领域的关注点的异同与关联关系，又可以看到本研究所要讨论的问题所在。

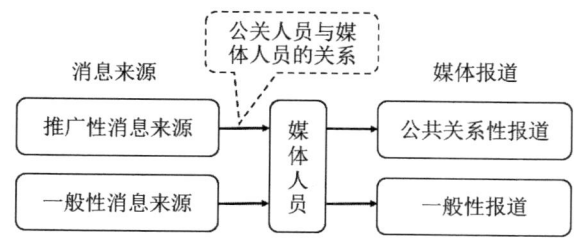

图2 消息来源与媒体人员的关系状态

---

① SHIN J H, GLEN T C. The interplay of professional and cultural factors in the online source-reporter relationship [J]. Journalism studies, 2003, 4 (2): 253–272.

二、公关人员与媒体人员之间关系的复杂性表现

（一）公关活动对新闻报道的影响——结论不同，认知不同

公关人员与媒体人员之间的关系问题，之所以值得关注，一个重要原因就是公关人员通过与媒体人员的关系对新闻报道发挥的影响。关于这种影响的程度，各个方面的认知不尽相同。

1."公关强影响"论

这种说法的典型表现，就是认为，公关新闻材料对于媒体而言，拥有"绝对的重要性"（overwhelming importance）。① 在这种观念中，公关人员成为他们所服务的社会组织的"特约通讯员"，这些通讯员通过向记者提供信息补贴来直接影响记者的新闻收集活动。② 这种影响尤其表现于一些专业报道领域，比如医疗新闻报道——在医疗新闻报道过程中，公关人员可以在诸如新闻发布会之类的假事件中向新闻记者公布学术研究结论等相关信息，之后新闻记者才能狠狠地向受众"揭示"研究的结论。③

在这方面，公关人员认为公共关系能够影响新闻内容的程度要高于新闻记者的认知，④ 典型说法如韩国一位受访公关人员的表述："记者往往将公关人员视为重要的消息来源，他们会认真地倾听我们，我十分喜欢他们的这种态度。"⑤

---

① TUROW J. Public relations and newswork [J]. American behavioral scientist, 1989, 33 (2): 206-212.
② GRUNIG L A Variation in relations with environmental publics [J]. Public relations review, 1987, 13 (3): 46-58.
③ WALTERS T, WALTERS L. Environment of confidence: daily use of press releases [J]. Public relations review, 1992, 18 (1): 31-36.
④ SALLOT L M, STEINFATT T M., SALWEN M B. Journalists' and public relations practitioners' news values: perceptions and cross-perceptions [J]. Journalism and mass communication quarterly, 1998, 75 (2): 366-377.
⑤ LEE J, BERKOWITZ D. Media relations in Korea: Cheong between journalist and PR practitioner [C]. Paper submitted to the public relations division of AEJMC for the 2003 annual convention, Kansas City, MO.

强影响论的主要依据来自公关新闻材料对新闻内容产生影响的比例，或者说是媒体人员采用公关新闻材料的比例。《纽约时报》前主编就曾承认："我们的经济报道中，有很多都来自公关新闻稿，我们自己不可能对所有这些组织都进行报道。"《华尔街日报》前副主编也估计，《华尔街日报》的报道中，有大约50%来自公关新闻稿。① 其他的研究也表明，美国媒体的新闻内容中，采用公共关系信息来源的比例达到25%—50%甚至高达80%。②

1999年的一项调查结果显示，新闻记者总体上承认公共关系对新闻报道的影响（见图3），同时受访记者还承认，与五年前相比，自己对公共关系新闻材料的依赖程度有所增加。③

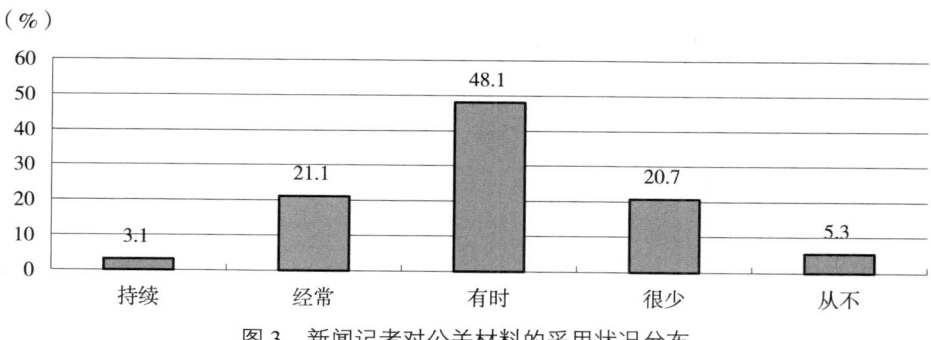

图3 新闻记者对公关材料的采用状况分布

2. "弱影响"论

也有大量的研究呈现出几乎相反的一面，或可以称其为"弱影响"论。相关的讨论，如特克（J. V. Turk）的研究指出，虽然公关材料在议程设置过程中会发挥十分有效的影响，不过媒体守门人也是积极主动的，而且更青睐新闻自主。④ 另外的研究也显示，公共关系信息来源并不会对新闻报道产生十

---

① LEE M A, SOLOMON N. Unreliable sources: a guide to detecting bias in news media [M]. New York: Lyle Stuart, 1990: 66.
② CURTIN P A, RHODENBOUGH E. Building the news media agenda on the environment: a comparison of public relations and journalistic sources [J]. Public relations review, 2001, 27（2）: 179–190.
③ PR spin is not as it seems [N]. PR Week/Business Wire, 1999-09-21（8-19）.
④ TURK J. Information subsidies and influence [J]. Public relations review, 1985, 11（3）: 1–14.

分明显的影响，只会对新闻记者的感受产生间接的影响。①

具体到影响比例方面，这个方面的相关研究指出，公关人员发布的新闻稿中，有90%都未被采用。②受访新闻记者也表示，自己对公关新闻材料的使用率比较低，低到3%—5%，虽然实际的使用率要比这种认知的高得多。与此相关的是，科廷（P. A. Curtin）的研究显示，虽然新闻记者拒绝承认经常采用公关新闻材料，不过仍承认，公关新闻材料是重要的消息来源之一；科廷的结论是——新闻记者倾向于认为自己虽然在新闻报道中部分地使用公关新闻材料，不过这不应被认为是对公关新闻材料的"采用"。③

与此相关，甚至有研究者认为，在公关人员与新闻记者之间的关系中，新闻记者应发挥掌控功能；公关人员为了获取报道，需要百般追求新闻记者。④

（二）公关人员与媒体人员之间的非正式关系（informal relations）

公关人员与媒体人员之间的关系，大致可以划分为两大类：正式与非正式（也可称为正式媒体关系与非正式媒体关系）。依据最近的研究，非正式关系大致包括：1. 非正式电话；2. 私下会面；3. 地缘/校缘/血缘关系；4. 媒体专访；5. 媒体俱乐部旅游；6. 新闻广告；7. 通过新闻部门的管理人员或编辑人员施加影响；8. 会餐或酒会过程中的交往；9. 确立友谊的活动，如高尔夫、爬山等；10. 赠送礼品或免费票；11. 贿赂。非正式关系的特点是：信息以一种非正式、非官方的方式影响着新闻报道。另一类为正式媒体关系，大致包括新闻稿、新闻发布会、演讲、访谈、报告、听证会、正式记录等。⑤

---

① BAXTER B L. The news release: an idea whose time has gone [J]. Public relations review, 1981, 17（1）: 27–31.

② MARTIN W P, SINGLETARY M W. Newspaper treatment of state government releases [J]. Journalism quarterly, 1981, 58（1）: 93–96.

③ CURTIN P A. Reevaluating public information subsidies: market-driven journalism and agenda-building theory and practice [J]. Journal of public relations research, 1999, 11（1）: 58–91.

④ GOULD D Y. A qualitative analysis of trust issues in the journalist/government communicator relationship: an exploratory study [D]. Tampa: University of South Florida, 2003.

⑤ SHIN J H, CAMERON G T. Informal relations: a look at personal influence in media relations [J]. Journal of communication management, 2003, 7（3）: 239–253.

一定程度上，非正式关系即公关人员通过投媒体人员所好来对其施加人际影响，以期在公关人员所服务的组织有需要的时候，这些新闻记者能给予回报。比较极端的表述是：有时公关人员甚至都不需要准备新闻稿，只需要拿起电话联系一些与自己有私人联系的记者或编辑人员，就可以获取自己预期的报道。① 无疑，这种非正式关系，增加了公关人员与媒体人员之间关系的复杂性。

　　以往的相关研究显示，非正式关系比较多地体现于亚洲国家。与西方国家不同，亚洲国家的公关人员往往与记者进行含蓄的、人际的和非正式的联系。② 1975 年发表的一项研究指出，在美国，公关人员更倾向于通过正式的新闻稿来散布信息，而不是非正式的途径。③ 这种特性体现了文化因素的影响，也正体现了"基于文化并受到科技创新影响的消息来源/记者关系"框架对文化背景的强调。这也很正常：媒体关系与一个社会的文化关联在一起，这是因为一个组织的人力资源（比如管理人员与工作人员）都是这种文化以及受到该文化影响的价值观念、标准、行为与活动的产物。④

　　亚洲国家的表现，如在印度尼西亚，新闻记者在采用公关新闻材料的过程中，明显会受到非正式关系的影响，公关人员与新闻记者双方都能接受有偿新闻的方式，或称"信封新闻"（envelope journalism）。⑤ 除了亚洲地区，其他地区也有同样特点存在。比如，在克罗地亚媒体关系活动中，人际影响

---

① SHIN J H, CAMERON G T. A cross-cultural view of conflict in media relations: the conflict management typology of media relations in Korea and the U.S. [C]. Miami, Public Relations Division of AEJMC for the 2003 Annual Convention, August 5-8, 2002.
② GRUNIG J E, GRUNIG L A, SRIRAMESH K, et al. Models of public relations in an international setting [J]. Journal of public relations research, 1995, 7 (3): 163-186; SRIRAMESH K, TAKASAKI M. The impact of culture on Japanese public relations [J]. Journal of Communication Management, 1999, 3 (4): 337-352.
③ ARONOFF C E. Credibility of public relations for journalists [J]. Public relations review, 1975, 1 (2): 45-56.
④ SRIRAMESH K, KIM Y, TAKASAKI M. Public relations in three Asian cultures: an analysis [J]. Public relations review, 1999, 11 (4): 271-292.
⑤ SINAGA S T, WU H D. Predicting Indonesian journalists' use of public relations-generated news material [J]. Journal of public relations research, 2007, 19 (1): 69-90.

也十分明显。①

不过，就目前的文献而言，研究比较多的还是韩国。在韩国，依据公关人员与新闻记者各自的自我评估，非正式关系确实对新闻报道产生了比较明显的影响（见图4）。② 韩国公关人员的表述也十分清晰地表明着这种认识特点：

"即使记者没有访问我们的公司，不过我可以在任何我需要的时候会见他们，当我与记者友好地会面时，我们会谈很多事情，其中当然也包括私人事务。"

"不管需要处理什么事务，我都会向记者谈论我的个人爱好，比如听音乐、看电影等等，以及我的个人想法。当我们拥有共同的爱好时，我们就会毫无保留、顺利地处理关系。"③

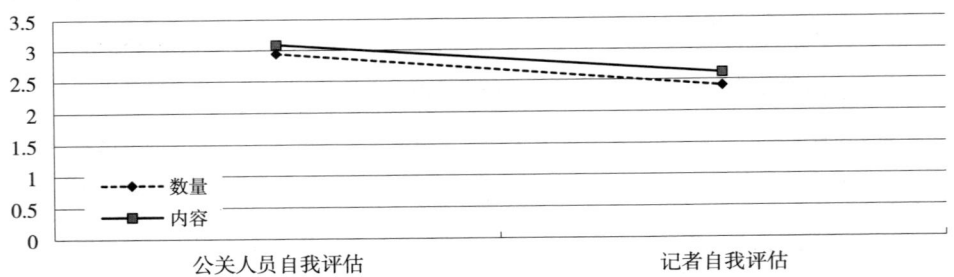

图4 非正式关系对新闻报道的影响：
韩国公关人员与记者自我评估（1=影响最小，5=影响最大）

"（与记者）的积极关系对企业形象十分有利，良好的关系会促进忠诚，如果我们犯了错误，他们（记者）会认为这些都是可接受的，从而忽略掉。

---

① TAYLOR M. Exploring public relations in Croatia through relational communication and media richness theories［J］. Public relations review，2004，30（2）：145-160.

② SHIN J H，CAMERON G T. Informal relations：a look at personal influence in media relations［J］. Journal of communication management，2003，7（3）：239-253.

③ LEE J，BERKOWITZ D. Media relations in Korea：Cheong between journalist and PR practitioner［C］. Paper submitted to the public relations division of AEJMC for the 2003 annual convention，Kansas City，MO，2003.

不过如果一些组织与记者的关系比较糟糕，这些记者就可能会比较严格地对待这些组织，也就可能扩大这些组织的消极方面甚至一些琐碎事务。"①

韩国公关人员对非正式关系的认知也存在一定差异。调查显示，开展过正式媒体关系活动的韩国公关人员认为，记者会依据媒体日常活动规则来选取新闻稿，而开展过非正式或金钱型媒体关系活动的公关人员则认为，记者的新闻稿选取主要依据非媒体因素，比如与公关人员的私人关系等。②

国内公关人员与记者之间的关系中，也比较明显地体现着非正式关系。根据2006年的调查结果，国内的公关人员也经常采用诸如人脉关系、会餐、礼品赠送等非正式关系（见图5）。

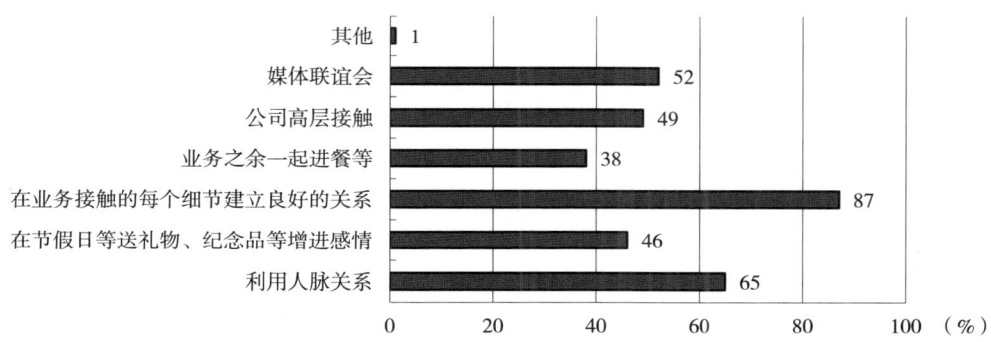

图5 2006年国内专业公关人员与记者确立良好关系的方式分布（多选）

（三）公关人员与媒体人员之间复杂的冲突关系状态

虽然以往的大部分相关文献都表明公关人员与媒体人员之间存在着冲突甚至敌对的关系，不过也有不同的研究结论——或者表示二者之间的关系并不是冲突性的，或者说由于受到其他因素的影响，二者之间关系的冲突性已经有了基本的转变。总之，对于"冲突"或"敌对"论，我们仍难以进行简单评定。

---

① JO S，KIM Y. Media or personal relations? Exploring media relations dimensions in South Korea [J]. Journalism and mass communication quarterly，2004，81（2）：292-306.
② KIM Y，BAE J. Korean practitioners and journalists：relational influences in news selection [J]. Public relations review，2006，32（3）：241-245.

1. "冲突（敌意、消极认知）"论

总体而言，与公关人员对记者的认知相比，记者对公关人员的认知更消极，这种消极评价主要集中于公关人员的动机、可信性、伦理性以及专业性等方面。① 在这种观念中，公关人员通常被视为"操纵专家""真理扭曲者"，因为在很多人心目中，公关人员的工作或者是撒谎，或者是操纵事实。②

这种消极认知也体现于新闻报道对公共关系以及公关人员的消极再现方面——媒体报道中公共关系以及公关人员的形象，总体上也是消极的。比如，自1995年1月到1996年12月，《纽约时报》及其他240份期刊中提到公共关系的文章中，有80%暗示公共关系是对新闻的侵蚀，其意图是将公众的注意力从真实的问题转移开，是特定的组织来应对不利情境的活动等。③

不过，公关人员对于记者以及编辑也会存在消极的认知。比如，有相当大比例的国内公关人员将自己与媒体合作过程中遇到的困难归咎于记者方面（见图6）④。这在一定程度上表明，即使我们将公关人员与记者之间的关系界定为消极、冲突关系，也难以充分确定就是媒体人员对公关人员的看法。

---

① ARONOFF C E. Credibility of public relations for journalists [J]. Public relations review, 1975, 1（2）:45-56; CLINE C G. The image of public relations in mass communication texts [J]. Public relations review, 1982, 8（3）: 63-72; TURK J V. Public relations' influence on the news [J]. Newspaper research journal, 1986, 7（4）: 15-27; BELZ A, TALBOTT A D, STARCK K. Using role theory to study cross perceptions of journalists and public relations practitioners [J]. Public relations research annual, 1989（1）: 125-139; PINCUS J D, RIMMER T, RAYFIELD R E, et al. Newspaper editors' perceptions of public relations: how business, news, and sports editors differ [J]. Journal of public relations research, 1993, 5（1）: 27-45; SHIN J H, GLEN T C. The interplay of professional and cultural factors in the online source-reporter relationship [J]. Journalism studies, 2003, 4（2）: 253-272.
② WATTS C. Public relations: news not fluff [J]. Public relations quarterly, 2003, 48（4）: 27.
③ HENDERSON J K. Negative connotations in the use of the term "public relations" in the print media [J]. Public relations review, 1998, 24（1）: 45-54.
④ 齐小华，冯丙奇. 中国公关行业调查报告（2005）[R]. 北京：社会科学文献出版社，2006：76.

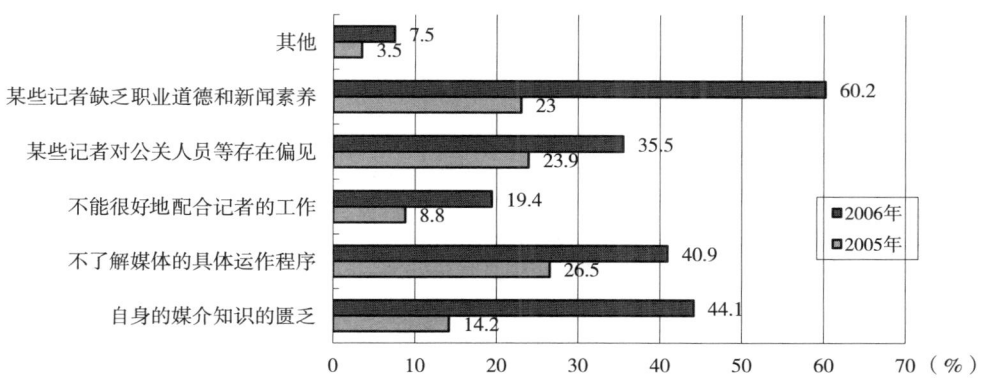

图6 国内专业公关人员媒体协作过程中遇到的困难分布：公关人员的认知

2. 另外的声音

（1）"非敌对"说

也有研究显示，公关人员与记者之间的关系并不像有的研究显示的那样敌对，因为这些研究并没有发现能证明公关人员与记者之间存在敌对关系的证据。[①] 另一项对荷兰的记者与公关人员（共计791人）的调查结果显示，虽然公关人员与记者之间的观念存在一定差异，不过从主要方面而言，二者之间的关系并不是消极的，同时二者之间观念的差异也并不是基本的。[②]

休梅克（P. Shoemaker）也反对"敌意"论，强调公共关系不仅进行劝服性传播，还开展信息性的传播；新闻记者一直在持续地使用公关新闻材料，这种行为本身就说明记者仅仅是不情愿承认自己对公关材料的使用与接受而已。[③]

韩国一位记者的话语也体现了这种观念："实际上，公关人员与我们同样

---

① SWARTZ J. On the margin: between journalist and publicist [J]. Public relations review, 1983, 11（2）: 34-42; BRODY E W. Antipathy exaggerated between journalism and public relations [J]. Public relations review, 1984, 10（4）: 11-15.

② NEIJENS P, SMIT E. Dutch public relations practitioners and journalists: antagonists no more [J]. Public relations review, 2006, 32（3）: 232-240.

③ SHOEMAKER P. Public relations versus journalism [J]. American behavioral scientist, 1989, 33（2）: 206-212.

面临着生活的甜蜜与辛酸，比如，当我促使他们给予积极报道时，我们双方都面临着麻烦。"①

（2）"消极度削弱"说

相关研究显示，记者对公关人员的消极态度的强度已经有所减弱，一定程度上这表明记者与公关人员之间的工作关系正发生着一种"基本性"的转变。②对于这种转变的原因，依据对美国的研究结论，大概是：对受众而言，新闻的可信度逐渐削弱，同时公关人员的工作进一步专业化，管理水平也逐渐增强。③

比如，平卡斯（J. D. Pincus）等于1993年对加利福尼亚媒体的编辑人员对公共关系的态度进行了调查，结果显示，编辑人员对公共关系的态度基本上算是积极的，其中体育新闻编辑的态度最积极。同时，新闻记者对公共关系的消极认识在逐渐减弱；另外，由于持"中立"态度的比例相当大，这些研究者推测，编辑人员对公关人员的态度会有所转变。④

最近的一项调查结果显示，公关人员与记者总体上不赞同两者之间的关系紧张（见图7）。⑤

---

① LEE J，BERKOWITZ D. Media relations in Korea：Cheong between journalist and PR practitioner［C］. Paper submitted to the public relations division of AEJMC for the 2003 annual convention，Kansas City，MO.

② PINCUS J D，RIMMER T，RAYFIELD R E，et al. Newspaper editors' perceptions of public relations：how business，news，and sports editors differ［J］. Journal of public relations research，1993，5（1）：27-45.

③ CAMERON G T，SALLOT L M，CURTIN P A. Public relations and the production of news：a critical review and theoretical framework［J］. Annals of the international communication association，1997，20（1）：111-155.

④ PINCUS J D，RIMMER T，RAYFIELD R E，et al. Newspaper editors' perceptions of public relations：how business，news，and sports editors differ［J］. Journal of public relations research，1993，5（1）：27-45.

⑤ WAUGH C A. The relationship between journalists and public relations practitioners during crises［D］. Morgantown：West Virginia University，2007.

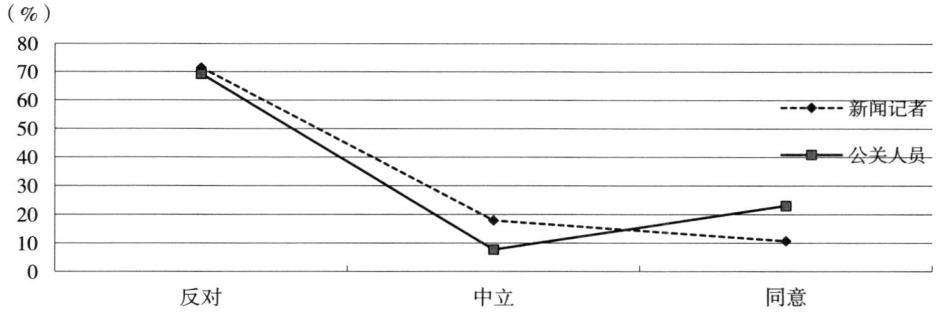

图 7 "正常状态下公关人员与新闻记者关系比较紧张"态度分布

（3）记者自身背景因素的影响

仅就目前的文献而言，对此产生比较明显影响的背景因素包括记者的公关背景以及不同报道领域。

1999 年的一项研究调查了南卡罗来纳州 16 份日报的编辑人员，至少其中有三位编辑人员对公关人员的认知并不是消极的，这三名编辑人员具备公共关系背景：或有公关工作经验，或有公关教育背景。① 美国加利福尼亚州立大学的三名研究者曾经通过电子邮件对 166 名加利福尼亚日报编辑人员进行过调查，结果显示，不同报道领域的编辑人员的态度之间存在一定的差异：体育新闻编辑对公共关系以及公关新闻材料的态度最积极，最消极的是商业新闻编辑。②

（四）互联网相关科技的影响

互联网导致了公共关系活动的转变，自然也就影响到了消息来源与新闻记者关系中新闻记者的活动。

大部分关于互联网与公共关系的研究指出，互联网已经改变了公关人员

---

① BOLLINGER L. The press and public relations: an exploratory study of editors' perceptions of public relations specialists [J/OL]. The web journal of mass communication research, 2000, 3（3）. https://wjmcr.info/2000/06/01/the-press-and-public-relations-an-exploratory-study-of-editors-perceptions-of-public-relations-specialists/.
② PINCUS J D, RIMMER T, RAYFIELD R E, et al. Newspaper editors' perceptions of public relations: how business, news, and sports editors differ [J]. Journal of public relations research, 1993, 5（1）: 27–45.

与新闻记者进行沟通的环境，比如，网站的互动性与时效性都会影响到媒体关系；① 互联网还能帮助公关人员更迅速更容易地向新闻记者散布信息，同时网站也能为新闻记者提供新闻发布室。② 公关人员也相信，一组织的网站具备向记者提供信息的潜力，并能赋予这些信息以易接近性。公关人员认为记者会通过网站来收集新闻，所以公关人员对网站的优点抱有很大期望。③

三、总结：复杂的认知／复杂的关系

我们可以看到，公关人员与媒体人员之间的认知与相互认知是复杂的，二者之间的关系是复杂的，研究者们对这种关系的认识也是复杂的。斯沃茨（J. E. Swartz）的说法十分有见地：公关人员与记者之间的差异，与其说是来自两个行业运用的基本技巧，还不如说更大程度上来自两个群体的认知。④

无论我们如何来描述这种关系，媒体人员与公关人员之间都会继续协同工作，同时二者也必须这样做，原因很简单：相关的研究结果始终显示，媒体不可能报道"所有"事件，因为媒体既缺乏经济资源，也没有足够的时间。

霍尔（S. Hall）等将消息来源（尤其是社会组织的发言人）视为社会议题的"初级界定者"（primary definers），媒体仅为"次级界定者"（secondary definers）。⑤ 这种表述暗示着消息来源对媒体人员的强影响。不过，从信息流

---

① LIM J, SHIN J H. Classification of the corporate web contents and functions [C]. Paper presented at the annual meeting of the association for education in journalism and mass communication, Washington, 2001.

② JARVIS S. How the Internet is changing fundamentals of publicity [J]. Marketing news, 2000, 34（15）：6–7.

③ HILL L N, WHITE C. Public relations practitioners' perception of the world wide web as a communication tool [J]. Public relations review, 2000, 31（1）：68–74.

④ SWARTZ J. On the margin: between journalist and publicist [J]. Public relations review, 1983, 11（2）：34–42.

⑤ HALL S, CHRITCHER T J, CLARKE J, et al. The social production of news: mugging in the media [G] // COHEN S, YOUNG J. The manufacture of news: social problem, deviance and the mass media. Beverly Hills, CA：Sage, 1981：340–343.

通的角度来看，对媒体受众而言，公关人员与媒体人员的角色基本一致，都行使着守门功能（见图 8）①。在这种意义上讲，公关人员与媒体人员之间的关系，实际上就是不同层次守门人之间的关系问题。

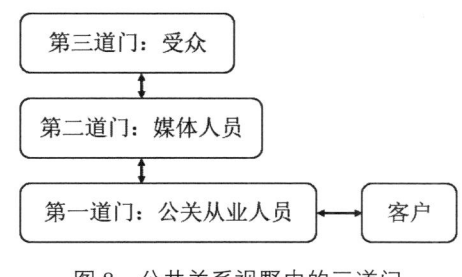

图 8　公共关系视野中的三道门

更重要的是，依据一些研究者的结论，公关人员与记者之间的敌意是有害的："新闻记者出于对公关人员的不信任，不会采用公关人员提供的信息，这种行为会使新闻记者可能遗漏掉一些有价值的内容，也可能导致新闻记者将不完整、不清晰或不准确的信息加入报道中。另一方面，发现自己不被信任的公关人员会感到工作更加难以开展，并可能被迫使用不合乎伦理规则的方法来散布信息。以上任何一种情况，无论对新闻媒体、公共关系或是社会而言，都是不利的。"②

比较明显的一个事实应当是：无论对新闻记者还是公关人员而言，维系两者之间的积极关系都是十分重要的。在这种意义上讲，媒体人员与公关人员之间是相互需要的，这意味着双方之间的关系蕴含着微妙的共生性质。③

---

① SINCLAIR J. Journalists, the makers and breakers of relational capital [J]. The electronic journal of knowledge management, 2007, 5 (1): 97–104.
② KOPENHAVER L L, MARTINSON D L, RYAN M. How public relations practitioners and editors in Florida view each other [J]. Journalism quarterly, 1984, 61 (4): 884.
③ WALTERS T, WALTERS L. The four seasons: cyclical success rates in the placement of press releases [J]. Southwestern mass communication journal, 1994, 10 (1): 1–12.

论媒介导向事件的类型体系*

布尔斯廷（D. Boorstin）在讨论假事件时强调，假事件是由特定人员策划的；其首要目的（不一定是全部目的）是获得媒介报道，假事件的安排要为媒介报道的便利服务，媒介报道的状况是其成功与否的评估标准。① 戴扬（D. Dayan）与卡茨（E. Katz）在讨论媒介事件时也强调，事件由媒介之外的社会组织策划，媒介报道赋予其仪式性、庄严性甚至威严性。② 三人对这类事件的如上关注涉及两大维度："事件的人为策划特性"与"事件所获媒介报道的因素"。

不过满足这两项要求的远不止戴扬二人所强调的"重大仪式事件"（如肯尼迪的葬礼）。与之不同，布尔斯廷对一些"低级别"的事件（如某一宾馆开展的公关活动）也加以关注。在传播实践中，更多的"人为策划的公共事件"（如演讲、典礼等）的规模与影响远比不上"重大事件"，可是这些事件却是媒介人员获取信息的"常规渠道"（routine channels）之一。③

这一类事件的具体情形十分复杂。就目前现状而言，对其给予关注的研究主要涉及明显不同的两项领域：媒介事件相关研究（假事件／媒介事件／传媒假事件／新闻策划／公关活动）、事件管理相关研究（事件管理／事件营销／节庆事件）。不同领域对这一类事件的称呼并不一致，不同的界定方法都在试

---

* 文章原载于《国际新闻界》2013 年第 6 期，与王艳萍、黄鑫合作，收入本书时有改动。

① BOORSTIN D. The image：a guide to pseudo-events in America [M]. New York：Athenaeum，1987：9，11-12.

② DAYAN D，KATZ E. Media events：the live broadcasting of history [M]. Cambridge，MA：Harvard University Press，1992：1，4.

③ SIGAL L V. Reporters and officials [M]. Lexington，MA：D. C. Heath，1973：120.

图凸显这一类事件的某一侧面。比如"假事件"试图凸显"虚假"（策划）本性，带有一定的价值判断倾向；"媒介事件"试图凸显的是媒介报道要素（仪式性、庄严性甚至威严性的报道，足以临时性激发公众对当下社会的忠诚）。事件管理领域对这一类事件的称呼更加杂乱，更加缺乏体系的论述，往往仅试图对某种现象进行描述，比如"聚光灯事件"（spotlight event）。[1]

为了更加全面地涵盖相关现象，本文使用"媒介导向事件"（media-oriented event）的说法。本概念仅试图总结现象，试图更加贴切地凸显"媒介导向"要素，暂不关注价值判断。

"媒介导向事件"泛指以获取媒介报道为首要或全部目的的人为策划的公共事件，所获媒介报道状况是对其进行界定与评估时使用的首要或全部要素。

这一概念参考了"媒介导向的活动"（media-oriented practice）、[2]"媒介导向恐怖事件"（media-oriented terrorist event）[3]等观念。前者强调，在一些社会活动中媒介扮演着关键角色，因此组织者应当对活动作出针对性安排（如特别为媒介提供恰当的拍摄机会）。后者强调，通过强化一些因素（如特定的对象、地点等），恐怖分子足以推出媒介难以抗拒的有新闻价值的事件。[4]

这里需要强调一项基本观念。在公共关系领域中，媒介被分为两大类："可控媒介"（controlled media）与"不可控媒介"（uncontrolled media）。前者指公关人员可以完全实际控制的媒介（如内刊），后者指公关人员没有这种完全实际控制的媒介。[5]本文所说的"媒介"只指涉不可控媒介。

---

[1] AVRAHAM E. Media strategies for improving an unfavorable city image[J]. Cities, 2004, 21(6): 471-479.

[2] MCCURDY P. "I Predict a Riot" –mediation and political contention: Dissent! 's media practices at the 2005 Gleneagles G8 Summit [D]. London: London School of Economics and Political Science, 2009.

[3] SURETTE R, HANSEN K, NOBLE G. Measuring media oriented terrorism [J]. Journal of criminal justice, 2009, 37（4）: 360-370; WEIMANN G. Media events: the case of international terrorism [J]. Journal of broadcasting & electronic media, 1987, 31（1）: 21-39.

[4] WEIMANN G, WINN C. The theater of terror: mass media and international terrorism [M]. New York: Longman, 1994: 61.

[5] BASKIN O W, ARONOFF C, LATTIMORE D. Public relations: the profession and the practice [M]. Madison: Brown & Benchmark Publishers, 1997: 167.

本文试图遵循上述两项维度，依据上述两大领域的相关研究，对媒介报道导向事件的类型体系进行初步的总结，以便更加清晰地认知相关事件，并试图为进一步的研究提供参照。

一、事件的策划维度

（一）事件的策划因素

一些说法直接凸显着事件的人为策划因素。

比如"导演事件"（staged event）——按照媒介报道的期望与需求来导演事件。[①] 与之类似，"新闻事件策划"凸显的是对"新闻事件"的设计与安排。旅游领域的研究者们在讨论旅游推广时，也曾提出要有计划地策划、组织具有新闻价值的民俗活动、事件以便吸引新闻媒介的注意和兴趣。[②]

（二）事件的策划情形类型划分

本文从两个角度来对事件的策划情形进行类型划分：策划者身份；策划者对事件的参与程度。

1. 事件策划者的身份

依据策划者的身份，媒介导向事件包含三种类型：事件完全由媒介之外的策划者策划；事件完全由媒介自身策划；事件由媒介与外部的策划者联合策划或媒介仅对既有事件的发展加以参与、促进。

（1）显性媒介自我导向事件

第一种类型即传媒假事件，如"茶水发炎"事件。[③] 这是一种明显的特殊情形，因为事件策划者与报道者是完全重合的（显性重合）。[④] 在"媒介导向"

---

① KEPPLINGER H，HABERMIER J. The impact of key events on the presentation of reality [J]. European journal of communication，1995，10（3）：371–390.
② 李辉. 吉林省民俗旅游知名度提升的策略研究 [J]. 长春大学学报，2010（9）：30–33.
③ 陈力丹，高学巍. 论新闻记者职业道德规范：从"茶水发炎"事件谈起 [J]. 现代视听，2007（8）：5–8.
④ 陈力丹，周俊. 试论"传媒假事件" [J]. 北京大学学报（哲学社会科学版），2006，43（6）：122–128.

的分析框架内，本文将其界定为"显性媒介自我导向事件"。

（2）隐性媒介自我导向事件

第二种类型可分为两种具体情形。第一，事件由媒介与外部组织联合策划。这种情形下，媒介试图借助这种事件来塑造自身的社会公益形象。[①] 比如，2008 年 7 月，西安市政府新闻办、西安市旅游局、西安晚报社共同组织了百名中外媒介总编记者西安文化之旅新闻采访活动。[②] 第二，媒介仅对既有事件的发展加以参与、促进。比如，在"杨丽娟疯狂追星"事件的发展过程中，《兰州晨报》虽然并不是发起者，但其报道有效推动了事件的发展。[③] 这两种情形中，事件策划者与报道者没有完全重合，其特殊性没有那么明显。本文将其统称为"隐性媒介自我导向事件"。

（3）常规媒介导向事件

与上述特殊情形不同，事件完全由媒介之外的策划者策划的情形属于媒介导向事件的常见类型，本文将其界定为"常规媒介导向事件"。

2. 策划者对事件的参与程度

策划者对媒介导向事件的参与情形大致分为两类：特定主体自主策划组织的事件（源发式事件）；对他人策划组织的、既有的或自发的事件进行参与并转化而来的事件（参与促进式事件）。

（1）源发式媒介导向事件

上文已经提及的"茶水发炎"事件就是典型的源发式事件。

有时这一类事件也可以由广告来驱动。比如，1980 年，美国公民党的总统候选人康芒纳（Barry Commoner）只花费了 3000 美元投放广播广告，其开头用词却是"Bullshit!"。康芒纳因此获得了一定程度的媒介关注。[④] 该广告试

[①] 臧国仁. 新闻媒介与消息来源：媒介框架与真实建构之论述［M］. 台北：三民书局，1999：184-185.

[②] 郝小奇，牛秋娥，史佳. 穿越秦汉唐，聚焦新西安：策划《秦汉唐·观天下》新闻采访活动的几点体会［J］. 今传媒（学术版），2008（10）：45-46.

[③] 陈力丹，刘宁洁. 一桩典型的"传媒假事件"：论"杨丽娟追星事件"报道中传媒的道德责任［J］. 新闻界，2007（2）：3-6.

[④] JAMIESON K H. Dirty politics：deception，distraction，and democracy［M］. New York：Oxford University Press，1992：123-124.

图通过显得有些偏离常规的做法来获取足够的新闻价值，进而获得媒介关注。

（2）参与促进式媒介导向事件

这一类事件带有"搭便车"的色彩，具体分为三种情形。

参与到他人策划的事件的例子如，2006年瑞典仿古船哥德堡号到访广州时，广州市相关主管方面制定了针对性的方案，专门策划组织多项针对媒介的活动（如召开新闻发布会），试图更有效地为广州获取媒介关注。①

有的情形是对既有事件的媒介导向要素进一步策划、强化，而且这些既有事件的策划者情形比较复杂。比如，在以色列，普林节（Purim）是一项传统活动。在节庆期间，少年儿童装扮成当代或古代的各种人物参加游行。为了提高该活动的新闻价值，北部边境小镇梅图拉（Metula）的节庆组织者在1999年的活动临近结束时，邀请黎巴嫩靠近边境地区的少年儿童参加进来。在以色列与黎巴嫩官方处于对立的状态下，这种并不常见的会面有效强化了该事件的新闻价值。②

对自发事件进行参与的典型是2010年的智利矿难。因为云集现场的来自全球的1000多名记者无法亲自获知井下状况，智利官方就成为他们可使用的唯一消息来源。智利政府充分利用了这次绝佳的良机，对事件的媒介导向因素进行了策划、强化，有效传播了特定的国家形象。③

二、事件的媒介报道维度

（一）事件的媒介报道因素

为了凸显媒介报道对于事件而言的重要性，戴扬与卡茨提出了"补偿美学"（aesthetics of compensation）的说法，强调媒介可以为受众提供远远超过现场公众亲眼看到的信息，这种信息是对现场有限信息的一种修饰与弥补。④

---

① 广州市人民政府办公厅."哥德堡号"仿古船访问广州系列活动总体方案［J］.广州政报，2006（9）：48-53.

② LAHAV T, AVRAHAM E. Public relations for peripheral places and national media coverage patterns: the Israeli case［J］. Public relations review, 2008, 34（3）: 230-236.

③ 史安斌.智利矿难救援"媒介事件营销"的典型范例［J］.对外传播，2010（12）：9-10.

④ DAYAN D, KATZ E. Media events: the live broadcasting of history［M］. Cambridge, MA: Harvard University Press, 1992: 92-100.

因此，媒介可以建构出受众不一定能够在现实世界看到的事件。同时，虽然事件策划者对事件拥有策划组织的权力，但在报道层面上拥有首要决定权的是媒介，因此戴扬与卡茨强调在策划媒介事件时必须符合媒介报道的规律。①

在事件管理研究领域，事件可被分为几大类型，如"超大型事件"（mega-event）、"大型事件"（hallmark event）、"重要事件"（major event）、"地区性事件"（local event；community event；minor event）等。② 这些类型划分的主要依据是其规模，不过事件所获媒介报道的规模也是事件的要素之一，③ 因此也成为事件类型界定的重要依据。比如，超大型事件（如奥运会、世界博览会等）能吸引全球规模的媒介报道；一些事件虽然难以吸引大量的实际参与者，不过仍能吸引全世界范围的广泛媒介报道，这样的事件也足以称为"超大型事件"。④ 其他类型的事件只能在特定国家/地区获取媒介报道，甚至只能拘于特定地区。⑤

与之相应，媒介报道规模也成为事件影响评判的重要指标。比如戴光全在评估1999年昆明世博会的"综合影响力"时，其具体指标仅包括媒介报道的数量、字数、时长三项。⑥

很明显，以往的相关研究并没有对事件所获媒介报道的规模给予更加明确具体的划分，而是仅仅给出一种大致框架。同时，事件所获媒介报道的内容因素也没有得到关注。

---

① DAYAN D, KATZ E. Media events: the live broadcasting of history [M]. Cambridge, MA: Harvard University Press, 1992: 10, 73-77.
② ALLEN J, O'TOOLE W, HARRIS R, et al. Festival and special event management [M]. Milton, Qld: Wiley, 2005; HALL C M. Hallmark tourist events: impacts, management, and planning [M]. London: Belhaven Press, 1992.
③ ROCHE M. Mega-events and modernity: Olympics and expos in the growth of global culture [M]. London: Routledge, 2000.
④ ROBERTS K. The leisure industries [M]. London: Palgrave, 2004: 108.
⑤ GETZ D. Event management & event tourism [M]. New York: Cognizant Communication Corporation, 1997: 5-6.
⑥ 戴光全. 重大事件对城市发展及城市旅游的影响研究：以'99昆明世界园艺博览会为例 [M]. 北京：中国旅游出版社，2005：49.

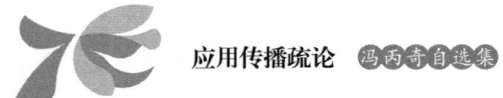

（二）事件的媒介报道情形类型划分

1. 事件所获媒介报道的规模

在上述观念的基础上，本文将事件所获媒介报道的规模分为两项具体因素：对事件进行报道的媒介的分布地区（地域因素）与总体媒介报道的规模（数量因素）。依据这两项因素，媒介导向事件大致可以分为四类：超大型、大型、中型、小型。每一类型都表现为一个大致区间，因此这一分类只试图提供一种大致框架。

（1）超大型媒介导向事件

这一类事件能在全球绝大部分地区获取相当多的媒介报道，这种报道规模足以令世人屏息驻足。其典型如奥运会、世博会等。不过具体情形需要具体对待。比如，1956年墨尔本奥运会并没有获得广泛的媒介报道，称不上超大型事件；2000年悉尼奥运会获得了全球范围的广泛媒介报道，就可以归为超大型事件。①

（2）大型媒介导向事件

这一类事件或者只能在全球大部分地区获得一定程度的报道，或者只能在多个国家/地区获得明显广泛的报道。比如，1991年英国谢菲尔德举办的世界大学生夏季运动会，虽然是世界赛事，却并没有获取多少媒介报道。虽然该事件带来明显的经济效益，不过在"媒介导向"分析框架内，只能勉强算是大型媒介导向事件。②

（3）中型事件

这一类事件能在特定国家/地区获取比较广泛的报道，其典型是全国运动会。比如，1993年的第七届全运会在全国范围获得了"全面、生动、深刻的报道"。③

---

① ALLEN J, O'TOOLE W, HARRIS R, et al. Festival and special event management [M]. Milton, Qld: Wiley, 2005: 12.

② DAVIES L. Sport in the city: measuring the economic impact in Sheffield [G] // GRATTON C, HENRY I. Sport and the city: the role of sport in economic and social generation. London: Routledge, 2001; ROCHE M. Mega-events and urban policy [J]. Annals of tourism research, 1994, 21（1）: 1-19.

③ 杨桃源. 硝烟散后意未了：评第七届全运会新闻报道 [J]. 中国记者, 1993（10）: 16-17.

（4）小型事件

这一类事件只能在特定国家/地区获得少量报道或在特定国家/地区内的某一具体区域获得比较多的报道。比如，吐鲁番葡萄节除了能够获得新疆等少数区域的媒介报道外，其他省区的媒介对该活动的关注度十分微弱，[1] 因此该节庆活动只能被界定为小型媒介导向事件。

2. 媒介报道作为事件目的的情形

这一要素指事件的目的是否全部为了获取媒介报道。依据这一指标，媒介导向事件包含两种情形：单纯导向、综合导向。

（1）单纯媒介导向事件

这一类事件全部价值都指向媒介；即使不能立即获取报道，也是为了维护与媒介的关系，试图获取媒介未来的特定报道。比如，1997年12月8—11日，联想邀请国内以及来自其他18个国家和地区的20多名记者参观位于深圳及惠阳的联想QDI主板研发中心、工厂，这就是一次典型的媒介参访活动。[2]

（2）综合媒介导向事件

获取媒介报道并非这一类事件的全部目的。比如，2009年澳大利亚大堡礁看护员招募活动引发了世界各国媒介的高度关注，成为一次轰动全球的媒介事件。[3] 虽然获取广泛的媒介报道是这一事件的关键目的，但至少并非全部目的。

三、媒介导向事件的类型体系

依据上述总结与分析，本文实际上依据四项具体指标来对媒介导向事件

---

[1] 董林，白洋，杨丽，等. "中国丝绸之路吐鲁番葡萄节"媒介影响力研究[J]. 新疆大学学报（哲学·人文社会科学版），2009，37（4）：32-36.

[2] 任笑元. 板上争锋：联想QDI主板研发中心、工厂参观随感[N]. 每周电脑报，1997（49）：25.

[3] 董天策，蔡慧. 媒介事件如何取得轰动性传播效应？：从"大堡礁招聘"说起[J]. 国际新闻界，2009（12）：57-61.

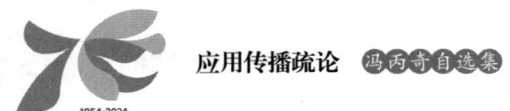

进行界定：事件的策划者身份、事件的人为策划程度、事件所获媒介报道的规模、媒介报道因素作为事件目的的情形。具体见表1。

表1 媒介导向事件的类型划分

维度	具体指标	具体类型	关键特征
人为策划因素（本质）	策划者身份	显性媒介自我导向事件	事件完全由媒介自身策划
		隐性媒介自我导向事件	事件由媒介与外部策划者联合策划；媒介对既有事件的发展进行参与、促进
		常规媒介导向事件	事件完全由媒介之外的策划者策划
	策划程度	源发式媒介导向事件	事件由特定策划者自主策划
		参与促进式媒介导向事件	策划者对他人策划组织的、既有的或自发的事件进行参与并转化
媒介报道状况（目的与结果）	事件所获媒介报道的规模	超大型媒介导向事件	在全球绝大部分地区获取明显广泛的报道
		大型媒介导向事件	在全球绝大部分地区获得一定报道；在多个国家/地区获得明显广泛的报道
		中型媒介导向事件	在特定国家/地区获取比较广泛的报道
		小型媒介导向事件	在特定国家/地区获得少量报道；在特定国家/地区的某一具体区域获得较多报道
	媒介报道作为事件目的的情形	单纯媒介导向事件	事件的全部目的是获取媒介报道
		综合媒介导向事件	事件的部分目的是获取媒介报道

四项指标以及每一具体类型都只试图站在特定角度来凸显媒介导向事件的某一特定侧面，因此彼此之间不是相互否定的，各具体类型所指具体现象

之间也会存在交叉。

该体系也为我们提供了对媒介导向事件进行界定时可资使用的维度。通过该体系，我们可以更加清晰准确地对一些事件进行认知。比如，我们可以对"茶水发炎"事件进行如下界定：源发式的、小型的、单纯的、显性媒介自我导向事件。

四、结语

总之，上述指标与类型综合在一起，不仅提供了一项媒介导向事件的类型体系，也为我们提供了关注并界定媒介导向事件的维度体系，能让我们更加清晰地认知这一类事件，进而更加有效地进行相关的应对。

如上文所述，这一体系目前仍存在两项明显的不足：第一，事件所获媒介报道的规模尚缺乏明确具体的划分指标，因此对媒介报道规模进行的类型划分只能提供一个大致区间。第二，事件所获媒介报道的内容因素也处于缺失状态。对于这一因素，本文暂时难以进行简单的界定。要实现这两项目标，更广泛的案例研究以及相关的理论总结是必需的。

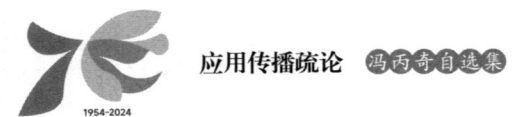

城市媒体事件与城市形象传播[*]
——媒体关系视野下的节事活动分析

一、引言

"节事"是"节日（festival）"和"特殊事件（special event）"的简称，指事先经过策划、具有明确的主题、针对广大公众、有组织举办的一系列活动或事件，包括节日、庆典、展览会、交易会、博览会、会议以及各种文化、体育等具有特色的活动或非日常发生的特殊事件。[①]

关注节事活动的大部分研究者集中关注的是其经济效应。[②] 这是一种明显的偏颇，因为节事的深远影响不止如此。比如，2000年悉尼奥运会为悉尼带来的转变就不仅仅表现于经济方面，也表现于社会文化方面，其中就包括悉尼媒体形象的转变。[③] 因此，自20世纪90年代开始，节事活动对城市形象的影响逐渐获得关注。

不过众多的节事活动除了获得现场参与公众的关注之外，难以获得更加

---

[*] 文章原载于《现代传播》（中国传媒大学学报）2012年第7期，收入本书时有改动。
[①] 吴国清.大型节事对城市旅游空间发展的影响机理[J].人文地理，2010（5）：137–141.
[②] CROMPTON J, MCKAY S L. Measuring the economic impact of festivals and events: some myths, misapplications and ethical dilemmas [J]. Festival management and event tourism, 1994, 2（1）: 33–43.
[③] WAITT G. Playing games with Sydney: marketing Sydney for the 2000 Olympics [J]. Urban studies, 1999, 36（7）: 1005–1077.

广泛的关注。这种状况显然不利于节事活动更有效地传播城市形象。这种不足很大程度上与媒体报道的状况紧密关联。部分节事活动（如奥运会）自身就拥有吸引媒体报道的特性。不过并非所有的节事都拥有这种优势。比如，作为一个全国性的节庆活动，吐鲁番葡萄节对媒体的影响力就不尽如人意，除了新疆、北京和广东外，对其他省区的媒体影响力明显不足。①

这种状况与节事组织者的操作方式紧密关联。比如，节事组织者在获取媒体报道的过程中缺乏策略性。从最基本的层面上讲，策略指服务于特定目标的选择，是对所有可供选择的方式方法的选择。②因此，主观积极性与选择过程是策略的必要组成因素。

与此相应，国内部分研究者对节事活动中媒体角色的认知也存在一定的偏颇，其主要表现是局限于当地媒体，对地区之外的媒体缺乏关注，也就是对地区之外公众缺乏足够的关注。比如，当研究者们在分析重庆城市形象建构时，仅仅关注《重庆晚报》。③在这一方面，国外的一些做法值得借鉴。比如，以色列北部的小镇梅图拉为了提高当地普林节的新闻价值，不仅与记者维持着积极的关系，同时在活动结束时邀请靠近边境地区的黎巴嫩信奉基督教的阿拉伯少年儿童参加到少年儿童的游行活动中来（在当地的普林节活动中，少年儿童装扮成当代或古代的各种人物形象参加游行）。在以色列与黎巴嫩官方处于对立的状态下，两国少年儿童的共同活动并不常见，因此这一活动对包括国际媒体在内的众多媒体而言都有吸引力。④很明显，普林节的组织者为了吸引媒体报道，对一般节事活动进行了有效调整。

---

① 董林，白洋，杨丽，等."中国丝绸之路吐鲁番葡萄节"媒体影响力研究[J].新疆大学学报（哲学·人文社会科学版），2009，37（4）：32-36.

② CENTER A H, JACKSON P. Public relations practices: managerial case studies and problems [M]. New Jersey: Prentice Hall, 2003.

③ 贺艳，贺建平.媒体叙事策略与城市形象的建构：基于《重庆晚报》的媒体叙事研究[J].新闻知识，2009（12）：56-57.

④ AVRAHAM E, LAHAV T. Public relations for peripheral places and national media coverage patterns: the Israeli case [C]. Paper presented at the annual meeting of the international communication association, TBA, San Francisco, CA, 2007.

同时，部分城市形象传播活动还表现出另外一项偏颇：侧重城市外在因素，如简单突出城市景观与建筑等。城市形象要素大致可以分为同时并存的两大方面："内在"与"外显"。① 外显因素主要集中于城市的建筑或地标景观，是城市的直观、表面的因素。内在性因素主要指公众对特定城市的记忆，更多建立在社会、文化等因素的基础上。当不同的城市为了获得与众不同的特征而更加强化外显因素时，会导致一种标准化现象——不同的城市为了共同的目标而采取类似的方式，最终导致城市之间的趋同。这种标准化意味着城市个性的丧失。因此，仅仅关注城市的外显因素是明显不足的。虽然城市形象部分来自城市外在景观，但是城市形象的基础仍是公众的集体记忆。与城市外显因素相比，内在的城市形象要素更值得重视。

以上不足既是本文的研究动机，同时也体现出本文的研究意义。本文试图探讨城市节事活动如何能更有效地获得媒体报道，进而获得更广泛的影响，并能更有效地传播城市形象。为此，本文从媒体关系的视野来重新审视节事活动，并提出操作建议。

二、媒体报道的重要地位

（一）媒体报道与节事活动

对节事的影响而言，媒体扮演着不可或缺的角色。当研究者对事件进行类型划分时，也充分显示出对媒体报道因素的明确关注。有的研究者将事件划分为四类："大型事件"（mega-event）、"标志性事件"（hallmark event）、"重要事件"（major event）、"社区事件"（local or community event）。② 所有类型的事件都试图获得媒体的报道，媒体报道的状况是事件的重要衡量标准。比如，在能够体现"大型事件"之"大"的各项因素中，媒体报道的量占据

---

① GRAHAM B. Heritage as knowledge：capital or culture？[J]. Urban studies，2002：39（5/6）：1003-1017.

② ALLEN J，O'TOOLE W，HARRIS R，et al. Festival and special event management [M]. Milton，Qld：Wiley，2005：12.

关键地位。同样,"标志性事件"与"重要事件"的内在特征之一也是能为举办地获得更广泛的媒体报道。①

因此,对于所有类型的事件而言,媒体报道都发挥着显著的角色,因此事件组织者应当给予以媒体报道为主要目的的操作活动以及专门负责媒体工作的人员以更多的关注。

(二) 媒体报道与城市形象

特定城市的媒体形象(城市获得的媒体报道)能够影响公众对该城市的认知。以往有关城市媒体形象的研究大致包括两大类:媒体对城市的报道状况;媒体报道的影响因素。

第一类研究指出,不同的城市在媒体报道中的状况会有所不同。很显然,所有的城市都渴望与重要的、积极的内容关联在一起,从而获得比较积极的形象关联,但是事实并非如此。比如,美国媒体中重要的政治、文化与经济新闻报道往往与纽约、华盛顿与洛杉矶相关,其他城市则更多与灾害、罢工等话题联系在一起。② 国内的状况也大致如此。国内媒体的城市报道更多体现出一种"政治—经济—社会"的文化地理模式,呈现出以"北京"和"上海"为中心向全国扩散的饼状结构,并导致国内主要城市的媒体形象不是行政形象就是经济形象。③

第二类研究用于解释第一类研究,集中分析媒体报道状况的影响因素。有的研究者总结了影响媒体的城市报道的四项因素:城市特征(人口规模、地理位置、犯罪率、国家机构数量等)、媒体自身因素(记者数量与个人背景、对城市新闻的界定、对城市报道读者的界定等)、媒体的社会环境(社会

---

① GETZ D. Event management & event tourism [M]. New York: Cognizant Communication Corporation, 1997: 5-6.
② GRABER D A. Flashlight coverage: state news on national broadcasts [J]. American politics quarterly, 1989, 17 (3): 277-290.
③ 江根源,季靖. 文化地理、党报与城市形象 [J]. 新闻大学,2010 (2): 117-122.

的核心价值观、政治文化等)、城市开展的公关活动。① 四项因素中，城市特征、社会环境基本不在特定节事活动组织者所能应对的范围之内，也不属于节事活动策略应当考虑的内容。节事活动组织者应当特别关注的是另外两项要素：媒体自身因素与城市开展的公关活动。

能够有效显示媒体自身因素的概念是"媒体逻辑"(media logic)。媒体逻辑主要指媒体的操作观念与体系，②这些操作观念与体系实际上正是媒体报道的内在决定性因素。这些内在因素是媒体关系操作人员需要首先给予充分考虑的。

四项因素中，城市能够完全控制的只有一项——公关活动。特定城市可以通过公共关系活动促使媒体给予该城市更多的关注并减少负面报道。城市开展的公共关系活动的三项关键要素包括：城市对公共关系活动角色的认识、城市给予公共关系活动的资源配置、城市开展的公共关系活动的专业性。③ 在节事活动策略的意义上讲，公共关系意识指城市节事活动组织者对媒体报道及相关活动重要性的充分认识。同时，城市还需要为公共关系活动配置充分的资源(如经费与人员)。最后，应当重视活动自身以及参与者的专业性。

三、媒体关系视野中的媒体事件

(一)媒体关系

"媒体关系"(media relations)与"利益关系人"(stakeholder)概念直接相关。利益关系人指任何足以影响特定社会组织目标实现或受到该社会组织影响的个人或组织。④ 社会组织应当重视与不同利益关系人的关系，这是公共关系领域中"关系管理"(relationship management)学派的基本观点。对

---

① AVRAHAM E. Cities and their news media images [J]. Cities, 2000, 17 (5): 363-370.
② ALTHEIDE D L, SNOW R P. Media logic [M]. Beverly Hills: Sage, 1979: 1-10.
③ AVRAHAM E, KETTER E. Media strategies for marketing places in crisis [M]. Oxford: Butterworth-Heinemann, 2008: 42-43.
④ THORSON E, MOORE J. Integrated communication: synergy of persuasive voice [M]. Mahwah: Lawrence Erlbaum Associates, 1996: 22.

于所有的社会组织而言，媒体都是重要的利益关系人，即"首要利益关系人"（primary stakeholder）。[1] 这是因为媒体报道对所有社会组织都发挥着重要、显著的影响。因此，几乎所有的社会组织都应当十分重视与媒体的关系，目的是获取恰当的媒体报道。总之，在关系管理的意义上讲，媒体关系即指社会组织与媒体的关系。就角色而言，从事媒体关系活动的公关人员也就是媒体关系操作人员。

在媒体关系的含义上讲，媒体大致分为两类："可控"（controlled）与"不可控"（uncontrolled）。[2] 对于可控媒体而言，公关人员可以确定媒体报道的内容与方式，这样的媒体如组织内部媒体（如内刊）、直邮、招贴、广告等。对于不可控媒体，公关人员难以直接影响其内容、报道方式等，这样的媒体如特定组织之外的报纸或电视等。在这种意义上讲，媒体关系活动的核心对象是不可控媒体。

对于国内城市而言，一般情况下，城市管辖范围内的媒体主体上属于可控媒体，城市管辖范围之外的媒体则基本属于不可控媒体。很明显，城市管辖范围之外的媒体应当获得进一步的关注。

媒体关系包含两项紧密关联的概念："媒体关系状态"（media relationship）与"媒体关系策略"（media relations strategy），后者也简称"媒体策略"（media strategy）。"媒体关系状态"主要指公关人员与媒体人员之间的长远关系，[3] 核心是媒体人员与公关人员之间的建设性关系。[4] 公关人员与媒体人员之间存在的一种潜在的相互依赖的共生关系。这是因为双方对信息拥有共同

---

[1] DONALDSON T, PRESTON L E. The stakeholder theory of the corporation: concepts, evidence, and implications [J]. Academy of management review, 1995, 20（1）: 65-91.

[2] BASKIN O W, ARONOFF C, LATTIMORE D. Public relations: the profession and the practice [M]. Madison: Brown & Benchmark Publishers, 1997: 167.

[3] NEIJENS P, SMIT E. Dutch public relations practitioners and journalists: antagonists no more [J]. Public relations review, 2006, 32（3）: 232-240.

[4] PINCUS J D, RIMMER T, RAYFIELD R E, et al. Newspaper editors' perceptions of public relations: how business, news, and sports editors differ [J]. Journal of public relations research, 1993, 5（1）: 27-45.

的需求——公关人员需要有效地散布信息，媒体人员也需要有价值的信息。①因此，公关人员与媒体人员都应当对双方之间的关系给予充分重视。

"媒体策略"是为了获得这种长远的关系状态而采取的策略。具体实施特定媒体策略的活动是媒体关系活动，其直接目标是有效获得媒体报道。

（二）作为媒体关系活动方式的媒体事件

"媒体事件"（media event）与"假事件"（pseudo event）概念紧密关联。后者首先由布尔斯廷（D. Boorstin）提出，之后戴扬（D. Dayan）等对其加以调整与拓展，总结出"媒体事件"的概念。本文主要以媒体关系为视角来总结媒体事件的特征，将媒体事件作为媒体关系活动的一种方式。实际各种事件活动本来就是重要的公共关系活动方式。②

布尔斯廷为假事件总结出四项特征，其中三项拥有明显的媒体策略应用价值——假事件不是自发的，是经过策划与安排的；假事件的首要目的是为了获得媒体的报道，因此其策划与实施需要便于媒体报道，其成功与否的主要衡量标准是媒体报道的状况；通过广泛报道，假事件能够发挥一定的社会影响。③

戴扬等也为媒体事件总结出一些特征，其中几项同样显示出明显的媒体策略应用价值。比如，媒体事件是由媒体之外的社会组织策划的，媒体仅仅承担传播渠道的角色；媒体事件能够通过媒体的广泛报道接触到大量的受众，并能激发这些受众对事件的积极关注。④

城市形象方面的一些研究也对类似事件有所关注。比如，城市形象传播者可以通过"聚光灯事件"（spotlight event）来影响媒体对该城市的报道，这

---

① KOPENHAVER L L, MARTINSON D L, RYAN M. How public relations practitioners and editors in Florida view each other [J]. Journalism quarterly, 1984: 61 (4): 860-865, 884.
② HUNT T L, GRUNIG J E. Public relations techniques [M]. Fort Worth: Harcourt Brace, 1994: 23.
③ BOORSTIN D. The image: a guide to pseudo-events in America [M]. New York: Athenaeum, 1987: 11.
④ DAYAN D, KATZ E. Media events: the live broadcasting of history [M]. Cambridge, MA: Harvard University Press, 1992: 5-9.

样的典型事件如奥运会、世博会等。① 在媒体关系视野中，聚光灯事件拥有明显的特征——能够吸引广泛的媒体报道，往往诉求于全国甚至全世界范围的公众，将特定的城市放置在媒体的聚光灯之下。② 聚光灯事件为特定城市提供了向国际媒体传播特定城市形象的机会。与此类似，国内研究者也曾提出"新闻事件"的说法——城市公关人员可以有意制造一些新闻事件，以吸引媒体的主动报道。③

在媒体关系的意义上讲，媒体事件即社会组织为吸引媒体报道并有效传播特定讯息而专门策划的活动。④ 其主要特征包括：事件由媒体之外的社会组织预先策划并实施；事件的首要目的是为了获得恰当的媒体报道，进而接近大量的受众；事件成功与否的主要衡量标准是媒体报道的状况。一般的节事活动具备第一项要素，只要有效强化后两项要素，就会有效获取媒体报道。

四、城市媒体事件与城市形象传播

本文试图使用"城市媒体事件"的概念来更加明晰地表达上述观念。城市媒体事件指由特定城市策划并实施的节事活动，这一类活动符合媒体逻辑，并将预先界定好的城市形象内在含义的传播作为首要目的。

这并不意味着城市举办的所有节事活动都需要按照媒体事件的要求开展，而是说当媒体报道对节事活动的目的的实现发挥着关键影响时，这样的节事活动就应当依据媒体事件的要求进行策划与实施，即有效转化为"城市媒体事件"。

本质上，城市媒体事件由城市开展的各种节事活动转化而来，转化的本

---

① BERIATOS E，GOSPODINI A. "Glocalising" urban landscapes：Athens and the 2004 Olympics [J]. Cities，2004，21（3）：187-202.
② SMITH M F. Spotlight events，media relations，and place promotion：a case study [J]. Journal of hospitality & leisure marketing，2005，12（1/2）：115-134.
③ 周文辉. 城市营销 [M]. 北京：清华大学出版社，2004：163.
④ 如何策划"媒介事件"？：谈黄浦区政府对南京路步行街的宣传策划 [J]. 新闻大学，1996（3）：63.

质就是对以下五项要素的有效强化（见图1）。实际上，这是以城市形象传播为主要目的的一般节事需要强化的五个方面，也是本文为城市媒体事件策划与实施者提出的操作建议。

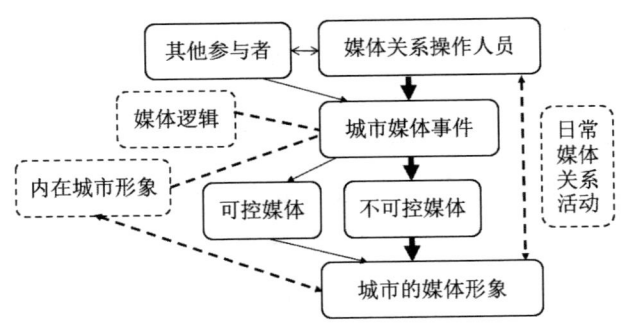

图 1　城市媒体事件与城市形象传播

第一，强化城市形象内在因素的核心地位。

城市媒体事件的组织者应当强化对城市形象内在含义的界定，并有效促使其成为活动的核心含义。这一核心地位是否成功确立的主要衡量标准就是看不可控媒体相关报道中的城市形象与经过组织者界定的城市内在形象之间的一致程度。

第二，强化媒体关系活动以及媒体关系操作人员的核心角色。

城市媒体事件的重要活动是媒体关系活动，因此媒体关系操作人员应当成为城市媒体事件的核心策划者与实施者。这样可以更有效地强化事件的媒体逻辑，以便更有效地获得媒体的报道。当然，在城市媒体事件的策划与管理过程中，媒体关系人员需要其他参与者的必要协助。

当然，这里所说的媒体关系操作人员可能是城市设置的专职岗位，也可能是兼职甚至是外聘人员。但是无论如何，在城市媒体事件的策划与实施过程中，这些人员应当发挥突出角色。

第三，强化不可控媒体的突出地位。

如上文指出的，城市媒体事件的组织者应当将不可控媒体作为核心对象。就国内城市而言，行政区域之外的媒体应当成为活动组织者考虑的首要对象，有效强化针对性的媒体策略，并将这些媒体的报道状况作为效果评估的主要依据。

第四，强化媒体逻辑在活动策划与实施过程中的指导地位。

因为城市媒体事件的组织者不能有效决定不可控媒体的报道状况，所以媒体逻辑应当成为城市媒体事件策划与实施过程的指导因素。对这些因素的熟知是城市媒体事件策划与实施过程的起点。

第五，强化日常媒体关系活动的有效性、持续性。

参与到城市媒体事件中的公关人员与媒体人员之间存在着潜在的协作关系。为了有效管理这种关系，公关人员应当持续开展日常性的媒体关系活动。上文所说的梅图拉普林节活动的成功已经凸显出这一点的价值。成功的日常媒体关系活动会维护积极的媒体关系状态，并为城市媒体事件的策划与实施提供坚实的基础。比如，广州亚运会筹备期间，广州亚组委与世界三大通讯社及亚洲45个国家/地区的注册媒体机构建立了积极的合作关系，并通过世界新闻媒体大会、世界转播商大会、官方网站媒体服务专栏、媒体出版物等途径，与世界各大媒体机构开展过友好、顺畅的沟通。① 这种积极的媒体关系状况是亚运会媒体服务工作的坚实基础。

五、结语

节事活动如果试图在城市形象传播方面发挥更加积极的效果的话，就需要获得尽量广泛的媒体报道，尤其是不可控媒体的报道。为了更广泛地传播城市形象，节事活动的组织者更应当关注城市行政区域之外的广泛的公众，因此对于国内城市而言，城市行政区域之外的媒体应当引起更高的关注。同时，以传播城市形象为目的的节事活动应当将城市形象内在因素置于核心位置。

---

① 夏宝君.基于城市形象建构下的体育赛事传播策略：以2010年广州亚运会为例[J].新闻界，2010（5）：58-59.

本文使用"城市媒体事件"来表述上述观念。城市媒体事件的组织者需要有效强化以下五个方面的要素：强化城市形象内在因素的核心地位；强化媒体关系活动以及媒体关系操作人员的突出地位；强化不可控媒体的突出地位；强化媒体逻辑的指导地位；强化持续、有效的日常媒体关系活动。

对试图获取广泛社会关注并有效传播城市形象的节事活动而言，这五个方面其实也是其操作建议。

论非正式媒体关系活动导致的媒体伦理失范现象*

媒体伦理失范现象大致包括四类：第一，有偿新闻现象，包括直接形式或间接形式，现金形式或非现金形式，实物形式或非实物形式等；第二，新闻从业人员的兼职现象，即新闻从业人员以不同形式参与其他社会组织的活动并从中获利；第三，新闻交易行为，指以新闻报道进行交易，包括与广告投放关联、新闻广告、以负面报道加以要挟甚至敲诈等不同形式；第四，新闻从业人员的私人关系对报道的影响现象，比如，记者淡化与自己有密切关系的消息来源的负面信息等。[①] 其中部分失范现象与公共关系领域中的非正式媒体关系活动紧密相关。

媒体关系（media relations）指特定社会组织与媒体的关系，媒体关系活动指特定社会组织为了维护这种关系而开展的活动，其目的是获得恰当的媒体报道。在公共关系的视野中，媒体关系活动大致可以划分为"正式"（formal）与"非正式"（informal）两种。正式媒体关系活动的本质是信息性的，其基本活动方式是特定社会组织或其代表向媒体从业人员（包括媒体的所有采编人员，下文简称"媒体人员"）提供信息，决定这些信息是否能够获得报道的关键因素是信息自身的价值。与之相反，非正式媒体关系活动的本

---

* 文章原载于《国际新闻界》2011 年第 6 期，收入本书时有改动。
① 陈力丹，王辰瑶，季为民．艰难的新闻自律：我国新闻职业规范的田野观察 / 深度访谈 / 理论分析 [M]．北京：人民日报出版社，2010．

质是非信息性的，即使这一过程中有信息的传递，影响这些信息是否能获得采用的主要因素并非信息自身的价值，信息以一种非正式、非官方的方式影响着新闻报道。很明显，非正式媒体关系活动方式违背了媒体的专业规范，会导致特定的媒体伦理失范现象，因此公共关系领域的相关研究者对非正式媒体关系活动及其导致的媒体伦理现象进行了广泛深入的关注。

媒体关系的观念主要来自西方，不过相关研究者关注的对象并没有局限于西方国家和地区，所关注的问题带有明显的普遍性。这些研究将公共关系活动纳入考察视野，主要从社会性角度出发，分析公共关系领域中的非正式媒体关系活动及其导致的媒体伦理失范现象，更多地关心"关系"因素，即同时关注关系活动的参与双方，从媒体关系活动参与双方两个方向来分析媒体伦理失范现象并试图提出解决方案。这种分析视野有助于我们更加全面地关注复杂的媒体伦理失范现象。

本文主要通过对相关文献的研究，试图对非正式媒体关系活动及其导致的媒体伦理失范现象进行解析，并对媒体关系研究者提出的解决思路进行简要总结与分析，期望对现有的认知框架有所补充。

一、媒体关系活动

媒体关系活动是公共关系活动的主体（甚至关键、核心）的内容，这已经得到众多研究者的强调。① 媒体之所以在这种情境中拥有显著的地位，是因为媒体在社会生活中的重要影响力，比如对社会真实的建构能力。② 媒体关系

---

① PINCUS J D, RIMMER T, RAYFIELD R E, et al. Newspaper editors' perceptions of public relations: how business, news, and sports editors differ [J]. Journal of public relations research, 1993, 5 (1): 27-45; SEITEL F P. The practice of public relations [M]. New Jersey: Prentice Hall, 2004: 211; TAYLOR M. Media relations in Bosnia: a role for public relations in building civil society [J]. Public relations review, 2000, 26 (1): 1-14; ZOCH L M, MOLLEDA J C. Building a theoretical model of media relations using framing, information subsidies, and agenda-building [G] // BOTAN C H, HAZLETON V. Public relations theory II. Mahwah: Lawrence Erlbaum, 2006: 279-309.

② ADONI H, MANE S. Media and the social construction of reality: toward an integration of theory and research [J]. Communication research, 1984, 11 (3): 323-340.

活动的这种状况导致媒体成为绝大部分公关从业人员（下文简称"公关人员"）开展活动的主体对象，同时也会导致媒体伦理失范现象发生的可能性增加。

媒体关系的相关研究呼应了议题设置研究的发展趋向。至20世纪80年代，议题设置的研究焦点已经由最初"谁设定公众议题"转变为"谁设定媒体议题"。① 后者往往被称为"议题建构"（agenda building），其关注对象被表述为"是谁在影响媒体议题、如何以及为什么设置媒体议题"。② 在这种意义上讲，媒体关系研究呼应了议题建构的研究，因为媒体关系研究也是在关注媒体议题的影响因素、影响机制等。

实践过程中，代表特定社会组织开展媒体关系活动的往往是专门的公关人员。即使这些人员并没有被命名为公关人员，其在媒体关系活动中的职责也是为了获得恰当的媒体报道，因此其活动本质也属于公共关系的范畴。在这种意义上讲，媒体关系活动即由代表特定社会组织的公关人员开展的以媒体人员为对象的活动，目的是将该社会组织的相关讯息有效传播出去。③ 也就是说，媒体关系活动的参与双方分别是代表特定社会组织的公关人员与媒体人员。因此，大部分研究者都将媒体关系界定为公关人员与媒体人员之间的关系。④

---

① MCCOMBS M E. Explores and surveyors: expanding strategies for agenda-setting research [J]. Journalism quarterly, 1992, 69（4）: 251-268.
② GANDY O H. Beyond agenda setting: information subsidies and public policy [M]. Norwood: Ablex, 1982: 266.
③ HENDRIX J, HAYES D. Public relations cases [M]. Belmont: Thompson Wadsworth, 2010: 46-88; TURK J. Information subsidies and influence [J]. Public relations review, 1985, 11（3）: 1-14.
④ NEIJENS P, SMIT E. Dutch public relations practitioners and journalists: antagonists no more [J]. Public relations review, 2006, 32（3）: 232-240; SHIN J H, GLEN T C. The interplay of professional and cultural factors in the online source-reporter relationship [J]. Journalism studies, 2003, 4（2）: 253-272; SHIN J H, CAMERON G. Different sides of the same coin: mixed views of public relations practitioners and journalists for strategic conflict management [J]. Journalism and mass communication quarterly, 2005, 82（2）: 318-338; STEGALL S K, SANDERS K P. Coorientation of PR Practitioners and news personnel in education news [J]. Journalism quarterly, 1986, 63（2）: 341-393.

正式媒体关系活动的基础是"信息补贴"（information subsidy）。"信息补贴"概念的基础是"消息来源"概念。消息来源是媒体内容的来源，它可能是个人或社会组织，也可能是不同形式的材料。当公关人员代表某一社会组织向媒体提供信息时，这些公关人员以及这一组织也就行使了消息来源的职能。并非所有的消息来源都负有公共关系的职责，因此消息来源可以被粗略地划分为两类：一般新闻来源（news source）与公共关系信息来源（information source）。一般新闻来源参与媒体报道的产物是一般的新闻报道。公共关系信息来源会有目的、有意识地向媒体提供信息，生产出"公共关系报道"（planned publicity）。①

信息补贴指消息来源提供给媒体的信息，其具体形式十分广泛，包括新闻稿、新闻发布会、经过策划的事件或官方记录等。② 信息补贴的意义在于，通过降低媒体人员获取信息的成本来提高媒体对特定信息的需求。这正是开展媒体关系活动的公关人员的关键目的，因此信息补贴在正式媒体关系活动中占据关键地位。

非正式媒体关系活动的具体形式要复杂得多。比较典型的非正式关系活动方式包括：非正式电话、私下会晤、地缘/校缘/血缘关系、会餐、社交联谊活动（如高尔夫、爬山等）、新闻交易（新闻广告、新闻与广告投放之间的交易等）、赠送（礼品、票券等）、贿赂等。③ 很明显，其中部分活动方式直接

---

① BASKIN O W, ARONOFF C, LATTIMORE D. Public relations: the profession and the practice [M]. Madison: Brown & Benchmark Publishers, 1997: 494; TILSON D J. Public relations and Hollywood: a fistful of publicity [J]. Public relations quarterly, 2003, 48 (1): 10-13;
② BERKOWITZ D. Refining the gatekeeping metaphor for local television news [J]. Journal of broadcasting and electronic media, 1990, 34 (1): 55-68; BERKOWITZ D. Work roles and news selection in local TV: examining the business-journalism dialectic [J]. Journal of broadcasting & electronic media, 1993, 37 (1): 67-81; GANDY O H. Beyond agenda setting: information subsidies and public policy [M]. Norwood: Ablex, 1982: 14.
③ CAMERON G T, SALLOT L M, CURTIN P A. Public relations and the production of news: a critical review and theoretical framework [J]. Annals of the international communication association, 1997, 20 (1): 111-155; SHIN J H, CAMERON G T. Informal relations: a look at personal influence in media relations [J]. Journal of communication management, 2003, 7 (3): 239-253.

违背了媒体的职业规范，另外的方式可能会对媒体报道带来更加复杂、微妙的影响。因此，非正式媒体关系活动及其相关媒体伦理失范现象是本文的分析重点。

为了说明的便利，也依据不同媒体关系活动对媒体影响的不同表现，本文将非正式媒体关系活动分为两类：或以经济利益为基础，或以私人关系为基础。前者的本质是一种比较简明直接的交换关系——公关人员以特定形式的经济利益（赠送、贿赂等）来换取特定状况的媒体报道。后者指公关人员仰仗与媒体人员的私人关系来获取特定状况的媒体报道。两类非正式媒体关系活动之间往往存在着紧密的关联。比如，印度、韩国与日本的公关人员往往利用与新闻记者和编辑人员的良好关系实现特定的媒体报道目的，不过获得这种好处的方式往往是款待新闻记者吃喝或者赠送礼品甚至进行贿赂。[①] 因此，大部分情况下，经济利益是紧密私人关系的基础，私人关系往往是经济利益的结果。两类非正式媒体关系活动是很难分清的。本文主要为了便于说明，将二者加以划分。

在媒体专业规范的意义上讲，公关人员开展的非正式媒体关系活动成功之时，就是媒体伦理失范现象发生之际。因为无论是哪种非正式媒体关系活动，都违背了媒体的客观、独立、公正等基本专业规范。与此不同，正式媒体关系活动的基础是公开的信息传播，并没有违反正常的媒体报道规则。

当我们讨论媒体关系活动对媒体报道的影响的时候，这种讨论也明显受到上述正式与非正式区分的影响。比如，相关研究表明，有25%—50%的媒体报道采用了公共关系信息来源提供的信息，有时这一比例甚至高达80%。[②] 另外的研究则显示，公关人员发布的新闻稿中，有90%都未被采用。[③] 无论

---

① SRIRAMESH K, KIM Y, TAKASAKI M. Public relations in three Asian cultures: an analysis [J]. Public relations review, 1999, 11 (4): 271–292.

② CURTIN P A, RHODENBOUGH E. Building the news media agenda on the environment: a comparison of public relations and journalistic sources [J]. Public relations review, 2001, 27 (2): 179–190.

③ MARTIN W P, SINGLETARY M W. Newspaper treatment of state government releases [J]. Journalism quarterly, 1981, 58 (1): 93–96.

这些研究结果之间存在多大的差异，这些分析都集中关注媒体采用信息来源提供的信息的状况，并将此作为标准来评价媒体关系活动对媒体报道的影响。这一分析立场属于正式媒体关系的范畴，侧重于正式媒体关系活动的影响。与此不同，侧重于非正式媒体关系活动的影响的研究者集中关注的是报道内容以及媒体人员的认知等因素。比如，一些研究结果显示，媒体关系活动对新闻报道内容的直接影响不大，但是却能够以间接的方式影响记者的认知。①这种影响的结果会更加隐秘地体现于报道内容上，因而也会导致更加隐秘、复杂的媒体伦理失范现象。

关注文化因素影响的研究者强调，媒体关系活动受到所在文化背景的影响，反映着文化差异，这是因为媒体关系活动的参与者都是特定文化的产物——无论是公关人员，还是媒体人员，其观念、行为方式等，都受到所属文化的深刻影响。这种分析当然是没有问题的，不过部分研究者试图暗示，东方文化是非正式媒体关系活动的温床。②这种认识是偏颇的。国际公共关系协会（International Public Relations Association）曾经对来自52个国家的公关人员进行调查，结果显示，西方国家同样存在类似的失范现象。比如，在澳

---

① BAXTER B L. The news release: an idea whose time has gone [J]. Public relations review, 1981, 17 (1): 27-31; SALLOT L M, STEINFATT T M, SALWEN M B. Journalists' and public relations practitioners' news values: perceptions and cross-perceptions [J]. Journalism and mass communication quarterly, 1998, 75 (2): 366-377.

② BOTAN C H. International public relations: critique and reformulation [J]. Public relations review, 1992, 18 (2): 149-159; GRUNIG J E, GRUNIG L A, SRIRAMESH K, et al. Models of public relations in an international setting [J]. Journal of public relations research, 1995, 7 (3): 163-186; PUSPA R. Personal influence and power distance: acknowledging local cultures influence in conceptualising public relations practices in Asian countries [J]. Jurnal ilmu komunikasi, 2007, 4 (1); SRIRAMESH K. Social culture and public relations: ethnographic evidence from India [J]. Public relations review, 1992, 18 (2): 201-211; SRIRAMESH K, TAKASAKI M. The impact of culture on Japanese public relations [J]. Journal of communication management, 1999, 3 (4): 337-352; SRIRAMESH K, KIM Y, TAKASAKI M. Public relations in three Asian cultures: an analysis [J]. Public relations review, 1999, 11 (4): 271-292; WINFIELD B H, MIZUNO T, BEAUDOIN C E. Confucianism, collectivism and constitutions: press systems in China and Japan [J]. Communication law and policy, 2000, 5 (3): 323-347.

大利亚，有60%的受访公关人员指出，有的记者同时受聘于特定企业或公关公司。① 总之，我们更应当着重关注的是不同文化背景下非正式媒体关系活动方式的多样性以及相关媒体伦理失范现象的复杂性。

二、非正式媒体关系活动及相关媒体伦理失范现象

（一）以经济利益为基础的非正式媒体关系活动

这种非正式媒体关系活动与"媒体不透明"（media non-transparency）现象紧密关联。"媒体不透明"概念的基础是"媒体透明"（media transparency）概念。

"媒体透明"关注讯息通过不同载体进行传播的方式与原因。当特定媒体满足三项特征时，该媒体就是透明的。这三项因素分别是：第一，信息来源是多样的，而且通常情况下不同的信息来源处于竞争状态；第二，信息以公开的方式进行传播；第三，媒体以公开的方式获取经费。②

"媒体不透明"现象指直接或间接的付费现象。直接付费行为指消息来源为了获得报道以不同形式直接向媒体人员提供现金，间接付费指以非现金的任何形式向媒体人员提供报酬。③ 直接付费现象与"媒体受贿"（media bribery）、"红包新闻"（envelope journalism）等概念息息相关。比如，在印度尼西亚，记者参加新闻发布会都需要给予报酬，只不过这些报酬被委婉地标示为"交通补助"。通常情况下，印度尼西亚记者由各种新闻发布会获得的现

---

① MITCHELL S. Survey shows unethical journalism is rife [N/OL].（2002-07-21）[2010-05-20]. http://www.thepost.ie/archives/2002/0721/survey-shows-unethical-journalism-is-rife-302552628.
② KRUCKEBERG D, TSETSURA K. International journalism ethics [G]// BEER A S, MERRILL J C. Global journalism. Boston: Pearson Allyn & Bacon, 2004: 84-92.
③ KRUCKEBERG D, TSETSURA K. International index of bribery for news coverage [EB/OL].（2011-01-10）[2011-03-15]. http://www.instituteforpr.org/topics/bribery-news-coverage-2003/; TSETSURA K. Bribery for news coverage: research in Poland [EB/OL].（2011-01-10）[2011-03-15]. http://www.instituteforpr.org/files/uploads/Bribery_Poland.

金数量与正常的薪酬相差无几。① 间接付费可以采取现金之外任何可能的形式，主要指不同形式的赠与，包括礼品、赠品、免费票券、免费旅游等。这种形式更加复杂，与之关联的媒体伦理失范现象也同样复杂。比如，新闻发布会提供的简便午餐，我们很难判定这是新闻发布会的必要组成成分，还是应当将其视为消息来源提供给记者的免费赠品。因此，依据不同的标准，提供简便午餐的新闻发布会可能被划归为正式媒体关系活动，也可能被界定为非正式媒体关系活动。比如，在非洲，记者的薪酬普遍偏低，因此一顿免费午餐意味着一种十分有力的诱惑。在埃塞俄比亚，"餐车记者"（buffet journalists）就经常出现于各种招待会、发布会等场所享用免费餐饮。② 这种现象体现出与媒体关系活动相关的媒体伦理失范现象的复杂性。

媒体不透明概念主要站在媒体经费来源的立场上，关注其对信息来源使用以及信息传递方式的影响。或者说，这一概念着重关注的是媒体经费来源失范行为与媒体信息传播失范行为之间的关联。公共关系领域的相关研究者在关注由直接或间接付费行为导致的媒体伦理失范现象时，往往使用"媒体不透明"概念。

"媒体透明"观念本身体现着公共关系领域对非正式媒体关系活动的关注。2001年，国际公共关系协会开展了一项活动，试图减少公关人员与媒体人员之间的不道德甚至违法的关系行为。之后，在这一活动的引导下，国际公共关系协会颁布了《媒体透明宪章》（Media Transparency Charter），确定了媒体关系活动伦理的国际标准。这一宪章的主要内容包括：新闻报道应当建立在记者与编辑新闻判断的基础上，不应当受到任何形式的金钱或其他诱惑的影响；付费内容应当清晰地标示为广告、赞助或促销；不应当为了促使某一内容获得报道而强调该内容自身价值之外的因素；当特定报道需要产品样品或相关服务时，使用的时间需要提前确定，之后媒体人员应当将其归还；

---

① MULIANA A. C. Online journalism in Indonesia [D]. Singapore: National University of Singapore, 2008.

② LODAMO B, SKJERDAL T S. Freebies and brown envelopes in Ethiopian journalism [J]. Ecquid novi: african journalism studies, 2009, 30 (2): 134–154.

媒体应当就赠品等的收受行为制定政策，记者应当遵守这一政策。[①]

至今已有多家国际性公共关系与新闻专业组织宣布接受《媒体透明宪章》。这些国际专业组织包括：国际新闻学会（International Press Institute）、国际新闻工作者联合会（International Federation of Journalists）、公共关系与传播管理国际联盟（Global Alliance for Public Relations and Communications Management）、公共关系研究与教育学会（Institute for Public Relations Research and Education）、国际传播机构联合会（International Communications Consultancies Organisation）等。这种状况体现出两个领域对媒体伦理失范问题的共同关注。

（二）以私人关系为基础的非正式媒体关系活动

公关人员与媒体人员之间的私人关系在媒体关系活动中占据重要位置，以至于有的研究者大张旗鼓地强调，媒体关系活动的关键内容就是发展与媒体人员的私人关系。国内有关媒体关系工作岗位的招聘启事中，往往都要求应聘者有丰富的媒体关系资源，甚至有的直接标示为"人脉"资源。这种现象凸显出私人关系在国内媒体关系活动中的重要地位，也间接显示出国内相关媒体报道失范行为发生的可能性。这种现象是公共关系领域中的"个人影响"模式（personal influence model）的典型表现。在个人影响模式下，公关人员的主要职责是与媒体、政府等关键领域中的相关人员确立积极、稳定的私人关系。[②]

目前关于私人关系在媒体关系活动中的角色的研究大多集中于亚洲地区，

[①] The ICCO Adopts the IPRA's Charter on Media Transparency [EB/OL].(2005-10-18)[2011-02-16]. http://www.prcai.org/pressroom/icco_ipra_charter_18oct05.asp.

[②] GRUNIG J E, GRUNIG L A, SRIRAMESH K, et al. Models of public relations in an international setting [J]. Journal of public relations research, 1995, 7(3): 163-186.

尤其是东亚与东南亚地区，主要涉及日本、韩国、印度尼西亚、印度等。① 在这些地区，公关人员往往与特定媒体人员保持着稳定、积极、紧密的私人关系，这种私人关系对媒体报道发挥着微妙而又显著的影响。对于公关人员而言，其主要结果表现为积极报道的增加、负面报道的减少。②

在目前的文献中，韩国媒体关系活动中的私人关系因素得到了最广泛的关注。在韩国，公关人员向记者赠送礼品、"糕点费"或为特定报道付费的行为是比较普遍的，而且韩国公关人员往往与媒体人员维持着积极、紧密的私人关系，并通过这种关系来解决组织的有关问题。③ 韩国公关人员认为，与记者的社会交往有助于确立"自己人"效应，这种交往会在之后有所回报，比如通过私人关系避免负面报道等。④

韩国媒体关系活动的另外一项明显特征是"初版屏蔽"（first-edition screening）现象，体现出非正式媒体关系活动更加复杂的侧面。初版屏蔽指

---

① HUANG Y H. The personal influence model and Gao Guanxi in Taiwan Chinese public relations[J]. Public relations review, 2000, 26（2）: 216-239; JO S, KIM Y. Media or personal relations? Exploring media relations dimensions in South Korea[J]. Journalism and mass communication quarterly, 2004, 81（2）: 292-306; SINAGA S T. Predicting Indonesian journalists' uses of public relations-generated news materials[D]. Baton Rouge: Louisiana State University, 2005; SRIRAMESH K. Societal culture and public relations: ethnographic evidence from India[J]. Public relations review, 1992, 18（2）: 201-211; SRIRAMESH K, KIM Y, TAKASAKI M. Public relations in three Asian cultures: an analysis[J]. Public relations review, 1999, 11（4）: 271-292; SRIRAMESH K, TAKASAKI M. The impact of culture on Japanese public relations[J]. Journal of communication management, 1999, 3（4）: 337-352; WU M Y, TAYLOR M, CHEN M J. Exploring societal and cultural influences on Taiwan residents public relations[J]. Public relations review, 2001, 27（3）: 317-336.

② DOWNES E J. Hacks, flacks, and spin doctors meet the media: an examination of the congressional press secretary as a (potential) public relations professional[J]. Journal of public relations research, 1998, 10（4）: 263-286.

③ KIM Y, HON L. Craft and professional models of public relations and their relationship to job satisfaction among Korean public relations practitioners[J]. Journal of public relations research, 1998, 10（3）: 155-175; PARK J. Images of "Hong Bo (Public Relations)" and PR in Korean newspapers[J]. Public relations review, 2001, 27（4）: 403-420.

④ JO S, KIM Y. Media or personal relations? Exploring media relations dimensions in South Korea[J]. Journalism and mass communication quarterly, 2004, 81（2）: 292-306.

在正式出版之前，媒体将初步确定下来的报道内容提交给相关公关人员审阅并提出建议的现象，其主要目的是避免可能的负面信息。这种现象也被称为"第三级守门"（third gatekeeping），是相对于消息来源（第一级守门）、媒体人员（第二级守门）而言的。① 初版屏蔽现象十分典型地体现出公关人员对媒体专业规范的侵犯，其基础来自公关人员与媒体人员之间紧密的、稳定的私人关系，这种关系为公关人员提供了广泛参与媒体报道活动的便利。

其他调查结果显示，这种"初版屏蔽"现象在亚洲其他地区同样存在。比如，当印度尼西亚的公关人员与记者确立了积极的私人关系之后，记者在对特定内容进行报道时，往往会事先征求相关公关人员的看法。② 国内也存在类似现象，主要体现于媒体人员让消息来源来核实稿件的行为。

不过，这种以私人关系为基础的媒体关系活动并非亚洲地区独有，世界其他地区也存在类似的现象，只不过具体表现有所不同而已。比如，在克罗地亚，公关人员与媒体人员之间的私人关系也是媒体关系活动的主要方式；在意大利，公关人员与媒体人员的私人关系对媒体关系活动也发挥着重要的影响；在希腊，研究者也发现了个人影响模式。③

三、媒体关系视野下的媒体伦理失范现象解决思路

总之，公关人员开展的非正式媒体关系活动会对媒体伦理带来深远的影

---

① LEE J, BERKOWITZ D. Third gatekeeping in Korea: the screening of first-edition newspapers by public relations practitioners [J]. Public relations review, 2004, 30（3）: 313-325.

② YUDARWATI G A. Personal influence model of public relations: a case study in Indonesia's mining industry [C]//INVERNIIII E, FALCONI M, ROMENI S. Institution lising PR and corporate communication: Proceedings of the EUPRERA 2008 Milan Congress, Vol.2.Milan: Pearson, 2009: 931-954

③ LYRA A. Public relations in Greece: models, roles and gender [D]. College Park: University of Maryland, 1991; TAYLOR M. Exploring public relations in Croatia through relational communication and media richness theories [J]. Public relations review, 2004, 30（2）: 145-160.

响，其基础来自媒体关系活动的参与双方（公关人员/媒体人员）。一方面，部分公关人员对非正式媒体关系活动的认知仍存在明显的偏颇。比如，仍有部分公关人员认为付费报道之类的方式是一种有效的公关技巧。①另外一方面，在一些情况下，主导非正式媒体关系活动的不是公关人员，而是媒体人员。比如，新加坡航空公司经常会收到记者索要国际机票的要求，并答应会在特定内容中给予积极报道。②这就是经常说的"媒体寻租"现象。③

因此，很多情况下，公关人员与媒体人员之间的关系表现为冲突状态，④有时甚至呈现出比较极端的表现。比如，2001年，一家名为普罗马克的俄罗斯公关公司针对媒体开展了一项"钓鱼"行动。2001年2月26日，普罗马克组织了一次新闻发布会，虚构了一家商店开业的信息并加以宣布，试图试探并揭露媒体的不当报道行为。新闻发布会后，有21家报纸联系了普罗马克。最终，在未经核实的情况下，有13家媒体同意付费报道，费用最高达2000美元。事后，普罗马克对此进行了披露，对这些媒体进行了公开羞辱。同时，该公司还把它所采用的方法与世界各地的公关公司分享。⑤这一事件在公共关系与新闻领域都引起一定程度的影响。

有的媒体关系研究者一直试图界定清楚两个群体中到底谁应该为媒体伦理失范现象负责——是媒体人员违背新闻专业规范，还是公关人员想尽一切

---

① ROGOJINARU A. Challenges of revived democracies: the rise of public relations in Romania[G]// SRIRAMESH K., VERČIČ D. The global public relations handbook. New York: Routledge, 2009: 596–626.

② MULIANA A C. Online journalism in Indonesia[D]. Singapore: Master Thesis of National University of Singapore, 2008.

③ 陈卫星，徐桂权. 权力衍续与媒介寻租：中国与俄罗斯的比较制度分析[J]. 国际新闻界，2010（7）：50-55；张志安，陆晔. 记者"权力寻租"中的社会资本转换及其伦理边界[J]. 国际新闻界，2008（10）：50-54.

④ SHIN J H, CAMERON G T. A cross-cultural view of conflict in media relations: the conflict management typology of media relations in Korea and the U.S.[C]. Miami, Public Relations Division of AEJMC for the 2003 Annual Convention.

⑤ RULER B, VERČIČ D. Public relations and communication management in Europe: a nation-by-nation introduction to public relations theory and practice[M]. Berlin: Walter de Gruyter, 2004: 343.

办法促使特定讯息获得媒体的报道?① 但是,这种询问基本是徒劳的,因为很多情况下,两个群体都存在类似的问题。比如,韩国公关人员与记者都对私人关系表示认同,认为这种关系对于双方都有利,并不会对媒体的专业角色带来不利影响。② 原因很简单,诱惑对于双方都是同样的。

与此相反,虽然两个领域有各自不同的专业准则,不过两者对媒体失范行为的关注是相同的。因此,媒体关系领域的众多研究者开始强调媒体关系活动参与者之间协作的重要意义,强调将两个领域的专业目标、价值体系、职责等相关因素都考虑进来,以便更好地解决媒体伦理失范问题。比如,美国公共关系学会(Institute for Public Relations)的主席欧沃特(Frank Ovaitt)就强调,记者与公关人员应当协作,这是问题的关键。③ 这种思路的本质仍是对关系因素的关注。

采取这一视角的研究者往往对公关人员与媒体人员给予同等的关注,既关注公关人员的行为与认知,也关注媒体人员的行为与认知。比如,当两位研究者调查马来西亚的非正式媒体关系活动及相关伦理现象时,调查对象既包括 48 名公关人员,也包括 63 名记者。④

四、结语

由媒体关系视角来关注媒体伦理失范问题,主要从社会性视角出发,将公关人员与媒体人员都纳入思考框架内,对关系因素给予更多关注。

---

① GRUNIG J. Theory and practice of interactive media relations [J]. Public relations quarterly, 1990, 35(3): 18-23.

② LEE J, BERKOWITZ D. Media relations in Korea: Cheong between journalist and PR practitioner [C]// Paper submitted to the Public Relations Division of AEJMC for the 2003 Annual Convention, Kansas City: MO.

③ Six global organizations join forces against bribery for media coverage [EB/OL]. (2004-07-26) [2011-03-15]. http://www.instituteforpr.org/releases/six-global-organizations-join-forces-against-bribery-for-media-coverage/.

④ KAUR K, SHAARI H. Perceptions on the relationship between public relations practitioners and journalists [J]. Kajian Malaysia, 2006, 24(1&2): 9-28.

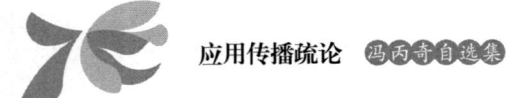

正式媒体关系活动以信息传播为基础，信息自身的价值位于关键地位，因此在正常状况下，正式媒体关系活动不会违背媒体专业规范。以经济利益为基础的非正式媒体关系活动导致的媒体伦理失范现象比较直接、明确，因为它对媒体基本规范的违背是直接的、明确的。与之不同，以私人关系为基础的非正式媒体关系活动会导致更加复杂的媒体伦理失范现象，因此也值得进一步关注。

媒体关系领域的相关研究者也在寻求解决方案。在这一过程中，两个群体之间的关系因素得到了显著强调——作为媒体关系活动的参加者，公关人员与媒体人员应当就两个专业领域都关心的问题展开协作，相互批评指责是没有益处的。

这一分析视角能够比较全面地认识非正式媒体关系活动的本质及其对媒体伦理的影响，也试图为与非正式媒体关系活动紧密关联的媒体伦理失范现象提出建设性的解决方案。一定程度上，这一研究视野进一步深化了我们对媒体伦理失范现象的认知。

五、社交媒体研究[①]

[①] 国内"社交媒体"这个概念所要指代的传播渠道包含两项基本特征：公众之间的互动和公众便于参与的内容生产与传播。因此如果将所有"社交媒体"作为一条连续轴的话，一端显著偏重于公众之间的互动，另一端显著偏重于内容的生产与散播，大部分"社交媒体"分布于这一连续轴的某一位置（即每一渠道都兼具两项特征，且两项特征以不同比例整合）。在这一含义上讲，"社交"这一说法并不能有效全面地体现上述特征（更不用提中文语境中"社交"说法所涵盖的丰富的潜在含义了）。基于此，本人曾经尝试使用"社会性媒介"来试图尽量全面涵盖上述特征（使用"媒介"而不是"媒体"，同样基于这一考虑，试图囊括尽量广泛的传播渠道）。不过鉴于"社交媒体"的盛行，本部分标题同样使用"社交媒体"，但后文仍旧使用论文发表时使用的"社会性媒介"的说法。

社会性媒介内容传播过程基本特征分析[*]

"社会性媒介"（Social Media）的范围比较广泛，包括网络论坛、布告栏、博客、微博、播客、社交网站、维基等等。社会性媒介的界定尚存在一定的混乱。本文以媒介内容为侧重点，倾向于认为社会性媒介是为"使用者自行生产的内容"（user generated content）提供生产、使用与互动交换平台的一类媒介，其技术基础是 Web 2.0。[①] 使用者自行生产的内容具体表现为不同的形式，比如"消费者自行生产的广告（consumer-generated advertising）"、"旅游者自行生产的内容"（traveler-generated content）等。社会性媒介已经显示出明显的社会影响力。比如，消费者自行生产的广告能够明显影响相关产品的销售，旅游者自行生产的内容也会对其他旅游消费者的旅游决策产生明显的影响。[②] 这种影响力凸显出对其开展深入研究的价值。

国内研究者对社会性媒介也有不同的称呼，如："社交媒介""社会化媒

---

* 文章原载于《国际新闻界》2012 年第 4 期，收入本书时有改动。

① KAPLAN A M, HAENLEIN M. Users of the world, unite! the challenges and opportunities of social media [J]. Business horizons, 2010, 53（1）：59–68.

② CHEVALIER J, MAYZLIN D. The effect of word of mouth online：online book reviews [J]. Journal of marketing research, 2006, 43（3）：345–354；O'CONNOR P. User-generated content and travel：a case study on tripadvisor.com [G]// O'CONNOR P, HÖPKEN W, GRETZEL U. Information and communication technologies in tourism 2008. New York：Springer Wien, 2008：47–58.

体""社会性媒体""用户自生媒体"等。①不同的说法试图凸显这一类媒介的不同侧面。本文使用"社会性媒介"的说法,试图强调媒介内容生产与使用过程的社会性属性。

与此相应,国内研究者对"使用者自行生产的内容"的称呼也不尽相同,主要区别在于是否强调"自行"因素——媒介使用者自发自愿地参与。突出"自行"因素的称呼如"用户自制内容""用户自创内容"等。②"自行"是社会性媒介内容生产的关键要素,应当给予必要强调。这一界定不同于"自媒介"(We Media)。虽然自媒介的外延与社会性媒介大致相当,不过自媒介更偏重于站在媒介受众的立场上,试图强调两项要素:数字技术对普通公众的赋权;公众自己的内容。③不过自媒介的相关研究在一些关键层面揭示出社会性媒介内容生产与使用过程的内在状况,因此对本文有明显的启示意义。

社会性媒介的具体形态处于转变之中,其前提是技术的发展。总体而言,初级阶段的社会性媒介内容生产偏于生产者中心,带有明显的个体内容表达的色彩,内容使用者对这一过程的参与明显不足。比如,初级形态的博客更像是个体日志的公开传播。随着便于公众参与的软件的发展完善,博客显示出更加明显的协作参与特征,如"协作式博客"(collaborative blog)。同时,不同社会性媒介之间在内容生产与使用方面也存在一定的差异。所有社会性媒介内容的生产与使用形式大致形成一种连续轴,一端表现为不明确、不完整的开放式、协作式参与状况(如亚马逊,众多的参与者就特定的对象进行

---

① 郭淑娟.论社会性媒体的概念及发展中面临的问题[J].新闻界,2011(3):40-41,44;彭兰.社会化媒体与媒介融合:双重旋律下的关键变革[J].新闻界,2012(2):3-5,20;邵国松,杨雯.论用户自生媒体对用户的吸引力[J].国际新闻界,2009(11):81-86;汪慧,杨新敏.社交媒介与谣言传播的新变[J].东南传播,2011(6):35-37.

② 池见星.论新媒体时代传者与受者的身份趋同:用户自创内容(UGC)研究路径探析[J].东南学术,2009(4):166-168;王斌.从多元主体到参与式网络:媒介生产的空间扩散[J].新闻大学,2011(2):89-93.

③ 罗昶.从孟买恐怖袭击事件中的"自媒体"传播看公民新闻背景下的媒介权力转移[J].国际新闻界,2009(1):82-85;张艳.浅析自媒体时代的公益传播扩散[J].国际新闻界,2009(10):91-95.

评论），另外一端表现为明确、完整的开放式、协作式参与状况（如维基百科，众多的参与者就众多不同的对象进行内容生产）。① 其中间部分代表着处于中间状态的众多社会性媒介——或偏于不明确、不完整的一端，或偏于明确、完整的一端。

因此，社会性媒介的内容生产与使用过程呈现出一种复杂的状况。为了从总体上关注社会性媒介内容生产与使用过程的基本特征，本文主要关注发展成熟阶段的社会性媒介，强调其显著、基本的特征。

目前，国内的研究者对某些具体形态的社会性媒介的内容生产与使用过程（如微博）已经有一定涉及，不过缺乏从总体上对社会性媒介内容生产与使用过程的基本要素进行的说明与分析。相比之下，国外已经有几项研究对此进行了尝试性分析。本文试图在国内外已有相关分析的基础上，对社会性媒介的内容传播过程（生产与使用）的基本特征进行简明总结与说明，以期有助于我们更加完整清晰地认识社会性媒介传播的内在规律，也更加清晰地认识特定社会性媒介的传播特性。社会性媒介内容传播过程的特征体现于参与者的行为，因此对社会性媒介内容参与者的角色给予说明与分析是必要的。

一、社会性媒介内容参与者的角色及其内容生产与使用过程

（一）从内容使用者到内容参与者，从内容使用过程到内容参与过程

使用者自行生产媒介内容的现象并不新鲜。传统大众媒介传播过程中的典型代表是受众写给媒体的信件。只要这些内容顺利通过守门过程得以公开发表，这些内容就成功转化为"使用者自行生产的媒介内容"。在社会性媒介传播环境中，在不受制于传统意义上的守门过程的前提下，原来的普通媒介使用者能更加便利地公开发表"自行生产的内容"，并由比较简单的"内容使

---

① ROUSH P, BROWN R. Social networking and authentic engagement: students as "Produsers" [C] // Paper presented at the learners in the co-creation of knowledge (LICK) conference, edinburgh, 2008-10-30.

用者"转变为"内容参与者"。①

公民新闻的相关研究者集中探讨了这一转变。在这些研究者看来，公民新闻赋予传统新闻报道过程中的"受众"以明显的权利，认为普通公众可以也应当参与到新闻生产过程中，甚至在"一些情况下，受众做得要好于专业记者"。② 因此，公民新闻的兴起促使新闻由媒体专业人员主导的"报道"模式转向普通公众参与的"共享"模式。③ 与此同时，传统意义上的守门人也转变为"引导人"（guidedog），④ 主要负责鼓励公众发表观点并搜集有价值的内容。

总之，社会性媒介内容生产过程显示出十分明显的"去中心化"倾向，⑤ 但绝不能将其等同于"使用者中心"。更恰当的说法应该是，传统意义上的媒介使用者也加入社会性媒介内容生产者的队伍中。无论如何，传统意义上的专业媒介从业人员仍扮演着适当的角色，或者说至少也扮演着内容参与者的角色，只不过其守门人的角色有了明显的转变。从"专业/业余"的角度出发，社会性媒介的内容参与者由业余与专业两部分人员共同组成——社会性媒介的内容不可能完全来自专业人员，也不可能全由业余人员生产。这样才能全面展示当下社会性媒介的内容生产与使用过程的状况。

（二）内容生产与使用过程的混合，内容生产者与使用者角色的整合

以上主要对社会性媒介的内容生产过程及其生产者进行了关注，不过实

---

① VAN DIJCK J. Users like you? Theorizing agency in user-generated content [J]. Media, culture & society, 2009, 31（1）: 41-58.

② GILLMOR D. We the media [M]. Sebastopol, CA: O'Reilly, 2006; PLATON S, DEUZE M. Indymedia journalism: a radical way of making, selecting and sharing news [J]. Journalism, 2003, 4（3）: 336-355.

③ 罗新星. 公民新闻：人人都是记者——基于新闻从"报道"到"共享"的思考 [J]. 社会科学评论, 2009（4）: 74-79.

④ BARDOEL J, DEUZE M. "Network journalism": Converging competencies of old and new media professionals [J]. Australian journalism review, 2001, 23（2）: 91-103.

⑤ 陈欣，朱庆华，赵宇翔. 基于 YouTube 的视频网站用户生产内容的特性分析 [J]. 图书馆杂志, 2009（9）: 51-56.

际状况并没有这么简单。

从总体上来看，社会性媒介内容的生产过程与使用过程之间的界限并不清晰，往往表现为一种混合过程。比如，微博的转发者不仅仅进行简单的复制粘贴操作，往往也会通过添加个人评议的方式对内容进行再造。[①] 再比如，维基百科的使用者同时也会对维基百科的内容进行调整甚至创造。[②] 在这种情况下，媒介内容的生产与使用其实就是一个过程。

这一状况直接导致社会性媒介内容生产者与使用者之间身份界限的模糊，两种角色出现了夹杂甚至整合的趋势，其结果表现为一种"使用者—生产者"的混合角色，也被国内研究者称为"传受合一""受者即是传者"等。[③] 这种情况下，简单的"生产者"或"使用者"概念都已经不能恰当地传达社会性媒介内容传播过程参与者的角色。

为了能有效表达上述混合状况，澳大利亚研究者布伦斯（A. Bruns）等总结出了新的概念——"产用"过程（produsage）与"产用者"（produser）。曾有少数几项国内研究简短提及这些概念，将其界定为"生产使用合成体"、"产消合一""生产性消费""造用""新闻用户和新闻生产者的集合体"等，[④] 但并没有具体说明其内容。主要为了更加完整、准确、简明地表达生产与使用因素之间的平等、整合关系，本文使用"产用"与"产用者"的说法。

布伦斯等强调，在社会性媒介传播环境中，内容生产者与使用者之间的界限也正在逐渐消失，这是因为在社会性媒介传播环境中，几乎所有的内容

[①] 吕辛福. 微博客的新闻传播特征分析：以新浪微博为例 [J]. 今传媒，2010（8）：71-72.
[②] 王丹丹. 维基百科自组织模式下的质量控制方式研究 [J]. 图书馆理论与实践，2009（8）：21-24.
[③] 尚勤. 新闻讯息在微博社区中的传播分析：以新浪微博为例 [J]. 东南传播，2011（12）：85-87；汤向男. 关系化信息流：微博环境下的"把关人" [J]. 东南传播，2011（4）：38-40.
[④] 范剑文. 虚拟社区社会分层研究 [D]. 上海：上海大学，2010；李慧. 公民社会中的协商民主研究 [D]. 天津：天津师范大学，2010；瞿旭晟. 互联网平台上的知识生产：以社会化媒体为例的考察 [D]. 上海：复旦大学，2010；王嘉. 基于新闻专业主义框架基础上的温和变革：国外传统媒体新闻生产引入 UGC 的现实图景 [J]. 传媒，2011（5）：68-70；张咏华，李莉. "公民新闻事业"现象及其对国际传播的潜在影响：以"独立传媒中心"网站群集为例 [J]. 新闻学论集，2007（19）：175-192.

使用者同时也是特定内容的生产者，无论他们是否对此有所察觉。他们所承担的是一种新的混合角色——"产用者"（见图1）。① "产用者"概念强调，媒介内容使用者不再是被动的使用者，而是经常便利地、积极地参与到内容生产过程中，对内容的发展作出特定的贡献，从而也成为内容的生产者。总之，社会性媒介内容的发展来自使用者的广泛参与。因此，社会性媒介内容参与者的本质就是"产用者"。

图1　社会性媒介内容产用者与内容产用过程

与之相应，社会性媒介内容的"产用"过程指为了促使内容的进一步发展完善，所有内容产用者对现有内容进行开放式、协作式、持续式的建构与发展完善的过程。② 内容产用过程与内容生产或使用过程的根本差异在于，产用模式体现出明显的"互动创造性"（intercreativity）。③ 这一概念与经济管理研究领域中的"价值共创"（value co-creation）观念的本质一致。"价值共创"指顾客超越传统的单纯消费者角色，转变为"共同创造者"（co-creator）。④

托夫勒（A. Toffler）早在20世纪70年代前后就提出了"产消者"（prosumer）与"产消"过程（prosumption）的概念。⑤ 几十年后，这两个概念再次得到"维基经济"的倡导者塔斯考特（D. Tapscott）与威廉姆斯（A.

---

① BRUNS A. Blogs, Wikipedia, second life, and beyond: from production to produsage [M]. New York: Peter Lang, 2008: 2.
② BRUNS A. Blogs, Wikipedia, second life, and beyond: from production to produsage [M]. New York: Peter Lang, 2008: 2-7; BRUNS A, SCHMIDT J. Produsage: a closer look at continuing developments [J]. New review of hypermedia and multimedia, 2011, 17（1）:3-7.
③ BERNERS-LEE T. Weaving the Web [M]. London: Orion Business Books, 1999: 182-183.
④ PRAHALAD C K, RAMASWAMY V. Co-creation experiences: the next practice in value creation [J]. Journal of interactive marketing, 2004, 18（3）: 5-14.
⑤ TOFFLER A. Future shock [M]. New York: A National General Co, 1970.

Williams)的重新强调。① 托夫勒强调，其实在先工业时代（第一次浪潮），产消模式就是其主导模式。第二次浪潮是市场化时代，这一时代将生产与消费两种功能划分开来，也就是将生产者与消费者两种角色区分开来，直接导致"生产者"与"使用者"两种角色的诞生。第三次浪潮中，两者重新整合在一起，导致"产消者"角色的诞生。② 塔斯考特等指出，当消费者不再是简单地消费"终端产品"而是协同生产产品或服务时，消费者就转变为"产消者"。"产消"过程也不再指生产完成状态的产品，而是一种持续发展、创新的过程。

虽然托夫勒与塔斯考特等更偏于经济管理领域的生产与消费，不过他们的分析明显早于社会性媒介的发展，因此他们的观念揭示了一种社会活动发展趋势。这种趋势为社会性媒介内容传播现象提供了必要的分析背景。正因如此，在概念使用过程中，研究者们往往交互使用"产消者"与"产用者"两个概念，以及"产消"或"产用"两个概念。③

（三）内容传播管理：集体看门人与集体看门过程

传统大众媒介的内容传播过程主要由专业的守门人负责管理，既负责传播内容，也负责内容品质的管理。社会性媒介的内容传播过程更加复杂。

为了恰当表达这一过程，布伦斯等用"集体看门"过程（gatewatching）来指称社会性媒介内容传播的管理过程，用"集体看门人"（gatewatcher）来界定在这一过程中所有内容产用者肩负的角色。中文文献对这一概念的涉及很少，仅有几项研究将其译为"看门人"或"集体监看者"。④ 相比之下，本

---

① TAPSCOTT D. The digital economy: promise and peril in the age of networked intelligence [M]. New York: McGraw-Hill, 1996; TAPSCOTT D, WILLIAMS A. Wikinomics: how mass collaboration changes everything [M]. New York: Portfolio, 2006.
② TOFFLER A. The third wave [M]. New York: Morrow, 1980.
③ BRUNS A, SCHMIDT J. Produsage: a closer look at continuing developments [J]. New review of hypermedia and multimedia, 2011, 17 (1): 3-7.
④ 纪莉. 在两极权力中冲撞与协商：论媒介融合中的融合文化 [J]. 现代传播（中国传媒大学学报），2009 (1): 45-48.

文试图既强调协作参与要素，又避免传统守门人角色所包含的"把守"的色彩，因此使用"集体看门"与"集体看门人"的说法。

集体看门过程指内容参与者对内容的传播出口进行的协作式查看过程，以便在一些"重要"内容出现时及时给予识别并进行更广泛的传播。① 不过，虽然所有内容参与者都有平等机会来进行"察看"，但实践过程中，集体看门人的主体往往由特定社群中的活跃分子组成，这部分人负责引导其他内容参与者对有关内容进行评估并进一步发展完善。

这两个概念从传统守门过程的"把守"（keep）转换至"察看"（watch），明显放弃了传统守门人概念中对媒介内容发挥决定性影响的角色含义；同时强调所有参与者之间的协作，放弃了传统守门人概念所包含的由专业从业人员专享的要素。更重要的是，这一概念将传统意义上的受众也纳入其中。

守门过程与集体看门过程之间的首要区别在于：守门过程中，内容首先需要经过守门人的过滤之后才能得以公开传播；集体看门过程中，内容在公开传播之后才进入集体看门过程。集体看门过程完全依赖于内容参与者自身对内容价值的识别与分享能力。集体看门过程是特定内容得以强调并进行分享过程，而不是简单的过滤与传播的过程。或者说，集体看门人的职责并不是把原本不为人所知的内容公开传播出去，而是进一步提高特定内容的公开程度，扩大内容传播的范围。

传统意义上的守门过程中，守门人对信息流通渠道进行把守，即对来自多个来源的信息进行评价、取舍，属于比较典型的"信息推送"（information-push）模式；集体看门过程中，集体看门人已经不能把守信息流通的门户，只能把内容使用者直接引向信息的最初来源，由他们自己进行评价、互动讨论，属于比较典型的"信息拖拉"（information-pull）模式。②

---

① BRUNS A. Gatewatching: collaborative online news production [M]. New York: P. Lang, 2005: 17.
② BRUNS A. Gatewatching, not gatekeeping: collaborative online news [J]. Media international australia, 2003 (107): 31-44.

二、社会性媒介内容传播过程的基本特征

总体而言，社会性媒介内容生产与使用过程表现出如下几项基本特征：①

（一）开放式的内容参与过程，并形成协作参与式的社群

社会性媒介内容传播过程的基本原则是包容式、开放式、协作式的参与性，就是塔斯考特与威廉姆斯使用的"大规模协作"（mass collaboration）。其结果是"使用者自行组成的社群"（user generated community）的形成，也被称为"产用社群"（community of produsage）。

同时，很多研究者使用"自组织"理论来分析社会性媒介的内容发展过程以及内容参与者的行为。其实其本质仍是参与和协作。

（二）内容参与者自发、平等地参与内容发展，担负不同的角色

参与者对社会性媒介内容的参与是自发自觉的协同方式，因此这些参与者也被称为"志愿者"。产用社群的组织结构是非等级性的：产用社群的成

---

① BRUNS A. Blogs, Wikipedia, second life, and beyond: from production to produsage [M]. New York: Peter Lang, 2008: 23-30; BRUNS A. Distributed creativity filesharing and produsage [G] // SONVILLA-WEISS S. Mashup cultures. Vienna: Springer, 2010: 24-37; 蔡骐, 黄瑶瑛. 新媒体传播与受众参与式文化的发展 [J]. 新闻记者, 2011（8）: 28-33; 高钢. 谁是未来新闻的报道者？——维基技术的本质及对新闻报道的影响 [J]. 国际新闻界, 2008（6）: 60-65; 廖小珊. 维基百科信息生产机制管窥 [J]. 新闻窗, 2010（1）: 90-92; 卢军, 卢雅怀. 专业化分工与交易费用控制的共赢: 维基百科大规模协作模式的分析与启示 [J]. 学术论坛, 2009（6）: 150-153; 王丹丹. 维基百科自组织模式下的质量控制方式研究 [J]. 图书馆理论与实践, 2009（8）: 21-24; 夏雨禾. 微博互动的结构与机制: 基于对新浪微博的实证研究 [J]. 新闻与传播研究, 2010（4）: 60-69, 110-111; 殷俊. 自媒介与公共空间的再转型 [J] 国际新闻界, 2008（9）: 31-35; 尹开军. 维基百科社群发展策略研究 [J]. 图书情报知识, 2007（3）: 95-98; 余望枝, 朱少强. BBS论坛与百度知道的信息评价机制探讨 [J]. 图书馆学研究, 2008（12）: 81-83, 87; 周庆山, 王京山. 维基百科信息自组织模式探析 [J]. 情报资料工作, 2007（2）: 29-32; 左美云, 姜熙. 中文知识问答分享平台激励机制比较分析: 以百度知道、腾讯搜搜问问、新浪爱问知识人为例 [J]. 中国信息界, 2010（11）: 25-30.

员会依据自己的兴趣、技巧、知识等的状况参与内容生产,虽然所有参与者的能力或技巧是不平等的,但是他们对内容发展作出贡献的可能性是平等的,所有参与者都拥有对内容作出自己贡献的平等权利。

参与者之间既不是等级关系,也不是无组织的关系状态。参与者在社群中的影响力来自其对内容发展过程的参与状况。不同参与者的参与状况之间会表现出明显的不同,因此不同参与者在特定社群中扮演着不同的角色。比如,有的研究者将社会性媒介的内容参与者划分为五种角色:被动用户、外围贡献者、核心贡献者、异常用户、社群参与者。[①] 不过,随着具体参与状况的不断变化,特定参与者在特定产用社群中扮演的角色也会随之转变。很明显,社会性媒介的内容产用过程处于流动状态。

(三)内容品质依赖于互动式的评估过程,并导致内容的持续未完成状态

开放式的内容参与方式为社会性媒介的内容品质提供了保障基础——所有的内容都会得到同一社群中所有参与者的持续、互动式的审阅与评估。由于有参与者的广泛参与,这种评估实际上是一种互动式的公共状况,是"无须人为干预的、自动发生的评价机制",因此也促使社会性媒介具备了"自净化"的能力。[②] 总之,公众的广泛、积极参与是内容品质评估的关键要素。

因此,社会性媒介传播条件下,内容不再表现为"成品"(end product),而是处于不断的发展过程中——内容参与者可以随时对所关注的内容进行编辑或修改。"产品"的概念已经不再适用于这种状况,因为产用模式下不再有"完成"状态的内容,内容的"完成"状态很难实现。在这种情况下,内容表现为一种持续发展的过程。也就是说,社会性媒介的内容往往表现为一种持续的变动性、成长性。

[①] 张薇薇、王昊、朱晓东.互联网用户协同创作与内容共享的活动系统研究[J].中国图书馆学报,2011(4):27-37.

[②] 陈力丹.关注新媒体的"自净化"能力[J].国际新闻界,2011(5):10.

（四）参与者共有内容，并以恰当形式体现个人价值

虽然经过参与者协作生产的内容是由社群共同拥有的，但是对特定内容作出贡献的所有参与者都有所回报。这种回报是参与者进一步参与的动力。最基本的回报形式是在特定社群中获得认可。

实际上这也涉及了知识产权的相关问题。严格的知识产权管理无疑会阻碍参与者对现有内容进行编辑或调整。但是如果让参与者完全放弃知识产权的话，可能会损伤参与者的积极性，对内容的发展也是不利的。因此，社会性媒介传播环境下的知识产权状况处于两者之间。

部分社会性媒介对内容参与者提供了特定形式的激励机制，本质上这些机制就是在试图恰当体现内容参与者的个人价值。比如，百度知道的用户积分和等级体系以及维基百科的维基荣誉、维基奖励等。

三、结语

社会性媒介的内容参与者既包括传统意义上的媒介使用者，也包括传统意义上的媒介内容生产者。社会性媒介的内容生产与使用过程已经整合为一个过程——产用过程；社会性媒介的内容生产者与内容使用者之间的界限也在消失，转变为产用者。社会性媒介的内容传播管理体现为集体看门过程，其参与者扮演着集体看门人的角色。

总之，社会性媒介的内容传播过程表现出四项基本特征：开放式的内容参与过程，其结果是协作参与式社群的形成；内容参与者自发、平等地参与内容发展，担负不同的角色；内容品质依赖于互动式的评估过程，并导致内容的持续未完成状态；参与者共有内容，并以恰当形式体现个人价值。

本文仅是一种初步尝试，试图总结社会性媒介内容传播的基本特征，从总体上把握这一类媒介内容传播过程所体现出来的内在规律，为将来的有关应用与分析提供一定的启发与参考。

中国报纸对不同用户自行生产内容的使用情形*

一、导语

"用户自行生产内容"（user generated content，UGC，下文简称"UGC"）尚没有通行界定，大致指所有媒介用户自行生产的所有内容，具体表现为不同的形式，比如旅游者撰写的旅游经验等。外在媒介形式具体表现为论坛、贴吧、博客、微博、微信等，即"社会性媒介"（social media）。在本文中，与社会性媒介相对而言的是传统大众媒介（报纸、杂志、广播、电视、电影、新闻网站等）。

UGC是在内容层面上的表述，社会性媒介是在媒介层面上的表述，两者是一种现象的两个侧面。本文在内容生产层面上进行讨论，因此使用前者。

因用户在内容生产过程中扮演着不同的角色（由简单转发既有内容到完全独创生产内容），不同研究者对"自行"因素的认知存在差异。究其本质而言，凡是"非自行"参与到内容生产过程中的用户，都应该带有比较明显的外在于自身需求的推广目的（比如水军）。所以在用户参与的自由自在属性与内容价值的角度上，只有"用户自行生产内容"能够代表社会性媒介的

---

* 文章原载于《中国新闻传播的发展：现状与趋势报告（2014—2015）》，中国社会科学出版社2015年版，与王艳萍、莎木央金、王杰合作，收入本书时有改动。

传播本质。国内研究者对 UGC 的称呼也不尽相同，主要区别也在于是否强调"自行"因素，突出"自行"因素的称呼如"用户自制内容""用户自创内容"等。①

对于社会性媒介，国内研究者也有不同的称呼，比较通行的如"社交媒介""社会性媒介"等。②中文的"社会化"表述暗示一种过程，"社交"表述明显偏于关系，一定程度上两者都限于片面。本文在内容生产的视角中将其表述为"社会性媒介"，意在强调其内容生产过程参与者比较明显的广泛与自在属性。

用户能够自行生产并传播内容，表明社会公众能够发挥更明显的社会影响。不过在现有传播媒介体系中，这种影响的恰当发挥离不开传统大众媒介的"协助"——社会性媒介与传统大众媒介之间的互动。这一互动的内涵比较丰富，本文仅关注两者之间的内容互动。

国外已经有少量研究关注到传统大众媒介对 UGC 的使用情形。传统大众媒介对 UGC 的使用情形，显示着传统大众媒介的传播新形态，也在一定程度上显示出不同社会公众社会角色的转变。

到目前为止，国内类似研究仍处于缺乏状态。本文试图总结 2014 年度中国报纸对不同用户生产的内容的使用情形，进而大致显示不同内容生产者可能借助报纸的内容使用发挥社会影响的情形。

二、理论背景

（一）社会性媒介与传统大众媒介之间的内容互动

从消息来源的角度上讲，有研究者将媒介之间的内容互动形象地称

---

① 池见星.论新媒体时代传者与受者的身份趋同：用户自创内容（UGC）研究路径探析［J］.东南学术，2009（4）：166-168；王斌.从多元主体到参与式网络：媒介生产的空间扩散［J］.新闻大学，2011（2）：89-93.
② 邵国松，杨雯.论用户自生媒体对用户的吸引力［J］.国际新闻界，2009（11）：81-86；汪慧，杨新敏.社交媒介与谣言传播的新变［J］.东南传播，2011（6）：35-37.

为新闻食物链（news food chain）①。处于该链条上的所有传播媒介之间无疑都具有相互依赖的关系，媒介之间的内容互动不是单向的，而是多向的（multidirectional）②。这种论点从特定的方面反驳了所谓的"共鸣效果"（consonance effect）与"溢散效果"（spill-over effect）。"共鸣效果"的说法认为，媒介中存在"意见领袖媒介"（opinion-leader media），当这些意见领袖媒介最先报道相关的新闻后，其他的媒介才会跟进，形成一股连锁反应，此即共鸣效果。③"溢散效果"的相关说法指出，一些"反对性议题"（counter-issue）往往先由"另类媒介"最先报道，之后议题由这些另类媒介流向主流媒介，这种现象即所谓"溢散效果"。④我们可以明显发现，无论共鸣效果，还是溢散效果，都偏向于一种单向的媒介间议题设置过程，这种单向性不利于我们对新媒介的传播角色进行深入、恰当的认识。因此，对媒介之间内容互动的双向性的强调，也是本文结论分析的观念基础。

（二）传统大众媒介对 UGC 的使用

其实传统大众媒介对 UGC 的使用远早于互联网。⑤当时获得使用的 UGC 的典型代表是受众写来的信件、电台的热线电话以及受众提供的新闻线索

---

① ROGERS E. Audience and online news delivery: the impact of technology on editorial gatekeeping [C/OL].（2001-02-04）[2009-06-08] http://web.mit.edu/comm-forum/papers/Rogers_Audience.html.

② SWEETSER K D, GOLAN G J, WANTA W. Intermedia agenda setting in television, advertising, and blogs during the 2004 election [J]. Mass communication and society, 2008, 11 (2): 197-216.

③ NOELLE-NEUMANN E, MATHES R. The "Event as Event" and the "Event as News": the significance of "consonance" for media effects research [J]. European journal of communication, 1987, 2 (4): 391-414.

④ MATHES R, PFETSCH B. The role of the alternative press in the agenda-building process: spill-over effects and media opinion leadership [J]. European journal of communication, 1991, 6 (1): 33-62.

⑤ JÖNSSON A M, ÖRNEBRING H. User-generated content and the news [J]. Journalism practice, 2011, 5 (2): 127-144.

等。① 但是，这些内容顺利通过传统大众媒介守门过程的概率比较低。比如，相关研究已经表明，最终得以发表的来信主要来自高收入及受教育程度高的受众。② 这已经表明不同社会公众接近传统大众媒介的便利程度的差异。

在社会性媒介传播条件下，在不受制于（或者说比较少受制于）传统意义上的守门过程的前提下，原来的普通媒介用户能更加便利地公开发表"自行生产的内容"，并由比较简单的"内容使用者"转变为"内容参与者"。③

公民新闻的相关研究者集中探讨了这一转变。在这些研究者看来，公民新闻赋予传统新闻报道过程中的"受众"以明显的权力，认为普通公众可以（也应当）参与到新闻生产过程中，甚至在"一些情况下，受众做得要好于专业记者"。④ 与此同时，传统意义上的守门人也不得不转变角色，很多时候转变为"引导者"（guidedog）。⑤

总之，社会性媒介内容生产过程显示出十分明显的"去中心化"倾向，⑥ 但绝不能将其等同于"媒介用户中心"。更恰当的说法应该是，传统意义上的媒介用户也参与到媒介内容生产过程中。无论如何，传统意义上的专业媒介从业人员仍扮演着适当的角色，或者说至少也扮演着内容参与者的角色，只不过其守门人的角色有了明显的转变。这也是本文立论的观念基础。

国外已有的少量研究已经关注到传统大众媒介对 UGC 的使用及相关现象。比如，英国主流新闻媒介网站对来自读者的内容的使用明显增加，只不

---

① WARDLE C, WILLIAMS A. Beyond user-generated content: a production study examining the ways in which UGC is used at the BBC [J]. Media, culture & society, 2010, 32 (5): 781-799.
② JÖNSSON A M, ÖRNEBRING H. User-generated content and the news [J]. Journalism practice, 2011, 5 (2): 127-144.
③ VAN DIJCK J. Users like you? Theorizing agency in user-generated content [J]. Media, culture & society, 2009, 31 (1): 41-58.
④ GILLMOR D. We the media [M]. Sebastopol, CA: O'Reilly, 2006; PLATON S, DEUZE M. Indymedia journalism: a radical way of making, selecting and sharing news [J]. Journalism, 2003, 4 (3): 336-355.
⑤ BARDOEL J, DEUZE M. "Network journalism": converging competencies of old and new media professionals [J]. Australian journalism review, 2001, 23 (2): 91-103.
⑥ 陈欣，朱庆华，赵宇翔. 基于 YouTube 的视频网站用户生产内容的特性分析 [J]. 图书馆杂志，2009 (9): 51-56.

过编辑人员对来自读者的内容的新闻价值与商业价值持怀疑态度，并仍旧采取传统的守门过程。①不过，国外已有的少量相关研究并未明确关注不同类型用户生产的内容被传统大众媒介使用的情形，这些少量的研究仅为本文的研究提供一种宏观思考视野的参考。

三、研究方法

（一）分析对象的获取

本文的分析对象来自中国重要报纸全文数据库2014年全年的报纸。该数据库收录国内公开发行的700多种重要报纸。在不需要具体分析报纸类型因素影响的前提下，这一数据库大致能够代表中国报纸的报道现状。不过，本文的分析对象并不是2014年全年的报道，而只是使用UGC的报道。本文仅试图总结这些使用了UGC的报道中，不同用户生产的内容被引用的情形。

本文具体分析对象的获取过程包括如下步骤：

1. 基于随机结构周的抽样方法，在2014年全年中随机抽取出两个结构周共14天（见表1）。

表1　用以代表2014年全年的14天

星期日	10月19日	6月15日
星期一	5月19日	4月7日
星期二	8月12日	10月21日
星期三	8月13日	9月17日
星期四	1月16日	4月24日
星期五	12月19日	7月11日
星期六	2月22日	7月5日

---

① HERMIDA A, THURMAN N. A clash of cultures: the integration of user-generated content within professional journalistic frameworks at British newspaper websites [J]. Journalism practice, 2008, 2(3): 343-356.

美国北卡罗来纳大学教堂山分校的丹尼尔·里弗（Daniel Riffe）等早已经通过具体比较不同的抽样方法发现，一年抽取两个结构周的样本就足够代表日报一年的总体了。[①] 本文的具体抽样方法是：给 2014 年中的所有周编号（年度开始与结尾时不完整的周排除在外），之后随机选出两个星期日，两个星期一，以此类推直至两个星期六。

2. 在上述 14 天的报道全文中搜索包含如下关键词的报道：博客、论坛、贴吧、微博、微信，这是几种目前国内使用率较高的社会性媒介平台。

3. 在上述过程获得的所有报道中，逐一查看并筛选出对 UGC 进行实际引用并明确具体生产者的报道。为更好地确保筛选过程的准确性，在选取过程中遇到不确定情形时，多名选取者进行讨论确定。

有的报道仅仅提及某种社会性媒介或其传播现象，这样的报道不符合本文的研究需要。这样的报道如：

"《昭通手机报》编辑室主任彭念敏于 17 时 05 分向昭通市民发出第一条地震手机信息，并于 17 时 31 分通过《昭通手机报》官方微博'@指尖上的昭通'，发出第一条更为详细的微博信息，4 日早 8 时，赶在市民上班前，发布了第一期《昭通手机报·地震特刊》。"[②]

这一报道只是对彭念敏发微博的行为进行提及，并没有提及内容。

部分报道虽然对 UGC 进行了引用，但没有明确提及具体的用户，这一部分报道也不符合本文的分析需求。比如：

"8 月 9 日凌晨，微博、微信等互联网公众平台以及 LED 照明领域内，盛传着一则名为'德豪润达董事长王冬雷带人视察重庆雷士照明'的视频。视频显示，8 日下午 3 时许，雷士照明重庆总部办公室，雷士照明董事长王冬雷的工作人员与相关人员起了分歧，并与雷士照明 CEO 吴长江等人员发生了肢体冲突。"[③]

[①] RIFFE D, AUST C F, LACY S R. The effectiveness of random, consecutive day and constructed week sampling in newspaper content analysis [J]. Journalism quarterly, 1993, 70 (1): 133–139.
[②] 牛春颖, 刘贱忠. 昭通新闻界：像战士一样冲上去 [N]. 中国新闻出版报, 2014-08-12 (5).
[③] 邓梅. 雷士照明再演"官斗"大戏 吴长江三度被逐 [N]. 企业家日报, 2014-08-12 (2).

这一报道虽然明确提及具体内容，但是没有表明这一视频的生产者（包括上传者或转发者等）。

除以上两种情况外，无论报道以什么形式提及具体内容及其生产者，都属于本文的分析对象。比如：

"9月16日天士力公告显示，2014年9月11日，李连达院士在科学网个人博客发表了《复方丹参滴丸不良反应争论的关键》等文章并被某些网站转载，其中提及公司'隐瞒不良反应'、'夸大治疗作用'等毫无科学依据及事实依据的言论诋毁贬低天士力主打产品复方丹参滴丸，严重损害了公司及公司产品的良好形象和声誉，侵犯了天士力名誉权和经济利益。"①

这一报道在提及李连达的博客内容时，是在交代这一案件的背景。这样的报道同样也符合本文的分析要求。

经过上述选取过程，最终共获得265篇报道。

（二）用户划分

国外相关研究主要基于媒介接近性因素，将媒介用户大致分为"精英群体"（elite groups）与"非精英群体"（nonelite groups）。其中非精英群体包括边缘化的、较少获得外界资助的、非主流的、历史显示难以接近主要新闻载体的群体，精英群体包括能获得较好外来资助的、得到较好组织的、主流的、知名的、传统上能较容易接近主流媒介的、能有效影响公众舆论的组织与个体。② 本文借鉴上述分类，主要是基于传统大众媒介接近便利性因素进行区分。

基于分析对象的实际情形，本文所谓的"精英群体"包括：媒介（社会性媒介与传统大众媒介）及其各种人员、企业（或商业利益获取者）及其各种人员、社会管理服务机构及其有一定级别的人员、高校与研究机构、专业与研究人员、作家、知名演艺人士、知名网络人物、其他因特定原因得以广泛知名的人员、律师、医疗人员等。这些群体拥有更多接近传统大众媒介的

---

① 尹烁，裴桂荣.天士力诉李连达院士案终结［N］.证券日报，2014-09-17（C1）.

② GAMSON W A, WOLFSFELD G. Movements and media as interacting systems［J］. Annals of the American academy of political and social science, 1993, 528（1）: 114-125.

动力与资本。

"非精英群体"包括：身份信息不明确的用户（即使真实身份属于精英群体）、普通社会公众、普通士兵、小规模经营者。

这里的传统大众媒介接近便利性表现为一条连续轴，并非一种绝对的表述，而是一种比较值，因为所有类型用户的具体情形都表现出明显的复杂性。比如同样是企业，有的企业社会影响力更大，拥有更加明显的传统大众媒介接近便利性。另外的企业则差得多。比如在目前情境中，小米公司本身就拥有更加明显的新闻价值，小米作为用户生产的内容就属于精英群体生产的内容，传统大众媒介加以报道的概率明显比较高：

"而小米公司更是将饥饿营销的使用从手机扩展到了旗下的电视产品。2013 年 10 月 15 日，首批 3000 台小米电视机正式在小米官网上开卖。半个小时后，小米官方微博发布消息称，3000 台电视机在 2 分钟内售罄，如果要购买，需等一周。"[①]

与之不同，如下报道中提及的"超级课程表"互联网公司，在传统大众媒介接近便利性上远比不上小米公司，比较而言其作为用户所生产的内容则不会获得那么多的报道：

"记者同时还看到这家互联网公司发布于微博的一个招聘信息，以世界杯期间员工的福利和活动为'诱饵'吸引大家的关注，并用承诺'所有转发此微博都有机会获得一件国家队真品球衣'的方法推广招聘信息。"[②]

不过这样的企业同样拥有接近传统大众媒介的动力与资本，这一点与非精英群体明显不同，因此也应当归属于精英群体之列。

有的报道中同时出现一名以上的内容生产用户。这种报道大致包括两种情形。一种情形中，报道中出现的用户同属于一类，这一类报道的归属很清晰；另外一类报道中出现的内容生产用户不同，本文将对这样的报道进行两次统计。因此最终统计 UGC 获得引用的数量将超过分析对象的数量。

---

① 崔绍轩，马哲.社会化媒介时代：手机广告"战事连连"[N].中国工商报，2014-10-21（5）.
② 李小彤.足球盛宴考验管理智慧[N].中国劳动保障报，2014-07-05（4）.

四、研究结果

（一）总体情形

通过上述的选取与逐一辨识过程，本文最终总结出 2014 年报纸报道对不同用户生产的内容的具体使用情形（见表 2）。

表 2　2014 年报纸报道 UGC 使用情形

	精英群体	非精英群体	两类同时引用	符合要求的报道
数量	180	91	6	265

表 2 相当明显地显示，2014 年中国报纸对来自精英群体生产的内容的使用远远超过非精英群体生产的内容，大致比例是 2∶1。非精英群体虽然能借助社会性媒介进行内容生产，但是这些内容的社会影响力仍旧明显逊于精英群体。

（二）精英群体生产内容的使用情形

2014 年中国报纸在使用 UGC 时，对如下几类精英群体所生产的内容表现出明显的偏向：

1. 有广泛社会影响力的企业及其主要人员生产的内容

这样的典型如中国国际航空股份有限公司、小米的雷军、融创中国的孙宏斌等：

"两年前，由于官网出现故障，中国国际航空股份有限公司个别国际航线票价显示为'0'元，许多人以为国航在进行特价促销，纷纷抢购并成功出票。随后，国航公司客户服务官方微博称 0 元机票有效。0 元机票有效，国航'损失'的仅仅是购票款，却赢得了公众的信赖，提升了自己的公信度与美誉度。"①

---

① 李云. "乌龙价格"蕴藏"乌龙价值"[N]. 经济日报，2014-10-21（6）.

"近日，雷军在个人微博上称，小米4产能爬坡不错，希望下个月能达到200万台，从而实现该产品开放购买。"①

"根据协议，融创中国在签约后不久就交付了收购款项，而宋卫平等绿城中国一方的高管则交出管理权。融创中国董事长孙宏斌在收购协议签约之前的5月17日，曾在微博中表示：'现在绿城没有资金问题，宋卫平个人又不缺钱。宋卫平、寿柏年转让股权给融创，是选择接班人，是为了绿城的品牌能发扬和传承，是嫁女儿，是对20年心血绿城的无私真爱。'惺惺相惜的味道很重。"②

2. 因某种原因产生广泛社会影响力的专业人员与研究人员、网络人物、社会公众人物等

这样的典型如：

"因为广州中新知识城规划的挫折，新加坡'规划之父'刘太格表示，不要再叫他'规划之父'了，因为他在广州遇到了'规划之神'。出事官员大多不尊重科学，不知道常识，在山顶开挖大湖，在山地建百米大道，疯狂又狂妄。中山大学地理与规划学院教授袁奇峰曾经在微博上炮轰地方官员不懂规划，引起社会关注。"③

"'2月19日，最高人民法院座谈会，我的意见：支持最高法院强推立案审判和执行等全流程信息公开，如此倒逼各级法院法官严守流程……'2月19日，网络名人、免费午餐发起人邓飞在新浪上发微博说。"④

"而这一次'家·春秋口述史计划'的参与主体（为家族史奔波、采访、拍摄、记录）是高校大学生，绝大多数是没有受过专业训练的90后。该计划的主办方北京市永源公益基金会理事长崔永元，11月20日发微博评价这项计

---

① 侯继勇，汪传鸿. 小米渠道保卫战："晒数据"抵制黄牛[N]. 21世纪经济报道，2014-10-21（20）.
② 袁华明. 绿城与融创昨签终止股份出售协议 宋卫平重返绿城[N]. 浙江日报，2014-12-19（9）.
③ 赵申. "政绩工程"之痛[N]. 中华建筑报，2014-10-21（4）.
④ 罗书臻. 司法公开：在阳光下见证公正[N]. 人民法院报，2014-02-22（1）.

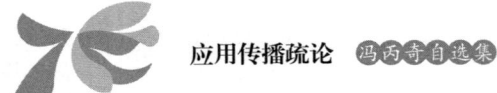

划说:'你们关注历史,国家就有希望。'"①

"最近,知名编剧于雷跟北京歌华有线公司(以下简称歌华有线公司)较上了劲,他接连在微博发文,直指歌华有线公司收费有问题。……自觉吃了亏的于雷思来想去,总觉得这件事有问题,自己不应该忍气吞声。随后,他在网络上查询得知,有很多消费者遇到过同样的情况。于是,他将自己的遭遇在微博上发布,得到了网友的普遍支持与呼应。知名博主'十年砍柴'表示,自己也有类似遭遇。"②

(三)非精英群体生产的内容的使用情形

2014年的报纸在引用这样的内容时,主要有两种情形。

1. 指代称呼,不具体提及用户信息。比如:

"出生在香港的加州大学伯克利分校教授钱泽南,被看成是诺贝尔生理学或医学奖热门人选之一。对于钱泽南在基因研究方面的贡献,上海交通大学论坛上有人这样评价,'他的工作使我们对转录机器有更好的理解,特别是与发育和细胞分化的关系方面'。"③

2. 具体提及用户信息。比如:

"除了用户认知度的问题,各大网站、银行对'170'号段兼容性的问题仍然没有解决。'什么网站啊,连我新换的虚拟运营商号段都识别不了,手机号码格式怎么就不正确了?'网友'狗嘴里的象牙'在微博上抱怨。"④

"5日20时15分,'@森林的画眉鸟'用手机发出一条微博,发微博的人叫文君鹛,是鲁甸县森林公安局的一名女民警。地震发生后,她在震中龙头山镇已整整坚守了3个昼夜。'腰酸得好像就要断了,可一想到地下埋着的同胞们,再累我也要挺住,祈祷,让我们看到一个个生命的奇迹。'这是文君

---

① 罗昕. 让学生们了解历史并非"非黑即白""口述历史"在高校先行 大学生亲自调查"家族史"[N]. 东方早报, 2014-12-19 (A37).

② 王硕. 天降有线电视欠款谁买单 [N]. 中国消费者报, 2014-12-19 (A1).

③ 易鑫. 诺贝尔自然科学奖的冷思考 [N]. 中国教育报, 2014-10-21 (5).

④ 孙奇茹. 工信部共发放41张牌照 虚拟运营商"卡位战"收官 [N]. 北京日报, 2014-12-19 (10).

鹏在最新的微博上的一段话。"①

值得说明的是,这一报道中提及的民警文君鹏的微博是匿名状态,这说明该民警是以普通公众的身份(而不是民警身份)开通这一微博。

(四)同时使用两类用户生产的内容的情形

属于这一情形最有代表性的典型是《东方早报》8月13日的报道《古体诗歌如何写出当代情怀?》,其中共有7处明确提及 UGC:②

1. "'炎黄子孙奔八亿,不蒸馒头争口气。罗布泊中放炮仗,要陪美苏玩博戏。'这首《写邓稼先》是出自第六届鲁迅文学奖诗歌奖获奖者川大教授周啸天之手,经网络传播后,引来一众网友吐槽和对周啸天获得'鲁奖'的质疑,更有不少网友将之与此前有'跑奖'嫌疑的湖北诗人柳忠秧做对比,称'方方啊方方,挡住了柳忠秧,没挡住周啸天!'"

2. "潇湘晨报原副总编辑、资深媒体人徐林林在微博上说:'一个叫周啸天的诗人获了鲁奖。上网拜读了周诗,感觉可获此奖者,仅兄弟供职单位至少不下十人。'"

3. "网友翟春阳激愤地评论道:'周啸天获鲁迅文学奖,既没有羞辱鲁迅,也没有羞辱鲁迅文学奖。是鲁迅文学奖羞辱了鲁迅。'"

4. "然而,也有不少网友表示可以接受周啸天的作品,'看了一下,周啸天比柳忠秧好太多了。古体诗词也该在老干部体之外摸索条续命之路了。很吃力但注定多方不讨好。'网友'都灵疯马-'在微博上评论道。"

5. "著名旧体诗人李子特别发表博文《我看周啸天先生获鲁奖》,文中称'周啸天先生诗的水平,我认为在诗词圈不算是特别好的,但也绝不是网上骂得那么不堪……网上列出的那几首,应该是博主特意挑选的烂诗,并不能代表周的正常水平。'"

---

① 陈晓波.警徽,在灾区闪耀:我省公安机关全力投入抗震救灾工作纪实[N].云南日报,2014-08-12(4).
② 徐萧.周啸天成鲁奖首位古体诗获奖者 诗作风格引发争议 古体诗歌如何写出当代情怀[N].东方早报,2014-08-13(A28).

6."一些网友认为车延高的诗歌毫无特别之处,无非是一句话里多敲了几次回车键,并将其命名为'羔羊体'。"

7."在发现了车延高武汉市委常委、纪委书记的身份之后,这种议论又上升了一个级别,有网友猜测,车延高或许是靠他的官员身份得到了这个奖。"

五、结语

上述的简略考察与比较已经明确显示,在获得报纸使用方面,精英群体的优越性远远超过非精英群体。

对 UGC 社会影响的认知目前包括两种倾向:乐观主义与悲观主义。乐观主义者认为,一些诸如 YouTube 之类的在线用户驱动社区的发展会将守门权力(gatekeeping power)由传统大众媒介转移到普通公众。① 也就是由精英群体转向非精英群体。悲观主义者认为,精英群体会迅速找到更好的方式来利用最新的技术,进而强化精英群体的社会影响②,只不过是权力从一些精英群体转向另外一些精英群体而已,非精英群体并没有获得赋权(empowerment)。从这一表述体系来看,本文的总结结果无法彰显一种守门权力的转移,而是显示出一种"转变":守门权力由原来的传统大众媒介守门人主导转变为由传统大众媒介守门人与其他精英群体协作主导。

这一现象也很容易理解:无论是基于对新闻价值的考虑,还是对内容可信度的风险预期,报纸无疑更倾向于使用来自精英群体生产的内容。这符合已有的研究结论。③ 不过,即使非精英群体仍然处于边缘状态,从历史性视角出发,报纸对来自非精英群体生产的内容的较多使用,无疑还是明显有助于

---

① BRUNS A. Gatewatching: collaborative online news production [M]. New York: P. Lang, 2005.
② KPEROGI F A. Cooperation with the corporation? CNN and the hegemonic cooptation of citizen Journalism through iReport.com [J]. New media & society, 2011, 13(2): 314-329.
③ PAULUSSEN S, HARDER R A. Social media references in newspapers [J]. Journalism practice, 2014, 8(5): 542-551.

报纸报道多样性的提升。①

由于本文并没有对报纸的类型（机关报/大众报）以及报道的具体情形（比如作者）进行关注，因此将来的研究可以进一步关注报纸的类型以及报道自身因素与 UGC 使用之间的关联。当然，被报纸采用的内容自身情形（比如内容的倾向性等），也很值得进一步研究。

---

① BROERSMA M，GRAHAM T. Twitter as a news source. How Dutch and British newspapers used tweets in their news coverage，2007–2011［J］. Journalism practice，2013，7（4）：446–464.

YouTube 政治视频的生产情形*

YouTube 于 2005 年 2 月 15 日创建，至今已经成为世界上访问量最多的视频分享网站。YouTube 主要聚焦于娱乐或生活内容，但同时也在政治传播方面表现出显著优势。在美国，通过 YouTube 展开的政治传播发展十分迅速。2007 年 4 月，在 2008 年美国总统大选到来之前，YouTube 开通了名为"CitizenTube"的政治频道，通过该频道，选民、政客以及候选人可以就公众感兴趣的话题展开讨论。该频道强调，从用户到总统候选人，所有人都有平等的机会被看到、听到。2007 年下半年，YouTube 与 CNN 联合举办美国民主党与共和党总统候选人的辩论，引起全美关注。2008 年美国总统大选所有候选人到最后一轮选举之际，都已经在 YouTube 创建了个人主页。

不过 YouTube 的政治视频不只关注选举内容，也对其他政治事务有所关注。与之相应，YouTube 的政治视频生产者也不止上述显示的只有政治组织或政治人物竞选团队。以往相关研究显示，YouTube 政治视频的生产者主要包括三类：政治组织及政治人物（以选举候选人为典型），专业媒介组织，普通公众。

本文即从视频生产者的角度出发，试图总结 YouTube 政治视频生产的不同情形。本文意图显示 YouTube 政治视频生产的复杂情形，进而提示我们应当对 YouTube 政治视频持有的恰当认知。

---

* 文章原载于《中国政治传播研究：基础与拓展（第 1 辑）》，中国传媒大学出版社 2016 年版，收入本书时有改动。

本文基于已有关于 YouTube 政治视频的相关研究，从中总结关于 YouTube 政治视频生产者的相关发现。但本文已经尝试对 YouTube 相关数据进行了更新并依据本文研究问题的需要进行重新调整，以便更加完善地展示 YouTube 政治视频传播的最新情形。也就是说，本文既基于已有研究，也开展部分独立的数据收集整理与分析。

YouTube 是一种典型的社会性媒介，社会性媒介的内容生产情形是本文的背景。这一部分的说明请见《社会性媒介内容传播过程基本特征分析》一文。

以上述社会性媒介内容生产的复杂情形为基础，下面对 YouTube 政治视频的三种主要生产者的内容生产情形进行简要说明。

一、政治组织及政治人物

目前一些国家（包括美国、罗马尼亚、马其顿等）的政治组织与人物的 YouTube 政治视频生产情形已经得到研究。当然得到特别关注的是美国的政党与候选人，其中又以 2008 年美国总统大选期间的政治视频生产活动最为抢眼。

2008 年美国总统大选期间，YouTube 成为一个重要的政治传播渠道。到 2008 年选举日，奥巴马竞选团队通过其 YouTube 频道[①]上传的视频达到 1821 条，麦凯恩竞选团队上传到其频道[②]330 条。[③]总统大选期间所有候选人的 YouTube 频道共获得两亿二千万次的浏览，其中一半指向奥巴马竞选视频。[④]2008 年，YouTube 用户至少花费 145 亿小时观看奥巴马的竞选官方视

---

① 注册于 2006 年 9 月 5 日，截至 2015 年 2 月 28 日，该频道有 534,050 位订阅者，共获得 296,430,797 次观看。
② 注册于 2007 年 2 月 23 日，有 18,436 位订阅者，共获得 29,614,077 次观看。
③ MUSSER C. Political documentary, YouTube and the 2008 us presidential election: focus on Robert Greenwald and David N. Bossie [J]. Studies in documentary film, 2009, 3 (3): 199–218.
④ CORNFIELD M. Game-changers: new technology and the 2008 presidential election [G] // SABATO L J. The year of Obama: how Barack Obama won the white house. New York: Pearson Education, 2009: 205–230.

频。^①选举结束后,白宫的 YouTube 频道仍旧持续更新每周的奥巴马总统讲话,同时还建构了一个虚拟社区,公众可以将自己的问题以视频形式上传,奥巴马会选取最热烈的一些问题进行回应。^②

在美国 2008 年总统大选到来之前,2007 年 2 月 23 日,YouTube 开通名为"YouChoose' 08"的频道(3 月 1 日正式公布该频道开通),供所有美国总统候选人上传视频,与公众互动。^③YouTube 将该频道描述为"世界上最大的政治讨论公民集会所(the world's largest town hall for political discussion)"。^④该频道进入《时代》杂志评选的 2007 年度 50 家最佳网站名单。^⑤所有总统候选人在 YouChoose 上的问候视频(introduction)与告别视频(farewell)已经得到了详尽分析。^⑥结果显示,这些候选人在视频生产过程中都体现出明显的策略性。比如,所有候选人都选择性地在视频中强调了一些领导特质(见表 1)。

表 1　部分美国总统候选人强调的领导特质凸显情形

领导特质	拜登	希拉里	奥巴马	麦凯恩
公民拥护	3	2	—	—
品德	1	4	1	4
英勇	1	1	6	1

---

① GULATI G J, WILLIAMS C B. Congressional candidates' use of YouTube in 2008: its frequency and rationale [J]. Journal of information technology & politics,2010,7(2):93-109.

② SUTTER J D. Obama answers handful of 104,000 Web questions [EB/OL].(2009-03-27) [2015-02-28]. http://edition.cnn.com/2009/TECH/03/26/online.obama/index.html?eref=rss_tech.

③ CHURCH S H. YouTube politics: youchoose and leadership rhetoric during the 2008 election [J]. Journal of information technology & politics,2010,7(2/3):124-142.

④ RICKE L D. The impact of YouTube on U.S. politics [M]. Lanham: Lexington Books,2014:13.

⑤ BUECHNER M M. YouTube's youchoose'08: presidential candidates [N/OL].(2007-07-08) [2015-02-28]. http://content.time.com/time/specials/2007/article/0,28804,1633488_1633507_1633520,00.html.

⑥ CHURCH S H. YouTube politics: youchoose and leadership rhetoric during the 2008 election [J]. Journal of information technology & politics,2010,7(2/3):124-142.

续表

领导特质	拜登	希拉里	奥巴马	麦凯恩
联合精神	—	1	9	—
持之以恒	2	6	2	—
危机管理	6	—	—	—
变革精神	—	—	2	—
辛勤工作	—	6	—	—
善于外交	2	4	—	—
深谋远虑	—	4	—	—
阅历丰富	2	2	—	1
服务精神	1	5	2	—
爱国精神	2	1	—	—
乐观精神	—	1	—	—
家庭观念	—	—	2	—
抱有希望	1	—	1	—
合计	21	37	25	6

不过，并不是所有国家的政治组织及人物都已经能够通过 YouTube 有效地实现了传播。比如，马其顿共和国 13 个政党的 YouTube 政治视频传播情形也不怎么理想。[①]13 个政党中，已经开通 YouTube 频道的有 9 个政党，开通 YouTube 频道的最早时间是 2007 年 10 月 17 日，最晚开通的时间是 2010 年 5 月 9 日。截至 2015 年 2 月 28 日获得的最多浏览量是 2,386,015 次（2009 年 7 月 30 日开通），最少的浏览量只有 564 次（2008 年 4 月 19 日开通）。获得的最多订阅者是 1,742 人（2009 年 7 月 30 日开通），最少的只有 1 人（2008 年 4 月 19 日开通）。

---

① EMRULI S, ZEJNELI AND T, AGAI F. YouTube and political communication-Macedonian case [J]. International journal of computer science issues, 2011, 8 (1): 460-466.

罗马尼亚共有六大政党，其中只有三大政党在 YouTube 开通自己的频道。①
2009 年 3 月 18 日到 6 月 4 日之间参加欧洲议会选举的 13 个政党上传到 YouTube 的 67 个视频，获得的浏览量都在 100 到 10000 次之间，只有 43.5% 的视频获得了用户的评论。很明显，YouTube 上政党组织生产的视频只获得较低的公众参与。②

就目前情形而言，只有美国部分政党及其候选人生产的 YouTube 视频获得广泛关注。其他政治组织及其人物生产的 YouTube 视频获得的关注情形并不理想。

二、专业媒介组织及其人员

这一类组织既包括传统大众媒介组织及其人员，也包括其他类型的媒介组织及其人员（可以尝试称为新媒介组织及其人员）。无论是哪一具体类型，这些组织与人员都是专业的内容生产者。

传统媒介组织如美联社。美联社的频道注册于 2006 年 9 月 18 日，截至 2015 年 2 月 28 日，有 496,110 位订阅者，共获得 1,492,009,111 次观看。美联社自己的视频网站并没有获得多少关注，但美联社将同样的视频上传到 YouTube 频道，却能获得更多浏览。美联社执行官表示，他们能从 YouTube 获得更多的广告收入，因此 YouTube 视频虽不是美联社的工作焦点，但 YouTube 视频生产的的确确是美联社相当重要的工作。因为一定程度上，YouTube 的视频传播关系到美联社的存亡。因此试图通过 YouTube 吸引更多受众的并不是普通公众，而是专业媒介组织。③

---

① GRASU N, TASENŢE T. YouTube and political communication: case study–Romanian's Parliamentary Parties [J]. Acta universitatis danubius, 2014, 8 (2): 81–91.

② VESNIC-ALUJEVIC L, VAN BAUWEL S. YouTube: a political advertising tool? A case study of the use of YouTube in the campaign for the European parliament elections [J]. Journal of political marketing, 2014, 13 (3): 195–212.

③ MAY A. Who Tube? How YouTube's news and politics space is going mainstream [J]. International journal of press/politics, 2010, 15 (4): 499–511.

《纽约时报》的 YouTube 频道注册于 2006 年 10 月 13 日，截至 2015 年 2 月 28 日，已经有 471,181 位订阅者，共获得 205,090,080 次观看。这些数据可以显示出这一频道的成功情形。

非传统媒介组织的典型之一是美国的"英勇新影"（Brave New Films，BNF）。英勇新影是一家新媒介公司，由罗伯特·格林沃尔德（Robert Greenwald）于 2001 年创建，主要制作纪录片与调查视频（investigative video）。2006 年 4 月 26 日，英勇新影在 YouTube 开通频道，并于当天上传第一条视频：时长 2 分 58 秒的纪录片《售卖伊拉克：战争获利者》（*Iraq for Sale: The War Profiteers*）的预告片。该纪录片指出，有四家私营公司从伊拉克战争中获利丰厚。2006 年 9 月 1 日，《售卖伊拉克：战争获利者》纪录片正式上传。与之相伴，英勇新影上传到 YouTube 几条推广视频，其代表之一是上传于 9 月 1 日的时长 5 分 54 秒的《黑水：美国私人军队》（*Blackwater, America's Private Army*）。到 2015 年 2 月 28 日，该视频获得 1,245,589 次浏览。由于《售卖伊拉克》集中关注了布什政府发动的伊拉克战争，因此获得了广泛的媒介报道。

2008 年美国总统大选期间，英勇新影制作了《真实的麦凯恩》（*The Real McCain*）系列视频，对麦凯恩进行批评。该系列包含 17 条视频，共获得 1800 万次观看（2015 年 2 月 26 日数据）。17 条视频中，获得最多观看的是《约翰麦凯恩的 YouTube 难题：正在出现的梦魇》（*John McCain's YouTube Problem Just Became a Nightmare*），上传于 2008 年 5 月 18 日，时长 3 分 14 秒。到 2015 年 2 月 28 日，该视频获得 9,133,464 次浏览。《麦凯恩的宅邸：建在贪婪上的房屋》（*McCain's Mansions: The Houses That Greed Built*）上传于 2008 年 8 月 17 日，到选举日已获得 60 万次浏览。《约翰·麦凯恩：经济灾难》（*John McCain: Economic Disaster*）上传于 2008 年 9 月 30 日，到选举日该视频已经获得 40 万次浏览。其他 14 条视频同样也获得比较广泛的关注。

网络记者约什·马歇尔（Josh Marshall）创办的通过网络进行传播的政治新闻报道组织"谈话要点备忘录（Talking Points Memo, TPM）"①也相继开通

---

① 2000 年 11 月 12 日开始报道活动。2007 年，每周获得 40 万次网页浏览。

两个 YouTube 频道，第一个名为 Veracifier，第二个名为 TPMTV，都吸引了大批关注者（见表 2，显示第一个频道已经基本停滞，但第二个频道仍旧十分活跃）。

表 2 "谈话要点备忘录"两个频道具体情形（截至 2015 年 2 月 28 日）

	注册时间	最后活跃时间	视频数	订阅者	合计观看量
Veracifier	2007 年 3 月 2 日	5 年前	1410	17,820	44,018,677
TPMTV	2007 年 2 月 8 日	1 天前	5617	57,902	135,177,827

三、普通公众

总体而言，虽然有众多普通公众通过 YouTube 上传视频，但是通过这些视频获得广泛影响的却比较少见，属于普通公众完全原创的内容相当稀缺。

2009 年春天，一个名为"乔恩博士"（Dr. Jon）的 YouTube 用户开通了名为"政治新闻报道"（News Politics News）的频道，使用显眼的红白相间格子状标识，上传由电视谈话节目中收集而来的煽动性片段。这些视频部分嘲讽福克斯新闻频道的格林·贝克（Glenn Beck）[①]和比尔·奥莱利（Bill O'Reilly），[②]部分赞美微软全国广播公司节目（MSNBC）的左翼评论员基斯·奥尔贝曼（Keith Olbermann）[③]或雷切尔·玛多（Rachel Maddow）[④]等。

乔恩博士的这个 YouTube 频道吸引了大量自由主义者。不过该频道于 2009 年 9 月被关闭。很快乔恩博士又开通第二个频道"新 1 新闻"（New 1 News），但该频道于 11 月底被关闭，之后乔恩博士又开通第三个频道"美国

[①] 贝克主持的政治谈话节目《格林·贝克》在福克斯新闻频道于 2009 年 1 月开播。
[②] 奥莱利主持的《奥莱利报告》（The O'Reilly Report）在福克斯新闻频道于 1996 年 10 月 7 日开播，1998 年后改称《奥莱利的事实》（The O'Reilly Factor）。
[③] 奥尔贝曼主持的政治评论节目《基斯·奥尔贝曼倒计时》（Countdown with Keith Olbermann）在 MSNBC 于 2003 年 3 月 31 日开播，到 2011 年 1 月 21 日在 MSNBC 停播。
[④] 玛多主持的深夜政治谈话节目《雷切尔·玛多秀》（The Rachel Maddow Show）于 2008 年 9 月 8 日在 MSNBC 开播。

政治新闻"（News Politics America），同样很快又被 YouTube 关闭。乔恩博士的这三个频道的视频在 2009 年中经常位列 YouTube 新闻与政治频道（News and Politics channel）热播榜首。在 2009 年一年期间，乔恩博士的三个频道已经获得 5 千万次浏览。

乔恩博士很善于吸引受众，以至于 YouTube 新闻和政治频道的主管史蒂夫·格罗夫（Steve Grove）在一条帖子中说，乔恩博士从电视媒介那里攫取了大量受众。同时格罗夫也发出警告，如果有电视媒介向 YouTube 提出指控，YouTube 的内容鉴别软件就将撤下相关内容。这里已经显示，乔恩博士的视频生产，只能算是《社会性媒介内容传播过程基本特征分析》一文中所述的"用户再生产内容"。

在 2009 年夏天进行的访谈中，乔恩博士表示："我就是个新闻狂热爱好者。"他表明当年在华盛顿他是名急诊室医生，2008 年大选期间他开始接触 YouTube，只是把 YouTube 作为一个业余爱好。乔恩博士坚持认为，他并没有攫取受众，他只是在扩大电视媒介的受众范围，他并没有从中牟利。

乔恩博士为了在 YouTube 上发布视频进行的努力，显示政治和经济的限制束缚了那些希望通过 YouTube 引发媒介对政治话题的关注与争论的公众。①

2008 年美国总统大选期间，还出现了其他一些获得广泛影响的 YouTube 视频生产者。比如，曾是美国总统奥巴马牧师的耶利米·赖特（Jeremiah Wright）于 2008 年年初发出不当言论引发轰动，之后上百位混搭艺术家对耶利米·赖特的电视布道进行重新包装并上传到 YouTube，获得广泛关注。②这些现象也表明，普通视频生产者难以完全原创。

2013 年，西班牙马德里申办 2020 年夏季奥运会。9 月 7 日，西班牙马德里市长安娜·博特利亚（Ana Botella）在国际奥委会进行最后现场演讲

---

① MAY A. Who Tube? How YouTube's news and politics space is going mainstream[J]. International journal of press/politics, 2010, 15 (4): 499–511.
② MAY A. The preacher and the press: how the Jeremiah Wright story became the first feeding frenzy in the digital age [G] // Johnson D W. Campaigning for the presidency 2008. New York: Routledge, 2009: 78–101.

时,用浓重西班牙语口音进行了英语演讲。本来有同声翻译器,但女市长却在记者用英文提问时摘下翻译器,在记者用西班牙语提问时却戴上翻译器。结果女市长的回答牛头不对马嘴。投票结果是,马德里最先出局。马德里连续三次申奥失败。随后不同的内容生产者将众多关于该演讲的视频上传到 YouTube。不过,一周之内浏览量最多的前 40 条视频中,只有一条完全由用户生产制作,内容是一段音乐说唱。其他 39 条视频主要基于电视报道,视频生产者往往不对原本内容进行调整,而是仅仅添加标题、描述和字幕。有 71% 的视频从声音、图像到文本内容都没有改变,有 9.5% 的视频由专业媒介生产或国际奥委会提供并由专业媒介组织发布到 YouTube 上。①

四、结语

上述说明显示,从政治视频的生产力与社会影响度两方面来看,YouTube 政治视频生产者中,专业媒介组织与人员都依旧占据主导地位,其生产的视频不仅是普通公众政治视频生产的主导基础,也有从 YouTube 视频生产中获益的明显动机。政治组织与人物能够独立生产视频,不过并不是所有视频都能完全有效地获得公众关注。在 YouTube 政治视频生产者层级中,普通公众位于最底层,他们既不能有效地实现内容独立生产,也更难以有效获得社会影响。

这种现象比较明显。比如,2008 年美国总统大选期间 YouTube 首页当月上传的 113 条获得观看量最多的政治视频中,有 27% 来自传统大众媒介的新闻报道(CNN、CBS、星期天傍晚新闻脱口秀),有 15% 来自专业生产者(如政治广告),有 11% 来自业余生产者(如政治集会参加者可以上传自己拍摄的集会录像),有不到 10% 的内容来自电视喜剧节目(如深夜喜剧秀)。总之,来自专业媒介的内容比例是 37%,来自政治组织与人物的内容比例是 15%,

---

① BERROCAL S, CAMPOS-DOMINGUEZ E, REDONDO M. Media prosumers in political communication: politainment on YouTube [J]. Comunicar, 2014, 22 (43): 65-72.

来自业余生产者的内容比例仅是 11%。

为了更好地显示这种差异,研究者们区分出"精英群体"与"非精英群体"。其中"精英群体"能获得较好外来经费支持、有较好组织体系、主流的、知名的、能较容易接近主流媒介的、能有效影响公众舆论的组织与个体。"非精英群体"包括边缘化的、未获外界资助的、非主流的、传统意义上难以接近主要新闻载体的群体,包括非正统的少获外来资助的候选人、边缘化的政党、草根组织、个体公众(不具备有力资金支持、不依附于政府、企业或其他有影响力的利益群体)。一些知名的精英生产者如上述的奥巴马竞选团队、美联社、麦凯恩竞选团队等。知名的非精英视频生产者如"政治全无"(Barely Political)。①

对于 YouTube 政治视频的生产过程而言,由精英群体生产的视频数量是非精英群体生产视频的两倍,非精英群体散布的数量是精英群体散布数量的两倍。② 这里需要强调的是,散布者主要进行已有内容的散布,而不是内容的生产。基于此,本文的结论是:在 YouTube 政治视频的生产层面上,普通公众并没有获得有效的主导地位。

YouTube 政治视频生产的这一复杂情形,应当成为认知 YouTube 政治传播角色的重要考虑因素。

---

① 知名 YouTube 频道,主要生产喜剧视频,由时为广告经理的本·赖里斯(Ben Relles)开通于 2007 年 6 月 13 日,当天发布的第一条视频是《我就喜欢奥巴马》(*I Got a Crush... on Obama*),大获成功。该频道获得的浏览量已超 20 亿次。2014 年,该频道位列"新媒介明星榜"(New Media Rockstars)TOP100 YouTube 频道第 29 位。本·赖里斯现任 YouTube 喜剧总监。

② DYLKO I B, BEAM M A, LANDREVILLE K D, et al. Filtering 2008 US presidential election news on YouTube by elites and nonelites: an examination of the democratizing potential of the internet [J]. New media & society, 2011, 14 (5): 832-849.

六、创新创意研究

属性依赖视野中的文化产品创意机制*

部分研究者从产品感知视角出发,将"产品创意"(product creativity)视为消费者对特定产品的一种主观判断,即认为特定产品具有新奇且符合特定消费需求。[①] 与这一类观点明显不同,本文侧重关注一种新产品概念(new product ideas)的产生。这一视角中的"创意"指某种独创的(original)且满足特定需求的(useful)东西的产生。[②] 因此本文所谓"产品创意"即新产品概念的产生,是"产品创新"(product innovation)的起点。

传统的创意研究更多围绕着富有创意的个人展开,更多聚焦于创意方面的个人差异。但是近期西方的创意研究已经明确强调:创意不是个人性的事务,更不仅仅是特定个体天生的能力。[③] 本文同样坚持这一观点,认为产品创意应当是基于对相关因素进行有效判断基础上的对新产品概念进行寻找与确认的过程。

无论是实用产品还是文化产品,只要试图创新产品,都不得不关注新产

---

* 文章原载于《因文创,更美好:清华文创研究》,新华出版社 2019 年版,与左向明、李雪菲合作,收入本书时有改动。

① HORN D, SALVENDY G. Measuring consumer perception of product creativity: impact on satisfaction and purchasability[J]. Human factors and ergonomics in manufacturing, 2009, 19(3): 223-240.

② BURROUGHS J E, DAHL D W, MOREAU C P, et al. Facilitating and rewarding creativity during new product development [J]. Journal of marketing, 2011, 75(4): 53-67.

③ VALGEIRSDOTTIR D, ONARHEIM B, GABRIELSEN G. Product creativity assessment of innovations: considering the creative process [J]. International journal of design creativity and innovation, 2015, 3(2): 95-106.

品概念的产生,因此产品创意的机制就具有不可替代的地位。本文基于实用产品领域的"属性依赖模式"(attribute dependency template),尝试将其拓展至文化产品领域,以便基于产品属性的视角,对文化产品创意机制进行初步总结,为文化产品的创意过程提供一种可能的思考方向。

一、产品创意的属性依赖模式

比较传统的认知是:新产品概念往往来自市场,也就是顾客的需求。这种认知就是比较知名的"顾客的声音"(voice of the customer),也就是基于市场信息的新产品概念的产生过程。这一过程包含三个阶段:对顾客需求进行识别、对顾客需求的优先等级进行排序、总结出可能引发新产品概念的顾客需求信息。① 不过对顾客需求进行确定的方法(比如焦点小组、访谈、调查等)自身的不足,往往导致总结出来的顾客需求并不准确。② 因此需要其他方面的信息加以补充辅助,所以研究者们开始对产品自身的信息加以关注,这就是基于产品信息探索新产品概念的认知方式,也被称为"产品的声音"(voice of the product)。③ 基于市场信息(market-based)的机制与基于产品信息(product-based)的机制之间并不是相互矛盾的,而是可以相互补充相互辅助的。④ 实际上,基于产品信息机制的总结,正是试图显示:新产品概念可以且能够不仅基于市场信息而产生。

由以色列希伯来大学的雅各布·戈登堡(Jacob Goldenberg)与大卫·马

---

① GRIFFIN A, HAUSER J R. The voice of the customer [J]. Marketing science, 1993, 12 (1): 1-27.
② ABRAMOV O Y. "Voice of the product" to supplement "voice of the customer" [C]. trizfest-2015 Conference, Seoul, South Korea, 2015.
③ GOLDENBERG J, MAZURSKY D. The voice of the product: templates of new product emergence [J]. Creativity and innovation management, 1999, 8 (3): 157-164.
④ ABRAMOV O Y. Product-oriented MPV analysis to identify voice of the product [C]. trizfest-2016 Conference, Beijing, People's Republic of China, 2016; ABRAMOV O Y, RYCHAGOV V Y. Using triz-derived "voice of the product" to identify promising market niches [C]. The matriz trizfest 2017 international conference, Krakow, Poland, 2017.

佐斯基（David Mazursky）首先总结提出的"属性依赖模式"仅是基于产品信息探寻新产品概念的思考方式之一。这是因为产品相关的信息包含诸多方面，属性角度仅是其中之一。简要而言，产品属性（product attributes）指消费者在消费产品或服务过程中不得不产生关联的所有方面的因素。[①]

属性依赖模式将产品属性分为两大类：内在属性与外在属性。内在属性是产品生产者可以控制的属性，外在属性是不受产品生产者控制却在产品使用过程中与产品如影随形的属性。比如太阳镜的颜色属于内在属性，太阳辐射则属于外在属性。[②]

确定内外属性之后，就可以完成发挥预测功能的矩阵了。这里以用于婴儿臀部护理的软膏为例，其属性依赖矩阵见表1。

表1　婴儿软膏属性依赖矩阵

		内在属性		
		气味	有效物质的量	颜色
外在属性	排泄量	0	0	0
	婴儿皮肤敏感度	0	0	0
	一天中的时间段	0	0	0

表中每一单元格都表示一对属性之间的关系，其中各个单元格都是"0"，这表示所有属性相互之间都没有依赖关系。这种状态是"零依赖状态"（zero mode）。

零依赖状态反映了如下市场情形：相应产品已经很久没有变动。

这可能有三种解读：第一，该产品生产者在很久以前就已经很准确预知了该产品现在的市场情形；第二，该产品的市场持续没有经历任何转变；第

[①] KELLER K L. Strategic brand management: building, measuring, and managing brand equity [M]. Upper Saddle River, NJ: Prentice-Hall, 1998: 93.
[②] GOLDENBERG J, MAZURSKY D, SOLOMON S. Toward identifying the inventive templates of new products: a channeled ideation approach [J]. Journal of marketing research, 1999 (36): 200–210.

三、由于某种原因，该产品的生产者一直没有试图收集并整理市场信息。

三种解读各有道理或各有价值。比如基于第三种解读，市场上很可能即将有新产品出现。如果一种全新的产品刚投放市场不久，那么第二种解读会比较准确。

产品属性依赖矩阵有两种极端情况："退化矩阵"（degenerated matrix）与"饱和矩阵"（saturated matrix）（见表2与表3）。退化矩阵中，所有或大部分属性之间都表现为零依赖状态。饱和矩阵中，所有或大部分属性之间都表现为依赖关系（用"1"表示）。

表 2　退化矩阵最极端状态

		内在属性			
		A	B	C	D
外在属性	1	0	0	0	0
	2	0	0	0	0
	3	0	0	0	0
	4	0	0	0	0

表 3　饱和矩阵最极端状态

		内在属性			
		A	B	C	D
外在属性	1	1	1	1	1
	2	1	1	1	1
	3	1	1	1	1
	4	1	1	1	1

退化矩阵意味着需要拥有几项新的但至今仍未实现的优点的新产品来进入市场。饱和矩阵也包含着有价值的信息。比如，现有产品已经耗尽了所有可能的创新潜力，因此单纯的营销活动将难以有效改变现状。这种情况下可

以考虑对其他产品进行创新，或考虑从属性依赖模式之外的其他创新模式出发进行思考。

退化矩阵与饱和矩阵之间存在着众多有各种细微区别的矩阵。这些细微的区别，代表着各种不同的新产品创新思考方向。

二、基于产品属性依赖矩阵的产品创意机制

产品属性依赖矩阵可以促成新产品概念的产生与发展。具体步骤包括三步，见表4。三个步骤协作，完成由新产品概念的萌芽到确认其市场价值的过程。只有完成全部三个步骤，一项比较现实的、独创的且能满足特定需求的新产品概念才可能得以有效产生，也就是产品创意的过程的完成。

表4 基于产品属性依赖矩阵的产品创意步骤

	步骤	说明	本质
1	确定新的依赖关系	基于零依赖状态，寻找新的依赖关系。也就是说，试图发现目前并无依赖关系的两项属性之间如何变得存在依赖关系？	发现新产品概念
2	探寻新产品可行性	思考特定产品是否能够维持这种依赖关系？	确认新产品概念自身可行性
3	确认新产品的优势	确认新产品的优点，确定如下问题：顾客使用这一新产品所获得的好处是什么？	确认新产品概念对于潜在消费者而言的价值，即可能的市场价值
结论		新产品概念是否具有现实可能性	

这里以表1中的两对属性的关系为例进行说明。

（一）"气味"与"排泄量"之间的关系

1. 确定额外的依赖关系

当今婴儿软膏产品的气味并不会随着婴儿排泄物的产生而发生变化，也就是说，当今婴儿软膏的气味（内在属性）与婴儿排泄物（外在属性）之间

并不存在依赖关系。因此两项属性交叉的单元格为"0"。既然如此，两者之间如何能产生依赖关系？只有当婴儿软膏随着婴儿排泄之际发生气味的变化时，上述两项属性之间就有了依赖关系。这就是新产品概念的萌芽。

2. 探寻新产品可行性

这一步骤需要回答这一问题："继续沿着这一方向思考是否可能有成果？"比如，可以在婴儿软膏中加入特定成分，以便让婴儿软膏在接触婴儿排泄物时发出某种气味（甚至是令人愉悦的）。但如果添加的这种成分对婴儿有害，则这一思考方向就不得不终止。

3. 确认新产品的优势

这一步不得不更加谨慎。因为表面现象会比较明显地显示人们几乎不需要"气味型婴儿软膏产品"。因为婴儿粪便自身会散发气味，婴儿排尿之后尿不湿会发生颜色变化。但仔细思考之后人们仍可能会发现：当婴儿衣物遮蔽尿不湿之后，即使有颜色变化，仍旧可能难以被发现。因此在这一方面，气味型软膏仍可能为顾客带来"免除除去衣物查看尿不湿颜色的麻烦"的回报。

总之，上述三步初步显示，"气味型婴儿软膏产品"这一概念仅表现出一定程度的现实可能性。

（二）"有效物质的量"与"一天中的时间段"之间的关系

1. 确定额外的依赖关系

对于婴儿软膏实际使用情况而言，"一天当中的时间段"主要指白天与夜间两类时间段。目前市场上儿童软膏中有效物质的量并不会随着一天中具体使用的时间段的不同而不同，也就是两项属性之间只存在零依赖关系。两者之间怎样才可能产生依赖关系？也就是在一天当中不同时间段使用的软膏包含不同量的有效物质。这就是一种可能的新产品概念。

2. 探寻新产品可行性

单一软膏有效物质的量很难随着时间的变化而变化，只有一种可能：在不同时间段使用不同的软膏。实现这一目标的方式有两种：一种软膏提供两种不同含量的版本（比如，日用版本与夜用版本），分别销售；或者放在同一包装里同时销售。

3. 确认新产品的优势

在满足一定经济条件（或软膏产品价格比较恰当）的情况下，大部分婴儿父母应该会考虑购买日用与夜用两种不同版本的软膏，以便在获得婴儿健康的同时也尽量减少软膏所包含的物质对婴儿皮肤带来的可能的不利影响。

上述三步分析初步显示，"日夜区分型婴儿软膏产品"具有比较明显的现实可能性。

三、文化产品的属性依赖矩阵及文化产品的创意机制

本文以电视剧为例，来说明基于属性依赖矩阵进行文化产品创意的机制。

电视剧的内在属性与外在属性有众多，本文各选取三项。其中内在属性包括：演员阵容、故事情节、视频编辑形式；外在属性包括：观看终端、观看时间点、观看时陪伴者。基于目前国内电视剧观看实际情况，这些内在属性与外在属性之间只存在零依赖关系（见表5）。

表 5 电视剧属性依赖矩阵

		内在属性		
		演员阵容	故事情节	视频编辑形式
外在属性	观看终端	0	0	0
	观看时间点	0	1	0
	观看时陪伴者	0	1	0

所有属性中，只有"故事情节"与"观看时陪伴者"之间一定程度上存在依赖关系。比如，一起看儿童题材电视剧的往往是父母与孩子或者儿童与儿童。除此之外的所有零依赖关系都可能蕴含着产品创意的来源。

本文仅以"观看终端"与"视频编辑形式"之间的关系为例进行说明。目前比较通行的电视剧观看终端有三种：电视机、计算机、移动终端。目前的电视剧并没有针对不同观看终端提供不同编辑形式的视频（包括片头片

尾、字幕等）。既然两者之间目前不存在依赖关系，那么两者之间就可能寻找到新的依赖关系：试图在不同的观看终端提供同一电视剧的不同编辑形式版本（目前在视频内容方面已经在很小程度上随观看终端而进行变动）。这是第一步。

第二步是确定这一思考方向的可行性。针对不同的观看终端提供不同视频编辑形式的版本，很容易实现，但需要完成的工作量比较巨大。

第三步是确定观看者由基于特定观看终端的视频形式中可能获得的好处。这一好处十分明显：通过移动终端观看电视剧的观看者，看到的电视剧可能在内容与形式方面都与移动终端的使用习惯一致，最终可能获得更加积极的电视剧观看体验。

四、总结

本文仅以电视剧为例，尝试将属性依赖模式应用到电视剧的创意过程中。目前的分析初步显示，属性依赖模式总体上适用于文化产品的创意过程。之所以说总体上适用，是因为文化产品的外延十分广泛，拥有各异的属性，因此文化产品领域的属性依赖模式有可能需要在实用产品属性依赖模式的基础上作出不同程度的调整，以便更加适应文化产品的独特属性。因此，将来我们仍需对更多类型的文化产品进行分析，才能更加确定地提出文化产品创意过程中的属性依赖模式。

同时属性依赖模式本身的某些地方也需要进一步调整完善。比如，目前的属性依赖矩阵使用"0"与"1"表示不存在或存在依赖关系，不能更加详尽地表明两项属性之间的依赖程度。比如表5中"故事情节"与"观看时间点"之间只在部分情况下存在依赖关系，比如公众更易于在夜间观看恐怖题材电视剧。但是这并不表示所有题材的电视剧都具有比较明显的观看时间点依赖。因此，将来也需要更多的研究，以便促使属性依赖模式自身更加满足实际需求。

广告创意课堂练习[*]

——由广告创意方式框架到换码测验方法

一、广告创意方式框架

（一）广告创意方式框架的可能性

广告创意方式是否有可能总结出一系列的框架？这应该是如下两派人员之间的观念冲突的焦点：崇尚自我概念表现主义的设计人员与追求创意效果与效率的从业人员。

前者推崇的是设计者的概念表达，张口闭口大谈"我怎样我如何"。后者追随广告传播的实际效果，推崇受众意识。所谓受众意识，就是在广告策划时始终把潜在目标受众的种种因素作为广告创意的基石。

前者关注更多的是获奖，或者说前者引以为豪的往往是飞机稿，同时还可能在意挂在展览馆里墙上的设计文本，对到底多少人看到了以及看到之后的感受如何，都不会很在意，甚至会比较不屑。后者关注更多的是应用实践中的各种具体的广告文本，或者说后者引以为豪的是满地的草根广告文本。

本文站在后者的立场上关注广告创意。也就是说，本文着眼于实际传播效果，而不是单纯的概念性的创意。

---

[*] 文章原载于《温故知新 砺而前行：中国传媒大学广告教育三十年纪念暨数字时代广告教育创新与发展研讨会征文集》，中国广播影视出版社 2018 年版，与左向明、李雪菲合作，收入本书时有改动。

在此立场上，广告创意的参考框架是有可能总结得出来的。

以色列希伯来大学的三位研究者曾经集中关注了创意模式。① 三位研究者认为，创意过程是高度复杂的过程，很难进行有形的标准化总结。但是即使在最复杂的情境下，基于反复广泛的观察，也会总结出一些创意模式。这些创意模式可以提供一些路径，这些路径可以把人们引向更有价值的概念，同时还可以提前规避掉缺乏明显价值的概念。这些抽象的模式被称为"创意模板"（creativity template）。

所以，广告创意的参考框架，是可能总结出来的。

（二）广告创意方式框架

经过本文作者的持续关注，大致确定目前已有的系统的广告创意方式框架仅有三项。其中一项就是希伯来大学的框架，另外两项都在比喻视野中总结广告创意方式的类型。

基于不同的视角，广告创意方式框架可以有不同的总结，所以课堂内的广告创意练习可以基于一项或几项框架，不过本文认为最理想的状态是尽量全面地总结已有的框架，同时还应当尽量全面地对传播实践中的各种广告进行观察总结，以便尽量补充新的框架。

1. 高登伯格广告创意方式框架

希伯来大学三位研究者的第一位是高登伯格，因此本文暂时将其称为"高登伯格框架"。

三位研究者从得到人们高度评价的 200 条获奖广告（比如金铅笔）中总结出六种主要的创意模板：图像类比模板（Pictorial Analogy Template）、极端情境模板（Extreme Situation Template）、因果模板（Consequences Template）、竞争模板（Competition Template）、互动实验模板（Interactive Experiment

---

① GOLDENBERG J，MAZURSKY D，SOLOMON S. Toward identifying the inventive templates of new products: a channeled ideation approach [J]. Journal of marketing research，1999（36）: 200-210.

Template)、维度变更模板（Dimensionality Alteration Template）。

三位研究者仅基于获奖广告总结创意方式的框架，存在一定的不足。

因为参赛广告往往更加在意创意本身，对传播实践中不得不充分考虑的受众接收环节的相关因素的重视明显不足。所以在将这一框架应用于广告创意教学时，应当对此有充分考虑。毕竟真正的广告创意教学，应当指向传播实践，而不是仅仅指向竞赛。

这一框架还有另外一个明显不足：参赛获奖广告之外的广告应该才是传播实践中的广告主体，这一框架相当于仅仅总结了所有广告类型中的一小部分，全面性明显不足。

这三位研究者总结广告创意模板的标准是：产品与广告讯息（message）之间的关系。

表1 高登伯格广告创意方式基本框架

模板	描述
图像类比	广告通过视觉方式同时展示某种产品之外的对象（含义携带者）与产品，试图在产品之外的对象与产品之间建构起含义类比
极端情境	广告对产品进行非现实的展示，以便凸显产品的某一关键属性
因果	广告展示听从或者违背产品建议后的结果
竞争	广告展示产品与其他产品之间的比拼
互动实验	广告展示人们参与到产品实验中的过程与结果
维度变更	广告展示依据所处环境对产品某一维度进行改动的状态

三位作者为每一种模板提供了思考图示。这种思考图示清晰明确显示出广告创意思考过程中应当聚焦的因素。

不止如此。六种模板下，还有更加具体的思考模式得到总结。最终形成一套包括16种具体广告创意思考模式的类型体系。

表 2　高登伯格广告创意方式总框架

模板	具体方式	界定
图像类比	替代（replacement）	产品之外的对象被简单移植进广告，与产品同时出现
	极端类比（extreme analogy）	产品之外的对象被明显改动，放入广告，与产品同时出现
极端情境	荒谬选项（absurd alternative）	产品之外的荒谬选择（即：不使用产品，而选择其他荒谬的方式）被广告展示出来
	极端属性（extreme attribute）	产品的某种属性被夸张展示
	极端价值（extreme worth）	产品的某种价值被夸张展示
因果	极端后果（extreme consequences）	产品某一属性得到强化之后的某种极端后果，被展示在广告里
	反向极端后果（inverted extreme consequences）	不使用产品的某种极端后果，被展示在广告里
竞争	属性竞争（attribute in competition）	针对产品某一属性展开的比拼，被展示在广告里
	价值竞争（worth in competition）	针对产品某一价值展开的比拼，被展示在广告里
	异常使用（uncommon use）	把产品应用于非正常用途的情景，被展示在广告里
互动实验	激活（activation）	广告展示实际参与到某一实验中的情景
	假想实验（imaginary experiment）	广告展示想象中的一种参与情景
维度变更	参数新关联（new parameter connection）	广告展示之前没有关联的属性之间发生了关联的情景
	增殖（multiplication）	增殖产品，并在产品与增殖后的版本之间进行对比
	分割（division）	分割产品，并在不同部分之间建立新的关联
	时间跳跃（time leap）	广告展示不同时间点之间的非现实的互动情景

三位研究者只为图像类比模板的两种具体方式提供了广告案例（见表3）。其他的案例统统使用文字描述。在表3中，耐克广告中，耐克运动鞋被几名消防员用作救生气垫；法国网球公开赛的广告中，网球被改动为羊角面包。

表3 图像类比

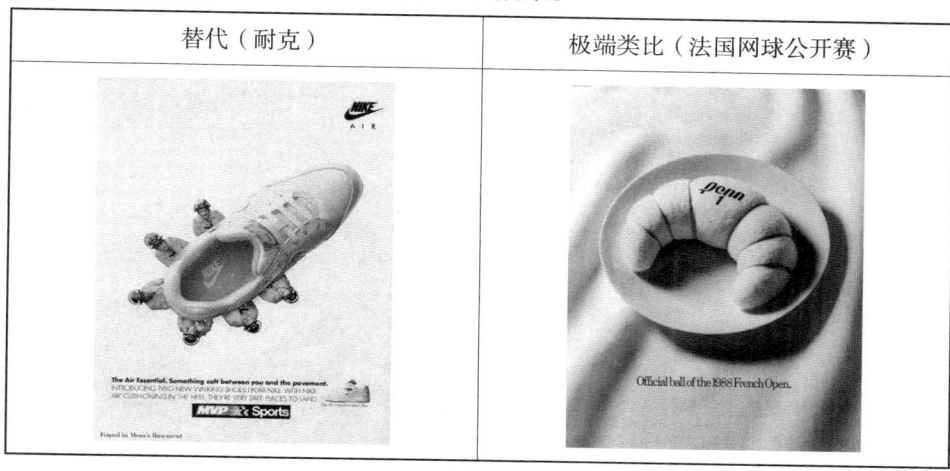

| 替代（耐克） | 极端类比（法国网球公开赛） |

2.菲利普斯广告比喻方式框架

目前已知且系统的比喻方式研究只有两项。其中一项研究来自加拿大萨斯喀彻温大学的菲利普斯（B. J. Phillips）与来自美国圣塔克拉拉大学的麦奎尔（E. F. McQuarrie）。① 本文简称为"菲利普斯框架"。另外一项研究来自阿姆斯特丹大学的福斯维勒（C. Forceville），本文称为"福斯维勒框架"。②

福斯维勒框架得以总结的时间更早，依赖的分析标准也更加抽象。其实菲利普斯框架的基础之一就是福斯维勒框架，但是菲利普斯框架进一步把比喻方式的标准推进到相当浅显明确的程度。所以，福斯维勒框架十分不易于在广告创意课堂上加以参考使用。因此本文仅对菲利普斯框架进行说明。菲利普斯框架见表4，案例见表5。

---

① PHILLIPS B J, MCQUARRIE E F. Beyond visual metaphor：a new typology of visual rhetoric in advertising [J]. Marketing theory，2004，4（1/2）：113-136.
② FORCEVILLE C. Pictorial metaphor in advertising [M]. London：Routledge，1996.

表4 菲利普斯广告比喻方式框架

组合形式		含义关系		
		关联（A与B关联）	比较	
			相似（A像B）	对比（A不像B）
	并置（A与B并列）	并置/关联	并置/相似	并置/对比
	融合（A与B融合在一起）	融合/关联	融合/相似	融合/对比
	替代（A代表B，B不出现）	替代/关联	替代/相似	替代/对比

表5 比喻

并置—关联（意大利鞋） 	并置—相似（政商现形记） 	并置—对立（Cutty Sark） 
融合—关联（Pim's） 	融合—相似（台湾《商业周刊》） 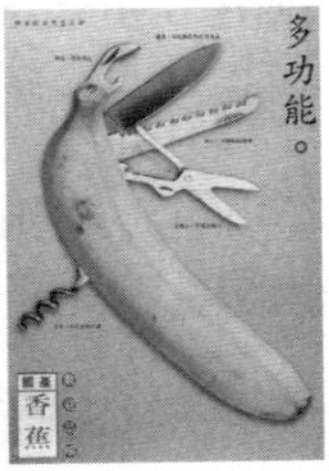	融合—对立（SANYO） 
替代—关联（DUNHILL） 	替代—相似（PUMA） 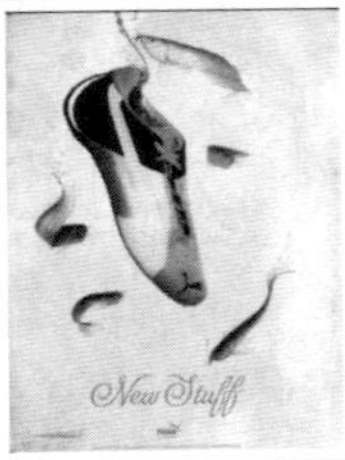	替代—对立（Sunny Delight） 

菲利普斯与麦奎尔对广告比喻方式进行划分的标准包括两项：本体与喻体之间的组合形式与含义关系。

两位研究者发表论文时使用的案例都比较模糊。但是已有众多其他研究人员对菲利普斯框架进行了应用。本文使用这些后续应用研究中的案例以及本文作者收集到的案例加以简要展示，对这些后续研究则统一不在此重复说明。

二、换码测验方法

"换码测验"（commutation test）原本来自符号学领域。但是这一概念表述的现象，实际在几乎所有社会现象中都存在。

换码测验是一种检测方法，用于探究一个组合关系（syntagm）中的某个特定单元是否包含含义，以及具体含义的状态。具体检测方法是"转换"（transformation），其实就是"改动"。通过这种改动，让人们更加准确清晰地理解某些对象的含义以及不同对象之间的组合策略。

英国阿伯里斯特威斯大学的符号学家丹尼尔·钱德勒（Daniel Chandler）指出，换码测验共有四种具体的改动方法：替换（substitution）、换位（transposition）、添加（addition）、删除（deletion）。[1]

这几种具体的方法都相当易于理解，也相当易于实施。本文就不再对四种方法本身进行额外说明，而是直接引用已有研究中的换码测验案例进行说明。

台湾大学2003年的一篇硕士毕业论文，曾经基于一些原始广告原创了一些采用明显比喻方式的广告，再进行改动，并使用这些广告进行了换码实验。[2] 实验中使用了上述所有的四种改动方法，具体见表6。

---

[1] CHANDLER D. Semiotics：the basics [M]. London：Routledge，2007：90.
[2] 李岳. 网络广告理解研究 [D]. 台北：台湾大学，2003.

表6　换码案例

发胶广告（"替代—相似"比喻方式）	发胶广告（替换）
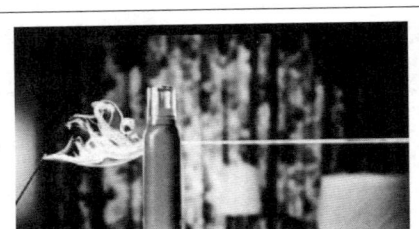	
喉糖广告（"替换—相似"比喻方式）	喉糖广告（换位＋添加）
	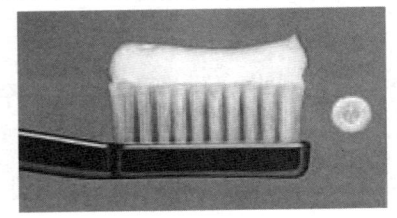
戒指广告（"替换—相似"比喻方式）	戒指广告（换位）
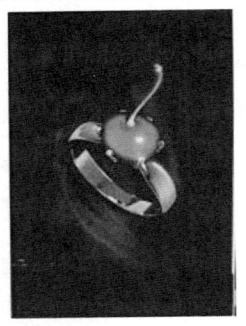	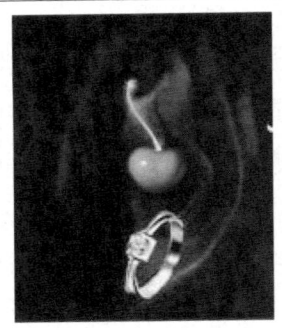
柠檬绿茶（"替换—相似"比喻方式）	柠檬绿茶（删除＋换位）

台湾科技大学 2005 年的一篇硕士毕业论文，也曾经对采取比喻创意方式的广告进行改动，并进行比较。① 不过这一论文仅使用了"删除"的方法。本文仅举一例，见表 7。

表 7　换码案例

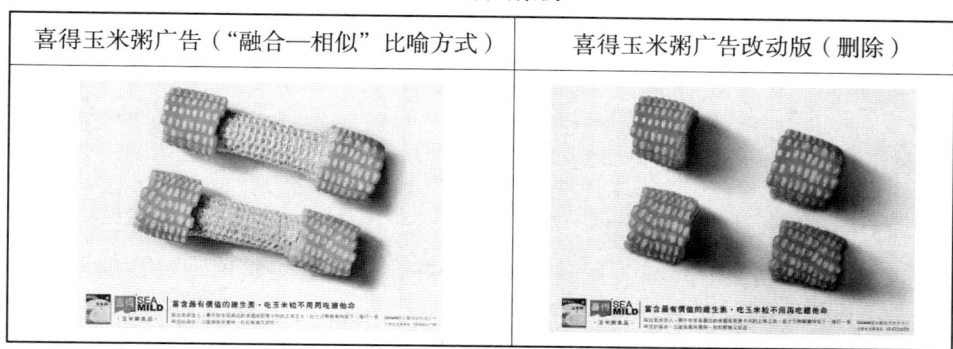

喜得玉米粥广告（"融合—相似"比喻方式）	喜得玉米粥广告改动版（删除）

三、总结

本文主要试图简要说明两个问题。

第一个问题，从不同视角出发，可能总结出的不同的广告创意方式的参考框架。仅基于本文作者的视野，目前已经总结出来的广告创意方式框架十分有限，仅有高登伯格框架与比喻方式框架。其中高登伯格框架有明显的局限性，因为其基础是获奖广告，而且广告案例数量有限。比喻创意方式框架目前已经有两项比较成形的框架，就广告创意课堂练习而言，菲利普斯框架最为简便易用。

第二个问题，基于已有的广告创意方式参考框架，在广告创意课堂进行不同案例的广泛的换码测验，可以尽量促使学习者事半功倍地由有限的创意方式概念触及遍布细微变化的广告创意实践。

总体而言，广告创意方式框架的总结仍需继续努力，才能为广告创意的课堂教学提供更加有效的参考框架。广告的换码测验则比较简便易行。

---

① 黄芷晴. 隐喻广告说服力与广告主可信度探讨 [D]. 台北：台湾科技大学，2005.

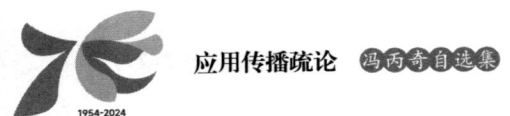

后　记

其实，这本书我本想叫它"风吹麦浪"。

因为，无风麦则无趣，无趣则无诗。并，凡浪之麦其穗定是青涩之中却已临饱满的状态。所以，青涩又显饱满的麦，陶醉于风中，随风浪来浪往，貌似受风而动但又自得其乐，兴奋与气馁之间的张力铺满大地。

无论如何，虽然青涩、气馁，但也十分感恩。

感谢我的硕士导师张忠纲先生和博士导师陈力丹先生，感谢他们当年收留了我，并极度宽容地让我拥有了最宽松自如的学习环境，让我像风中的麦一样。虽然无处觅踪，但这里所谓的"论文"或"文章"，无一不来自这种环境。

冯丙奇